A HISTÓRIA DO SÉCULO 20

JEREMY BLACK

CONFLITOS, TECNOLOGIA E ROCK'N'ROLL

CB048724

M.BOOKS

M.Books do Brasil Editora Ltda.

Rua Jorge Americano, 61 - Alto da Lapa
05083-130 - São Paulo - SP - Telefone: (11) 3645-0409
www.mbooks.com.br

Dados de Catalogação na Publicação

BLACK, Jeremy.
A História do Século 20 /Jeremy Black.
2022 – São Paulo – Editora M.Books do Brasil Ltda.

1. História Geral   2. História do Século 20
ISBN: 978-65-5800-094-5

©2022 M.Books do Brasil Editora Ltda.
©2020 Arcturus Publishing Limited
Do original: The History of 20th Century

Editor
Milton Mira de Assumpção Filho

Tradução
Maria Beatriz de Medina

Editoração e capa
3Pontos Apoio Editorial

Produção editorial
Lucimara Leal

2022
Direitos exclusivos cedidos à
M. Books do Brasil Editora Ltda.
Proibida a reprodução total ou parcial.
Os infratores serão punidos na forma da lei.

SUMÁRIO

Introdução 4
Cronologia 8

CAPÍTULO 1 10
A antiga ordem, 1900-1914
A visão ocidental do mundo – O imperialismo
– A guerra russo-japonesa, 1904-1905 – A revolução na China – O sistema de alianças e a
política das grandes potências – As ambições
americanas – A construção de estados – Migração e raça – A economia mundial, 1900-1914
– Novas tecnologias

CAPÍTULO 2 44
A Primeira Guerra Mundial, 1914-1918
A Grande Guerra – As revoluções russas, 1917
– A paz de Versalhes – A gripe espanhola – A
Liga das Nações – A economia do mundo em
guerra – Retrospectiva

CAPÍTULO 3 62
Os Anos Vinte, 1920-1929
O legado de Versalhes – Os Estados Unidos
– A China dos senhores da guerra – A verda-
deira Guerra Fria - A transformação turca – O
mundo islâmico – O nacionalismo indiano –
Mussolini e o fascismo italiano – A Alemanha
de Weimar – As ferramentas de transmissão
– A cultura americana – A economia mundial,
1920-1929

CAPÍTULO 4 86
Os Anos Trinta, 1930-1939
A Grande Depressão – A ascensão de Hitler
– O stalinismo – A China – O imperialismo
japonês – Os impérios ocidentais sob pressão –
A América Latina – A Guerra Civil espanhola
– Ícones culturais – Avanços tecnológicos – A
economia mundial, 1930-1939

CAPÍTULO 5 118
A Segunda Guerra Mundial, 1939-1945
O início — Sucessos alemães, 1939-1941 – A
Grã-Bretanha continua a lutar – A frente orien-
tal, 1941-1943 – A guerra no mar – Os Estados
Unidos entram na guerra – O avanço japonês
– As ferramentas da guerra –1943: os aliados
revidam – O Holocausto – A frente doméstica
– 1944: repetem-se os sucessos aliados – 1945:
vitória – A economia mundial, 1939-1945: A
economia essencial e a mobilização americana
– Planejamento do mundo do pós-guerra

CAPÍTULO 6 142
**O nascimento do mundo do pós-guerra, 1954-
1956**
A criação das instituições globalizadas – A
Guerra Fria na Europa – A descolonização – A
retomada da guerra na China – As interven-
ções americanas – As novas alianças – A era
atômica – Os Estados Unidos – A economia
mundial, 1945-5196 – Modelos sociais

CAPÍTULO 7 166
**Declínio da predominância ocidental, 1956-
1974**
A corrida espacial – A ascensão do consumismo – A descolonização – A Guerra Fria – A
União Soviética– Os Estados Unidos – A China – A economia mundial, 1956-1974 – Novas
tendências

CAPÍTULO 8 214
Os últimos estágios da Guerra Fria, 1975-1989
As relações internacionais, 1975-1979 – Acelerando a rede – O meio ambiente – Os Estados
Unidos com Reagan – A economia mundial,
1975-89: o sistema financeiro global – Thatcher
– O fim da Guerra Fria – Uma nova direção
na China – As tensões indianas – A revolução
cultural iraniana – O conflito árabe-israelense
– A África – A América Latina – O comércio
de drogas – Questões e vozes culturais – Uma
década conservadora?

CAPÍTULO 9 244
A potência única, 1990-1999
O destino da União Soviética – O fim da história? – A África – A supremacia americana – A
oposição aos Estados Unidos – Ásia: conflito
e desenvolvimento – Europa – Tendências sociais – A economia mundial, 1990-1999: tendências econômicas e financeiras – A preocupação ambiental

CAPÍTULO 10 270
Conclusões
Um século americano? – Uma época imprevi-
sível – Doenças e população – Principais mudanças

Índice remissivo 276

Créditos das fotos 280

SUMÁRIO **3**

INTRODUÇÃO

Houve mais pessoas vivas no século XX do que em todas as eras anteriores. E que século viveram! Um período que, mais do que todos os outros, teve o maior impacto sobre nossa vida hoje. O choque do novo foi especialmente visível em anos recentes. Na verdade, a maior parte da cultura material vem desse século, sejam os aviões, sejam os computadores. A base da maior parte dos estados modernos também está no século XX, assim como a origem de quase todos os partidos políticos.

O século XX, mais do que todos os séculos da história humana, foi um século de mudança, e essa mudança será o principal foco deste livro.Isso não é dizer que ignoraremos a continuidade. A religião, por exemplo, é muito anterior ao século XX e continua a ser um fator importante na sociedade de hoje. Sem dúvida, a influência da religião no século XX aparecerá aqui. O mesmo se aplica a outra das grandes continuidades, ou seja, o meio ambiente. Para alguns, foi no século XX que a humanidade entrou num novo período da história do mundo, o Antropoceno, em que forças irreversíveis, como o aquecimento global e a mudança climática, vieram à frente do palco; para outros, essas afirmativas são exageradas e até incorretas. Seja como for, no século XX a preocupação ambiental teve destaque desde a década de 1960.Isso terá um papel importante nesta história.

Outra continuidade importante que mudou de marcha no século XX foram os fenômenos interligados do crescimento populacional sem precedentes e da urbanização crescente no mundo. O possível 1,6 bilhão de pessoas de 1900 se tornaram 2 bilhões em 1927, 2,55 bilhões em 1950, 3 bilhões em 1960, 4 bilhões em 1975, 5 bilhões em 1987 e 6 bilhões em 1999. Esse crescimento — e em que lugar do mundo ele ocorreu — mostrou-se um grande fardo ambiental e continua a ser muito desarticulador em termos sociais.A urba-

ACIMA
Maior democracia do mundo, a Índia conseguiu transições pacíficas do poder, enquanto a estrutura federativa assegura o funcionamento de um complexo sistema partidário.

PÁGINA AO LADO
Tóquio, capital da terceira maior economia do mundo, é muito populosa, e a população rural do Japão se reduz rapidamente.

nização que acompanhou o crescimento populacional da humanidade ocorreu em grau nunca visto na história do mundo e foi uma mudança de fundamental importância social, econômica, política e cultural. Ela aconteceu em toda parte, com o surgimento de "megacidades" como Istambul, Kinshasa, Lagos, Manila, Mumbai e Tóquio. Além disso, houve uma expansão maior do número de cidades com mais de 1 milhão de habitantes. Em parte, essa urbanização reflete a mecanização da agricultura e a relativa falta de oportunidades da vida rural. Foi um exemplo da capacidade da difusão tecnológica de reestruturar os parâmetros da vida. A urbanização também foi acompanhada pelo declínio da deferência política e social. Alguns fatores contribuíram para isso, como o aumento da alfabetização, nascido da ampliação da educação compulsória.

O crescimento populacional em grande escala foi acompanhado de grande melhora do padrão de vida. Embora em nenhum século anterior o PIB mundial dobrasse, no século XX ele fez isso mais de quatro vezes. O crescimento do PIB foi distribuído de maneira muito desigual em termos geográficos e sociais, mas houve crescimento, e esse crescimento sustentou toda a variedade de atividades humanas, individuais, coletivas e governamentais, do consumo de carne à construção de igrejas e à busca da guerra.

Também há a pergunta "quando?". Boa parte do estudo do século XX se concentra nas duas guerras mundiais e no período entreguerras, mas tudo isso acabou em 1945. Agora, é necessário dar o devido peso ao período desde o término da Segunda Guerra Mundial naquele ano, período que envolve mais da metade do século e tende com mais clareza à situação atual. Além disso, foi nesse período que boa parte do mundo se tornou

independente. Em consequência, houve mais "atores" independentes na segunda metade do século, e a narrativa da história não foi mais, de forma tão preponderante, a crônica dos sucessos e fracassos dos impérios.

Finalmente, há o "Onde?". O século, em boa medida, foi de interação do mundo como um todo, de modo que a palavra globalização foi cada vez mais usada. Realmente, não é por acaso que os principais conflitos do século são chamados de guerras mundiais. Muitos outros acontecimentos políticos do século XX, como a descolonização e a Guerra Fria, também foram globais em sua ocorrência e, mais ainda, em seu impacto. Os movimentos migratórios, comerciais e monetários também se tornaram cada vez mais globalizados no século XX. Outras tendências, como a democratização, foram generalizadas, para não dizer bastante globais.

O país mais importante na determinação de tendências e como modelo cultural, econômico, político e militar de boa parte do mundo foram os Estados Unidos. Eles também são a nação imperial mais bem-sucedida, não tanto por exercer controle territorial sobre outros estados, como fizeram a Grã-Bretanha e a França, por exemplo, mas pelo uso informal de seu considerável poder e influência. Isso só aumentou com o avanço do século XX; especificamente, a queda da União Soviética na década de 1990 deixou os Estados Unidos como principal potência global. Em consequência, dedicamos atenção especial aos Estados Unidos e ao seu impacto nas questões do século XX.

Essas são narrativas diferentes, e há mais que se pode oferecer. Mas elas interagiram para ajudar a produzir a mistura empolgante de acontecimentos, ao mesmo tempo transformadores e controvertidos, que formaram a história do século.

À ESQUERDA
Mumbai (ex-Bombaim), centro comercial da Índia, também exemplifica a marcante divisão social do país.

CRONOLOGIA DA HISTÓRIA DO SÉCULO 20

1900 — 1910

1900
Levante dos Boxers na China

1903
O califado de Socoto é derrotado em Burmi

Os irmãos Wright conduzem o primeiro voo com planador

1904–5
Guerra Russo-Japonesa

1907
A convenção anglo-russa estabelece esferas de influência na Pérsia, no Afeganistão e no Tibete

1910–20
Revolução mexicana

1911
Revolução na China

1912–13
Guerra dos Bálcãs

1914
Terminado o Canal do Panamá

1914–18
Primeira Guerra Mundial

1917
Revolução Russa

1930

1929
A queda da bolsa de Wall Street dá início à Grande Depressão

1931
O Japão invade a Manchúria

1932
Ibn Saud funda a Arábia Saudita

Franklin Delano Roosevelt é eleito presidente dos EUA

1932–5
Guerra do Chaco entre Bolívia e Paraguai

1933
Adolf Hitler é nomeado chanceler da Alemanha

1934
Mao Tsé-Tung comanda o Exército Vermelho na Longa Marcha

1936
A Alemanha remilitariza a Renânia

1936–9
Guerra Civil Espanhola

1950

1944
Invasões do Dia D

Levante de Varsóvia

1945
Rendição da Alemanha

Bombas atômicas lançadas em Hiroshima e Nagasaki, causando a rendição do Japão

Criada a Organização das Nações Unidas

1945–9
Guerra Civil chinesa

1947
Começa o Plano Marshall

Partição da Índia

1948
Criação de Israel

1948–9
Bloqueio de Berlim

1949
Criação da OTAN

1950–3
Guerra da Coreia

1961
Assassinato de Patrice Lumumba

1961–74
Guerra de Independência de Angola

1962
Crise dos mísseis em Cuba

1963
Assassinato do presidente americano John F. Kennedy

1964
Os Beatles começam sua turnê mundial

1966
Começa a Revolução Cultural na China

1967
Guerra dos Seis Dias

1968
Primavera de Praga

1969
Astronautas americanos pousam na Lua

1990

1984
Lançado o Apple Macintosh

Assassinada Indira Gandhi

1983–5
Grande fome na Etiópia

1986
Explosão da usina nuclear de Tchernobyl

1987
Começa a Intifada palestina

1989
Derramamento de petróleo do Exxon Valdez

1991
Desfeita a União Soviética

Guerra do Golfo

1920

1919
Assinado o Tratado de Paz de Versalhes

Começa o Movimento Quatro de Maio na China

A gripe espanhola mata milhões no mundo inteiro

1919–22
Guerra russo-turca

1921
Reza Pahlevi toma o poder como xá da Pérsia (Irã)

1920–2
Gandhi comanda o movimento de desobediência civil na Índia

1922
Mussolini comanda a Marcha sobre Roma e estabelece o domínio fascista na Itália

1920–33
Proibição de bebidas alcoólicas nos Estados Unidos

1923
Kernal Atatürk funda a República da Turquia

1926
O Kuomintang lança a Expedição do Norte para unificar a China

1927–9
Guerra Cristera no México

1928
Alexander Fleming descobre a penicilina

1940

1937
O incidente da ponte Marco Polo dá início à Guerra Sino-Japonesa

Getúlio Vargas cria o Estado Novo no Brasil

1938
A Alemanha ocupa a Áustria no Anschluss

O Acordo de Munique dá os Sudetos à Alemanha

1939
Igor Sikorsky desenvolve o primeiro helicóptero do mundo

1939–45
Segunda Guerra Mundial

1940–1
Batalha da Grã-Bretanha

1941
A Alemanha invade a Rússia na Operação Barbarossa

Ataque a Pearl Harbo

1942
O Partido do Congresso lança a campanha "Quit India"

1960

1952–60
Revolta dos mau-maus no Quênia

1953
Mohammad Mosaddegh é derrubado no Irã por um golpe organizado pela CIA

1954
A França é derrotada em Dien Bien Phu e o Vietnã se divide

1954–75
Guerra do Vietnã

1955
Criado o Pacto de Varsóvia

1956
Crise do Canal de Suez

1957
Lançado o Sputnik

Independência de Gana

1958–62
Grande Salto Adiante na China

1970

1980

1971
Guerra de Libertação de Bangladesh

1973
Salvador Allende derrubado por um golpe militar no Chile

Guerra do Yom Kipur

Crise do petróleo

1975–9
Khmer Vermelho domina o Camboja

1976–83 Guerra Suja na Argentina

1978
Acordos de Camp David

1979
Revolução iraniana

1979–89
Guerra do Afeganistão

1981
Descoberta da AIDS

1992
O Tratado de Maastricht leva à criação do euro

1992–5
Guerra da Bósnia

1994
Genocídio de Ruanda

Primeiras eleições da África do Sul depois do Apartheid

1996
O Talibã assume o controle do Afeganistão

O Exército Popular de Libertação do Nepal inicia a guerra civil

1997
Protocolo de Quioto sobre mudança climática

1998–9
Guerra do Kosovo

CAPÍTULO 1

A ANTIGA ORDEM

1900-14

Em 1900, não era nada óbvio que o novo século, muito menos suas duas primeiras décadas, traria o fim da antiga ordem, quer na China, quer na Europa, no México ou no Oriente Médio. Ao mesmo tempo, como costuma acontecer, havia a forte sensação de que o novo século traria oportunidades e problemas. No entanto, a percepção variava muito, dependendo do país e dos grupos sociais, religiosos e políticos em questão.

A VISÃO OCIDENTAL DO MUNDO

Nesses primeiros anos do novo século, as pessoas examinaram o mundo de novas formas e mudaram muito conforme o mundo ficava mais globalizado. As ideias ocidentais se tornaram cada vez mais dominantes, e no Ocidente muitos consideraram assegurado o seu controle; para muitos, isso parecia tanto normal quanto necessário. Esses pressupostos foram importantes na atitude perante o imperialismo, por exemplo, mas também devem ser levados em conta de forma mais geral para entender a história do século.

Em 1912, o Congresso americano finalmente concordou que o primeiro meridiano oficial não deveria ser o do Observatório Naval de Washington, como decidido em 1850, mas que o país seguiria o meridiano britânico que passava por Greenwich, em Londres, como decidido na Conferência Internacional do Meridiano, de 1884. Esse se tornou o meridiano zero para a contagem do tempo e a determinação da longitude e foi um passo importantíssimo para o desenvolvimento de padrões internacionais e não nacionais. Mas em "internacionais" leia-se "ocidentais", e por isso era adequado que fossem estabelecidos pela Grã-Bretanha, o principal e mais extenso império do Ocidente — e do mundo. Esses padrões tinham importância crescente devido ao desenvolvimento de meios de transporte terrestre e marítimo mais velozes, com as suas consequências para a marcação do tempo e a cartografia, sem falar dos sistemas telegráficos internacionais.

A cartografia também foi importante para delimitar as pretensões imperiais e para explorar o império. Por exemplo, ao determinar as fronteiras entre a colônia britânica de Uganda e a colônia belga do Congo, o Escritório Colonial britânico sugeriu ao Foreign Office, em 1906, que os comissários de fronteira realizassem uma triangulação geodésica ao longo

PÁGINAS ANTERIORES
Os dirigíveis cheios de gás foram desenvolvidos pelo Graf (conde) alemão Ferdinand von Zeppelin, que, em 1899, começou a fazer experiências com um envelope cilíndrico em vez de globular para o gás e uma estrutura rígida de metal. Em 1908, o dirigível LZ-4 de Zeppelin voou mais de 380 quilômetros em doze horas.

À DIREITA
A ferrovia Transiberiana, construída de 1891 a 1917, percorria 9.198 quilômetros de Moscou a Vladivostok e ofereceu um vínculo geopolítico importantíssimo que ligou ainda mais a Rússia ao Extremo Oriente.

de uma linha a leste do meridiano de Greenwich como questão de importância internacional.

A geopolítica de Mackinder: determinismo ou possibilismo?

Em sua palestra "O pivô geográfico da História", de 1904, Halford Mackinder, influente professor da London School of Economics, apresentou a ideia do *heartland*, uma área eurasiana interna que seria central para a nova disciplina da geopolítica. Para Mackinder, as ligações ferroviárias, como a Ferrovia Transiberiana, uniam o *heartland* eurasiano e o ajudavam a exercer o seu poder comercial e militar. A Rússia e a Alemanha, dizia ele, eram as potências principais que disputariam esse *heartland*, que ele considerava o "pivô" da história. As ou-

■ OLHAR O MUNDO: A PROJEÇÃO DE VAN DER GRINTEN

Criada em 1898 por Alphons J. van der Grinten, patenteada em 1904 e usada de 1922 a 1988 como base dos mapas de referência do mundo produzidos pela National Geographic Society (NGS) dos Estados Unidos, um guia dos padrões cartográficos, essa projeção, que superpõe a Terra inteira a um círculo, foi uma conciliação para continuar com as formas já conhecidas do planisfério-padrão de Mercator, de 1569, e mantinha o exagero do tamanho das regiões temperadas em relação às tropicais. Em 1988, esta última foi reformada até certo ponto com a adoção da projeção de Robinson pela NGS. Criada em 1963, a projeção de Robinson foi pensada para reduzir a distorção de escala das áreas dos mapas anteriores. Com o tempo, os princípios subjacentes dos mapas de Grinten e Robinson seriam questionados pela projeção de Peters (ver o Capítulo 7).

ACIMA
A projeção de Grinten dá ênfase aos países temperados da latitude norte.

tras potências estariam resistindo à expansão do *heartland*, principalmente a Grã-Bretanha, inclusive sua maior possessão imperial, a Índia, e o Japão, aliado da Grã-Bretanha desde 1902.

No entanto, na palestra, Leo Amery, jovem jornalista e, mais tarde, político britânico, argumentou que o poder aéreo, só recentemente apresentado pelos irmãos Wright, transformaria a situação:

> Boa parte dessa distribuição geográfica perderá a importância, e as potências bem-sucedidas serão aquelas que tiverem a maior base industrial. Não importará se estão no centro de um continente ou numa ilha; os povos que tiverem o poder industrial e o poder da invenção e da ciência serão capazes de derrotar todos os outros.

A tensão entre essas opiniões seria importante na política internacional de poder do século.

O determinismo ambiental teve papel fundamental nas ideias orgânicas de país, nação e Estado do início do século 20 e no tratamento da cultura de povos e países específicos, definidos pela integração e pela interação entre natureza e sociedade. Essas ideias foram associadas especialmente ao alemão Friedrich Ratzel e ao sueco Rudolf Kjellén, que cunhou a palavra *geopolítica*. Em *Die Erde und das Leben* (*A terra e a vida*, 1902), Ratzel, defensor entusiasmado do expansionismo alemão, se concentrou na luta por espaço e utilizou o conceito de *Lebensraum* (espaço vital), ideia que influenciaria as opiniões alemãs sobre a Europa Oriental na década de 1920 e sob o domínio nazista (1933-1945).

Em resposta, em *Tableau de la géographie de la France* (*Quadro da geografia da França*, 1902), Paul Vidal de la Blache argumentou que o meio ambiente criava contexto para o desenvolvimento humano, em vez de determinar esse desenvolvimento. Seu trabalho foi continuado por Lucien Febvre, outro estudioso francês, que defendia o "possibilismo" em oposição ao determinismo. Esse debate sobre a natureza do determinismo ambiental foi

À DIREITA
Criado em 1820, o califado de Socoto dominou o norte da atual Nigéria e foi mostrado por comentaristas ocidentais como estranho e exótico. Conquistado pelos britânicos em 1903, Socoto foi o último grande estado subsaariano independente além da Abissínia, que rechaçou ataques italianos até ser vencida em 1935-1936.

significativo em boa parte da discordância a respeito da explicação da importância das circunstâncias e continua importante até hoje. O debate pode se aplicar a indivíduos e grupos, assim como a Estados.

O IMPERIALISMO

Antes da conquista por impérios ocidentais, os estados e economias locais podiam ser dinâmicos. Por exemplo, Kano, metrópole do califado de Socoto, no que se tornaria o norte da Nigéria, tinha uma população que, em 1900, chegava a 100.000 pessoas, metade delas escravas. Era um centro agrícola e industrial importante, com manufatura e exportação de produtos têxteis e de couro para boa parte do cinturão do Sahel, ao sul do Saara e do norte da África. Essa atividade se baseava na mão de obra escrava, inclusive, numa prática antiga nas sociedades islâmicas, o próprio exército, que também produzia mais escravos com ataques. Havia um padrão semelhante em outras cidades industriais do Sahel. Em 1900, a Grã-Bretanha criou um protetorado no norte da Nigéria, e, em 1902, a continuação dos ataques para a escravização foi o

● UMA ERA IMPERIAL

1898	Os EUA anexam as Filipinas
1899–1902	Guerra dos Bôeres
1900	Tonga se torna protetorado britânico
1903	O califado de Socoto é derrotado na segunda batalha de Burmi
1904	Soldados britânicos entram em Lhasa
1904–7	Milhares de namas e hereros são mortos em resposta à revolta contra o domínio alemão
1907	A convenção anglo-russa divide as esferas de influência na Pérsia, no Afeganistão e no Tibete
1909	A França ocupa Abéché, capital do sultanato Wadai, e passa a controlar o Chade
1911	A Itália ocupa o litoral da Líbia
1911–12	A Rússia cria um protetorado na Mongólia

pretexto para a guerra com o califado de Socoto. Em 1903, na cidade de Burmi, o califado de Socoto foi derrotado, e o califa e os seus dois filhos foram mortos. A resistência ao domínio britânico no norte da Nigéria chegou ao fim, embora os britânicos tomassem o cuidado de reconhecer os interesses islâmicos ali.

Nas décadas de 1880 e 1990, somando-se à dominação dos oceanos, boa parte da superfície do mundo tinha sido conquistada pelas potências europeias ocidentais, notadamente na África. Esse processo continuou em 1900-1913, principalmente com os franceses, que, até 1912, obtiveram o controle de boa parte do Marrocos, e os italianos, que ocuparam naquele mesmo ano o litoral da Líbia, áreas até então não conquistadas por europeus. Na verdade, os Cavaleiros de São João foram expulsos de Trípoli, na Líbia, em 1551, e os invasores portugueses sofreram uma derrota espetacular no Marrocos em 1578.

Essa expansão imperial aconteceu em outras regiões, como em 1904, quando

ACIMA
A bem-sucedida expedição britânica a Lhasa, em 1904, um aspecto do "Grande Jogo" na Ásia, foi uma parte fundamental da projeção do poder britânico a partir da Índia, que também influenciou o Nepal, o Butão, a Birmânia (Mianmar), o Afeganistão e a Pérsia (Irã).

um exército britânico entrou em Lhasa, a capital do Tibete, e em 1911-1912, quando os russos criaram um protetorado na Mongólia, substituindo a influência chinesa. O poder imperial também se espalhou em torno do Pacífico. A partir da base existente em Java, os holandeses assumiram à força o controle das chamadas Índias Orientais Holandesas, hoje Indonésia. Enquanto isso, as ilhas do Pacífico foram distribuídas entre as grandes potências, principalmente Grã-Bretanha, Alemanha, França e Estados Unidos, estes cada vez mais assertivos. Eles também as batizaram, como no caso de Nova Caledônia e das Novas Hébridas. Em 1900, Tonga se tornou um protetorado britânico.

Na Europa e nos Estados Unidos, houve mais interesse governamental, político e público na ampliação imperial distante do que havia um século antes.

ACIMA

Em 1900, a Batalha de Kousséri foi decisiva na conquista francesa do Chade, em que os dois comandantes morreram e os defensores tiveram mais baixas. Os franceses avançaram para conquistar a região.

Em parte, foi uma questão de competição entre os estados ocidentais e de otimismo com a expansão imperial e os papéis raciais, principalmente em relação à ideia de destino nacional inato expressa por alguns estados. Esses conceitos se baseavam em campanhas e tendências intelectuais, como a pesquisa etnográfica utilizada a serviço de ideias racializadas de hierarquia nacional.

Em parte, o interesse na expansão também era uma questão de pressão econômica concentrada tanto nas matérias-primas quanto nos mercados, embora em geral as oportunidades fossem mais expectativa do que realidade, como no caso da esperança britânica nas consequências da construção de uma ferrovia da Cidade do Cabo ao Cairo. A pressão econômica ficou mais intensa com o crescimento do volume e do alcance das mercadorias trocadas internacionalmente. As relações internacionais de produção em massa preocupavam-se necessariamente com os suprimentos e com o mercado, e a expansão, preferência e proibição imperiais impediam o acesso de outros países a suprimentos, mercados e rotas. Esse processo e os temores a ele ligados incentivaram bastante a noção e, portanto, a realidade da competição imperial.

A conquista do Sahara

A conquista francesa do Sahara e cercanias demonstrou a capacidade de operar profundamente no interior africano, como não tinha acontecido nem sessenta anos antes. Rabihaz-Zubayr, o "Sultão Negro" que comandou a resistência no Chade, foi derrotado e morto em 1900 em Kousséri, ao sul do lago Chade, depois que seu espaço de manobra foi limitado pela convergência de forças francesas da Argélia, do Congo e de Níger. Talvez só pareça uma nota de rodapé da história, mas, para o Chade, que permaneceu como colônia francesa até 1960, foi transformador. Realmente, o grau em que boa parte da África raramente é mencionada, isso quando é, nas principais histórias do mundo é grave.

A submissão dos tuaregues de Ahaggar Tuareg em 1905 deu fim à resistência efetiva no Sahara, mas a extensão da autoridade francesa ainda envolveu ações militares. Em 1909, Abéché, capital de Wadai, no leste do Chade, foi ocupada, assim como Drijdjeli, capital de Massalit, em 1910. Ao consolidar a sua posição no Sudão e na África oriental, os britânicos avançaram profundamente pelo interior do continente.

Apoio ao Império

É claro que, finalmente, os impérios coloniais ocidentais desapareceram, e isso levou à tendência de tratar o imperialismo como algo sempre destinado a fracassar e, portanto, como inerentemente fraco e anacrônico. Ligada a isso está a prática de não admitir o apoio local que os impérios podiam aproveitar. O auxílio local era fundamental em termos militares, em parte pelas dificuldades logísticas, ambientais e financeiras de mobilizar grande número de soldados ocidentais no exterior — principalmente quando parte desses soldados era necessária para cuidar de rivalidades mais perto de casa. Em consequência, houve necessidade de recrutar tropas locais para fazer e manter conquistas, como no uso britânico de soldados indianos na região do Oceano Índico e no uso pela França e pela Itália de soldados senegaleses e eritreus, respectivamente, na África ocidental e oriental.

Essas relações também não se baseavam inteiramente na força. Na Índia, as elites locais tradicionais foram cooptadas para um governo compartilhado das suas localidades, com os rajás complementando o Raj britânico e os *babus* brâmanes que o serviam. Isso representava a continuação de reações antigas ao controle imperial, que, em geral, envolviam tanto anuência quanto coação. Essa

À ESQUERDA
Morto na batalha com os alemães em 1905, Hendrik Witbooi, chefe da tribo khowesin, se opôs à expansão alemã em 1893-1894 até se render em 1894 e, depois, se revoltar em 1904.

A IDEIA DOS DOMÍNIOS

Sentinelas do Império Britânico (O leão britânico e seus robustos filhotes), quadro de 1901 do inglês William Strutt, foi produzido para coincidir com a federação das seis colônias australianas para formar a Commonwealth da Austrália. O quadro dá uma noção idealizada da relação entre a Grã-Bretanha e a Austrália, com o leão ainda vigoroso cercado por um grande número de filhotes crescidos. O apoio ativo ao império na Guerra dos Bôeres demonstrou esse atrativo. O desenvolvimento de identidades separadas coincidiu com a forte noção de britanicidade, como na Austrália.

mesma tática foi usada pela Grã-Bretanha na Malásia e no norte da Nigéria. A cooptação também era vista nas redes mercantis. No Golfo Pérsico e no leste da África, os britânicos se beneficiaram dessas alianças com os indianos.

A natureza e os termos da cooperação mudaram quando os ocidentais se tornaram os parceiros dominantes, mas em geral eles o fizeram sem derrubar as práticas e os pressupostos existentes com os quais estavam familiarizados.

A oposição ao Império

Como imagem invertida da ascensão do império, houve oposição crescente a ele. Os que enfrentavam a expansão imperial resistiram, como os bôeres (afrikaners: brancos de ascendência holandesa), que, com base em repúblicas independentes no Transvaal e no Estado Livre de Orange, combateram a expansão britânica no sul da África na Guerra dos Bôeres, de 1899 a 1902, e os nacionalistas filipinos que montaram uma guerrilha quando os Estados Unidos anexaram as Filipinas depois da derrota da Espanha em 1898. No entanto, ambos foram derrotados, assim como, em 1900, o Levante dos Boxers, que se opuseram violentamente à ocidentalização da China. Uma revolta contra a humilhação e a pressão do imperialismo externo, esse movimento contra os estrangeiros começou em 1897. O assassinato de cristãos convertidos foi seguido pelo cerco das legações estrangeiras em Pequim e o seu resgate, finalmente bem-sucedido, por uma força internacional; as espadas e lanças dos boxers não ofereciam proteção contra as armas de fogo. Além da importância da intervenção japonesa e ocidental, os boxers enfrentaram os poderosos governadores das províncias da região do Yangtzé e do sul.

Em 1904 e 1905, os namas e hereros da Namíbia moderna e os majis da atual Tanzânia, que resistiam ao imperialismo alemão na África, foram esmagados com inúmeras baixas. As revoltas contra os franceses em Madagascar e no Marrocos e contra os britânicos em Natal foram sufocadas, respectivamente, em 1904, 1906 e 1907.

Mas esses levantes e o resto da oposição, que incluía o desenvolvimento de movimentos nacionalistas na Argélia, controlada pelos franceses, e no Egito e na Índia governados pelos britânicos, revelaram o alcance e a escala crescentes da hostilidade ao controle imperial ocidental. Realmente, houve uma super-

PÁGINA AO LADO
Imperador da Abissínia de 1889 a 1913, Menelik II derrotou a expansão italiana em 1896 e depois se expandiu e consolidou o controle sobre grande parte da Etiópia moderna.

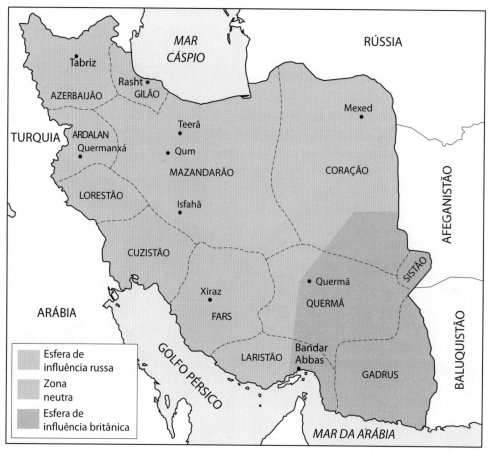

ACIMA
A convenção anglo-russa de 1907 estabeleceu as respectivas esferas de influência das duas grandes potências na Pérsia

posição da resistência à imposição do controle imperial à oposição, por outro lado, depois que esse controle se impôs, embora também houvesse grandes diferenças entre elas.

Dentro de colônias ocidentais como a Índia e nos impérios compostos como, na Europa, a Áustria-Hungria, os movimentos pela consciência nacional e o autogoverno destacaram a extensão em que o *status* de grande potência era constantemente mutável. A consciência nacional incentivou a busca e a propagação de culturas e línguas típicas em estados que queriam a independência, como Finlândia, Tchecoslováquia e Irlanda. O *status* de grande potência era questionado, para não dizer desfeito, ao mesmo tempo em que se consolidava — o que é compreensível, já que a percepção era o segredo do poder, enquanto as alianças domésticas e internacionais que contribuíam para o poder mudavam de metas e de caráter. Superposta aos apoiadores e opositores dentro dos impérios, estava a grande parcela da população que simplesmente seguia com a vida, uma parcela que, em geral, era maioria.

Substitutos imperiais

Ao lado da lista convencional de potências imperiais vinham as potências de atitude imperial, mas dentro de seu território ou em regiões adjacentes. Isso aconteceu com Argentina, Brasil, Chile, Canadá e Austrália quando expandiram o seu controle sobre os povos indígenas. Desse modo, a Argentina e o Chile se expandiram para o sul, rumo à extremidade da América do Sul, enquanto o Brasil aumentava o seu poder na Amazônia. Um processo semelhante foi visto na Abissínia/Etiópia no reinado de Menelik II. Depois de rechaçar a expansão italiana em 1896 na Batalha de Aduá, ele expandiu muito o seu território rumo à atual Somália. Rama V, do Sião (Tailândia), impôs o controle central sobre as áreas de fronteira na década de 1900. O controle chinês de Xiankiang, Mongólia e, até certo ponto, Tibete também teve caráter imperial, igualando-se, na verdade, à expansão imperial de Grã-Bretanha, Japão e Rússia na Ásia.

A economia imperial e a África

O fim do tráfico transatlântico de escravos levou ao desenvolvimento de economias agrícolas em partes da África atlântica, principalmente na grande colônia portuguesa de Angola. Essa evolução refletiu a disponibilidade de mão de obra na África e a mudança dos termos do comércio ocidental para longe da disposição de pagar pela mão de obra sob a forma de escravos e se aproximando de pagar por ela sob a forma de produtos e, portanto, de trabalho localizado na África. O imperialismo aproveitou a exportação do "comércio legítimo" das áreas da África agora ocupadas como colônias pelas potências europeias, como o cacau da Costa do Ouro (Gana), dominada pelos britânicos.

Essa transformação foi um aspecto da extensão em que a globalização do período integrou boa parte do mundo num sistema de capital e comércio que reproduzia os ciclos de dependência. O racismo fazia parte da equação, pois ajudava a justificar o domínio imperial e o controle colonial. Esse racismo era mais fundamental nos pressupostos culturais e intelectuais do período do que é confortável recordar hoje.

Impérios rivais

Um grande motor do imperialismo foi a competição entre os impérios. Em parte, essa competição era uma extensão das rivalidades dentro da Europa, como na competição franco-italiana no norte da

IMPÉRIO EM CENA

Quando marchamos para a praça do mercado, encabeçados por Lorde Roberts para içar a bandeira, tiraram nossa foto no cinematógrafo, e espero que você veja em alguma das salas de Londres.

O soldado Jack Hunt, ao descrever a entrada das tropas britânicas em Pretória, capital do Transvaal, em 1900, durante a Guerra dos Bôeres, entendia que a nova tecnologia permitiria que o sucesso fosse acompanhado em Londres. Canções leais foram apresentadas no palco dos teatros de variedades, além de música orquestral patriótica, como a Marcha pompa e circunstância nº 1 e Terra de esperança e glória, de Sir Edward Elgar, em ambientes mais elegantes. Na Grã-Bretanha e em outros locais, não havia uma atitude uniforme perante o império, mas sim uma variedade de engajamentos. No entanto, o império era visto inerentemente como uma missão patriótica.

África e na tensão entre a Alemanha e a França no Marrocos, principalmente em 1905. A França barrou a Itália na Tunísia e a Alemanha no Marrocos. Também havia antigas rivalidades fora da Europa, como entre a Grã-Bretanha e a Rússia na Pérsia (Irã) e no Afeganistão ou entre a Grã-Bretanha e os Estados Unidos nas Antilhas e na América Central.

Essas rivalidades tendiam a ser suscetíveis a negociações, como as que houve entre Grã-Bretanha e Rússia e Grã-Bretanha e Estados Unidos. Depois de ceder ao expansionismo americano no Pacífico, notadamente no Havaí, a Grã-Bretanha, na verdade, aceitou a posição americana, por exemplo, a respeito da fronteira canadense e das Antilhas. A Grã-Bretanha e a França trataram sem violência das divergências no sudeste da Ásia e na África subsaariana. Em 1906, a Grã-Bretanha, a França e a Itália assinaram acordos que dividiram a Etiópia em esferas de influência e regulamentaram o suprimento de armas. Uma convenção anglo-russa de 1907 resolveu as questões de rivalidade na Pérsia, no Afeganistão e no Tibete. Em 1911, a Alemanha reconheceu os interesses franceses no Marrocos em troca de concessões territoriais na África subsaariana. No entanto, as rivalidades na África, que levaram ao pânico de guerra entre a Grã-Bretanha e a França em 1898, contribuíram para uma tensão mais geral nas relações internacionais.

A GUERRA RUSSO-JAPONESA, 1904-1905

A concorrência entre os interesses russos e japoneses no Extremo Oriente interagiu com as pressões inter-

ABAIXO
O afundamento de navios de guerra russos foi uma exibição dramática da passagem do poder para o Japão, que teve muito sucesso no mar e se tornou uma grande preocupação para os Estados Unidos.

nas, como a opinião, em certos círculos políticos russos, de que a vitória aumentaria a força interna do governo e a indisposição tola de admitir a força, os interesses e a determinação dos japoneses — opinião que prefigurou os pressupostos japoneses sobre os Estados Unidos em 1941. O governo russo parecia não querer a guerra, mas deixou de ver que seria necessário um diálogo sério com o Japão para evitá-la. O tsar Nicolau II e os seus assessores não acharam que os "demônios amarelos" ousariam lutar, e essa arrogância ajudou bastante a criar uma suprema unidade em Tóquio em 1904 por trás da guerra. O Japão não aceitou a ocupação russa, depois do Levante dos Boxers, da província chinesa da Manchúria, de importância estratégica e valor econômico. Essa ocupação limitava a probabilidade japonesa de expansão, tanto comercial quanto política.

As duas potências em rápida industrialização travaram uma guerra para a qual nenhuma delas estava preparada. As duas se saíram melhor do que seria sensato prever, e a Rússia, demonstrando a questão de Mackinder sobre os vínculos eurasianos, conseguiu sustentar suas forças no outro lado da Sibéria. O Japão se viu extremamente privado de efetivo, sobrecarregado com uma dívida intolerável em Londres e Nova York. Era mais grave o problema de traduzir o sucesso no campo de batalha em vitória na guerra.

Ainda assim, ao esmagar os russos no mar, notadamente em Tsushima, ao largo da Coreia, em 1905, e derrotá-los pesadamente em terra na Manchúria, o Japão se tornou a potência regional dominante. Isso passou uma mensagem poderosa sobre a fraqueza ocidental, que, até certo ponto, incentivou a oposição ao império ocidental em outras regiões, como, por exemplo, na Índia. O Japão usou a vitória para consolidar o controle da Coreia e aumentar o seu poder no sul da Manchúria. Os acordos de 1907 e 1909 com a Rússia delimitaram as esferas de influência na Manchúria e abriram caminho para a anexação da Coreia pelos japoneses em 1910. Ela se tornou uma colônia administrada com rigidez. A guerra também fez claramente do Japão a principal potência estrangeira no que dizia respeito à China, e isso seria importante no seu relacionamento posterior.

Os Estados Unidos mediaram o acordo de paz, destacando assim a sua preocupação com a Ásia Oriental, que era outro tema do século. Aliada ao Japão em 1902, a Grã-Bretanha via a sua ascensão como um modo de contrabalançar o poder russo. Nos termos geopolíticos de Mackinder, isso fazia parte da contenção necessária do *heartland* pela periferia. A Alemanha foi incentivada pela derrota da Rússia, porque enfraquecia a França, aliada dos russos.

A Revolução de 1905

Ligada à tensão da guerra desastrosa com o Japão e incentivada pela inteligência militar japonesa (como a Revolução comunista de 1917 seria pelos alemães), essa Revolução na Rússia assistiu à insurgência urbana, notadamente na capital São Petersburgo. Também houve o grito radical de "todo poder aos sovietes", ou conselhos operários. No entanto, a revolução foi esmagada. O fim da guerra com o Japão foi importante para a estabilização da situação na Rússia. Mas também serviu para avisar que a derrota na guerra provocaria grandes problemas para a dinastia Romanov governante.

A REVOLUÇÃO NA CHINA

Em contraste com os movimentos anteriores de Taipeng e dos boxers na China, a origem da revolução de 1911 foi fundamentalmente militar. A derrota para o Japão em 1894-1895 levou a uma modernização militar que, depois do fracasso do Levante dos Boxers, tomou ímpeto no programa de reformas adotado pelo governo na década de 1900. As forças armadas nacionalistas e modernizantes pressionaram por mudanças governamentais, como aconteceu na Turquia em 1908 e foi um fator em Portugal, onde a monarquia foi derrubada em 1910, no Sião (Tailândia), onde a constituição foi imposta em 1932, e em alguns países latino-americanos.

Intelectuais como o historiador e filósofo Liang Qichao afirmaram que os manchus tinham destruído a vitalidade chinesa. As derrotas militares para o Japão e o fracasso do Levante dos Boxers mostraram os pontos fracos da China e impossibilitaram conciliar a legitimidade imperial com a mudança radical. A revolução contra o imperador manchu começou em 10 de outubro de 1911, com um levante militar em Wuhan. Com a notícia transmitida rapidamente e a ação coordenada pelo telégrafo, a revolta se

ACIMA
A Batalha de Nanquim durou de 24 de novembro a 2 de dezembro de 1911.

ACIMA
Yuan Shikai, 1859-1916, general e ministro que se tornou presidente da República da China de 1912 a 1915 e imperador de 1915 a 1916.

espalhou por quase toda a China. O antigo revolucionário Sun Yat-sen se tornou presidente provisório em 29 de dezembro, mas seu governo não tinha força militar. O destino da dinastia manchu foi selado quando Yuan Shikai, comandante importantíssimo, decidiu, depois de certa hesitação, apoiar a revolta. Yuan se tornou presidente em 10 de março de 1912 depois que o imperador Puyi abdicou em 12 de fevereiro. Com apenas 6 anos, ele não tinha condições de deter a revolução.

Esse foi um grande rompimento da continuidade da história chinesa que não se reverteria. O domínio imperial oferecera coerência, continuidade e sanção religiosa, que não seriam prontamente substituídas. A ordem confuciana foi historicamente relativizada e, portanto, deixou de ser útil na nova era.

A China, até então um conceito mal definido, foi reformada como Estado-nação que herdou a posição da dinastia manchu e que era contérmino com ela em termos territoriais. A dinastia manchu foi apresentada como não chinesa pelo novo regime nacionalista, e a sua história foi efetivamente reescrita. No entanto, o futuro seria mais difícil de organizar do que o passado.

O SISTEMA DE ALIANÇAS E A POLÍTICA DAS GRANDES POTÊNCIAS

Na década de 1900, emergências internacionais específicas, notadamente a primeira crise marroquina de 1905-1906 e a crise da Bósnia de 1908-1909, incentivaram temeridades e levaram ao acúmulo de desconfiança entre os estados. A Guerra dos Bálcãs de 1912-1913 fez uma guerra maior parecer mais provável, ao mesmo tempo que levava ao fim o império turco na Europa, com exceção de um pequeno território em torno de Constantinopla (Istambul). Sérvia, Romênia, Bulgária, Grécia e Montenegro tiveram ganhos na primeira Guerra dos Bálcãs de 1912 a 1913, mas perderam na segunda, no fim de 1913, na qual a Bulgária foi derrotada.

A competição entre as principais potências ficou mais aguda, pois elas estavam ligadas por sistemas de alianças. Embora estas alianças exercessem uma certa dissuasão, a situação ficou menos branda quando, cada vez mais, alguns políticos se dispuseram não só a pensar em soluções militares de problemas internacionais como a favorecê-las para provocar o resultado apropriado. Em consequência, os pactos entre as potências ajudaram a disseminar as crises. No caso da Primeira Guerra Mundial, em 1914, os vínculos principais, o da Alemanha com a Áustria-Hungria (doravante, Áustria) e o da Rússia com a França, transformaram uma crise nos Bálcãs produzida pelo assassinato inesperado de Franz Ferdinand, herdeiro do império austríaco, por um grupo terrorista sérvio em Sarajevo, numa guerra pan-europeia. A militarista Alemanha não se dispôs a conter a Áustria.

O crescimento econômico e populacional marcante da Alemanha ajudou a destacar o seu exército substancial e a sua postura agressiva; mas esta última também refletia as atitudes militaristas de um regime antissocialista, baseado numa elite proprietária de terras do leste da Alemanha, notadamente da Prússia, que se sentia pressionada pelo crescimento econômico do oeste e pela mudança social doméstica a ele ligada e suas consequências políticas. Em 1912, beneficiando-se de um sistema eleitoral de sufrágio masculino universal, os sociais-democratas de esquerda se tornaram o maior partido do *Reichstag* e obtiveram um terço dos votos nas eleições nacionais. Na oposição a eles, o regime poderia recorrer ao lado antiliberal, antissocialista e antissemita da sociedade e da cultura alemãs, situação que antevia uma evolução semelhante na década de 1930. A linguagem marxista dos sociais-democratas provocava medo generalizado.

A corrida naval

A emulação competitiva entre as marinhas atraía a atenção pública e governamental. Ansiosa para conquistar o "lugar ao sol" já buscado com os ganhos coloniais na África e no Pacífico, a Alemanha, sob os anglofóbicos Guilherme II e o almirante Alfred von Tirpitz, queria competir com a Grã-Bretanha no mar, uma meta tola. A marinha alemã, a quarta maior do mundo em número de navios de guerra em 1905, se tornou a segunda maior até 1914, ao lado dos Estados Unidos. Em resposta ao crescimento naval da Alemanha, a Grã-Bretanha estava mais do que preparada para manter o ritmo: de 1906 a 1912, a Grã-Bretanha lançou 29 naus capitânias, contra 17 da Alemanha. Essa corrida armamentista ajudou a cimentar a posição da Grã-Bretanha no campo antialemão, resultado que, sem isso, não precisaria ser inevitável. As relações da Grã-Bretanha com a França e a Rússia também melhoraram, respectivamente a partir de 1904 e 1907, o que foi

ACIMA
A Primeira Guerra dos Bálcãs (1912-1913). Na guerra, o império turco na Europa entrou em colapso. Essa foto mostra um canhão das forças sérvio-búlgaras no bem-sucedido sítio de Adrianópolis (Edirne) em 1912-1913

ACIMA
Sátira do Congresso da Paz. As conferências de Haia de 1899 e 1907 buscaram estabelecer a base de conduta das relações internacionais e da guerra. Em 1907, os britânicos tentaram assegurar a limitação dos armamentos navais, que foi rejeitada pela Alemanha e por outras potências dispostas a aumentar a sua frota.

importante para o desenvolvimento do conflito internacional de 1914 (embora a invasão da Bélgica pela Alemanha naquele ano, para atacar a França, fosse mais significativa para levar a Grã-Bretanha à Primeira Guerra Mundial).

AS AMBIÇÕES AMERICANAS

O envio de 16 navios de guerra da "Grande Frota Branca" para mostrar a bandeira americana singrando o mundo em 1907-1909 teve importância como afirmação de poder, feita por um estado que já era a maior potência industrial do mundo. Em 1898, Theodore Roosevelt foi a Cuba como combatente voluntário durante a conquista americana dessa colônia espanhola e, como dinâmico presidente de 1901 a 1909, foi um forte apoiador de uma postura americana mais assertiva, notadamente nas Américas, e do aumento da força naval para apoiá-la. Em 1909, os navios de guerra americanos eram projetados com depósitos de carvão maiores para permitir uma autonomia de 10.000 milhas náuticas (18.500 quilômetros). Em parte, isso era uma resposta à preocupação com a aparente ameaça do Japão aos novos interesses americanos no Pacífico. Enérgico e dominador, Roosevelt, dedicado a um nativismo americano nascido do amor pelo meio ambiente, notadamente do Oeste, personificava uma potência confiante, disposta e capaz de levar sua força econômica ao palco do mundo. Ele teve o papel principal na tomada do projeto do Canal do Panamá pelos Estados Unidos. A sua política do "porrete" foi muito visível no trato intimidatório com os países latino-americanos e deixou claro para as potências europeias que os EUA não tolerariam interferências na região, como tentaram fazer na Venezuela em 1902, quando o presidente daquele país se recusou a pagar as dívidas com a Grã-Bretanha, a Alemanha e a Itália.

O Canal do Panamá

A política não era a única forma nem o único meio de desenvolvimento. Concluído em 1914, o Canal do Panamá, com 82 km de extensão, foi um exemplo em que os seres humanos mudaram radicalmente o mundo que os cercava. Construído em condições muito mais difíceis do que o anterior Canal de Suez (inaugurado em 1869), a princípio um consórcio francês tentou realizar a obra, iniciada em 1881, mas foi derrotado pela febre amarela e pelos erros de gestão. Os americanos, que assumiram o projeto em 1904, ofereceram uma solução mais sistemática, centrada na engenharia e na saúde pública, e aproveitaram uma economia mais forte e a compreensão melhor do meio ambiente.

O apoio americano ao canal estava ligado à política de poder. A independência do Panamá do domínio da Colômbia em 1903 foi facilitada pelos Estados Unidos, como parte da sua prática de intervenção intimidadora, e o novo estado cedeu o controle da Zona do Canal aos americanos.

O canal se tornou um projeto fundamental para o poder naval americano, com alguns valiosos efeitos colaterais econômicos. A frota de um possível inimigo ficaria restrita ao Atlântico ou ao Pacífico, enquanto a frota americana po-

ABAIXO
A Grande Frota Branca. Em 1907-1909, a circunavegação do mundo por dezesseis navios de guerra americanos e a sua escolta foi uma demonstração poderosa da determinação e do poderio americano. O apelido veio dos cascos pintados de branco.

ACIMA
Fotografia tirada em maio de 1915 que mostra a entrada do dique seco nº 1 do terminal de Balboa no lado do Pacífico do Canal do Panamá. Nessa área, os engenheiros americanos substituíram os charcos e a agricultura.

deria se deslocar entre os dois pelo canal e por meio de bases protegidas. Essa foi uma resposta ao aumento do poder japonês no Pacífico. Em 1914, os Estados Unidos eram uma grande potência no Pacífico: dominavam Havaí, Midway, Johnston, Palmyra, Tutula, Wake, Guam e as Filipinas e estavam ficando mais interessados na China e no Extremo Oriente e mais preocupados com o Japão.

A Revolução Mexicana

A complexidade superposta de faccionalismo, golpes e rebeliões, especialmente

visível na América Latina, foi amplamente demonstrada no México. As tensões sociais e econômicas durante a modernização criaram pressões políticas, principalmente porque os benefícios do crescimento e do poder se distribuíram de forma muito injusta na ditadura progressista de Porfírio Diaz (que governou de 1877 a 1911). A maioria dos agricultores não tinha terras, enquanto boa parte da classe média estava inquieta. A rivalidade dentro da elite chegou ao clímax em 1910-1911, quando Francisco Madero, que defendia a liberalização política e econômica, se candidatou à presidência, mas foi preso e perdeu as eleições. Mais tarde, Madero venceu as eleições de 1911 e se tornou presidente, mas não conseguiu controlar a desordem que ajudara a provocar. A queda do sistema de Diaz se mostrou muito prejudicial, tanto no nível local quanto no nacional: camponeses sem terra participaram de rebeliões regionais, ao mesmo tempo que, como na China com os seus senhores da guerra, personagens militares assumiam o controle do poder regional e também intervinham em nível nacional. Em 1913, um golpe militar derrubou e matou Madero, levando a um período de violência constante. Havia no México a prática estabelecida de buscar e contestar o poder pela força, assim como a tensão entre o

■ AMÉRICA LATINA

À sombra do poder econômico americano e britânico e produzindo principalmente matérias-primas para a economia global em desenvolvimento, os estados latino-americanos eram divididos pela rivalidade entre liberais e conservadores. Essa rivalidade provocou golpes frequentes, como o da Venezuela em 1908, e guerras civis, como na Venezuela (1898-199), na Colômbia (1899-1903), no Uruguai (1904), no Equador (1911-1912) e no Paraguai (1911-1912). Não houve lutas internacionais significativas, mas, em 1906-1907, as guerras civis se entrelaçaram na América Central e envolveram Guatemala, El Salvador, Honduras e Nicarágua.

ACIMA
Ao entrar em triunfo na Cidade do México em junho de 1911, Francisco Madero representava a oportunidade de reformas moderadas que indicavam um caminho do meio entre a revolução e a reação. Presidente desde novembro de 1911, ele enfrentou revoltas em 1912 e foi derrubado e morto por um golpe de Estado em 1913, nos Dez Dias Trágicos; a foto é do primeiro desses dias, quando ele buscava apoio contra o golpe.

estado central e as regiões. Essas tensões chegaram ao clímax na década de 1910.

A Revolução Mexicana não tem a ressonância e o significado global da sua correspondente russa posterior, mas, como no caso da revolução da China, mostrou a importância da mudança obtida pela violência e a ausência ou a fraqueza, em boa parte do mundo, das práticas e normas democráticas. O México continuou instável até a década de 1920, e a guerra civil foi um problema até a década de 1930.

A CONSTRUÇÃO DE ESTADOS

O nacionalismo foi um tema-chave do entendimento público do passado, do presente e do futuro, em que as nações se apresentavam como possuidoras de características inerentes. No Japão, o xintoísmo patrocinado pelo Estado se desenvolveu como um amálgama da religião antiga com uma nova forma autoritária de governo depois da Restauração Meiji de 1868. O militarismo e o novo passado tiveram o seu papel, com a fundação, em 1869, do importante santuário de Yasukuni, em Tóquio, que era um símbolo do nacionalismo e onde os mortos da guerra eram homenageados. O lema meiji era *fukoku kyohei* (enriquecer o país, fortalecer o exército).

Na América Latina, o poder estava nas mãos dos descendentes dos conquistadores portugueses e espanhóis e excluía os de ascendência nativa ou africana (escravizados). A crioulização a longo prazo das sociedades europeias na América Latina, com a criação de novas identidades raciais e étnicas, foi um processo que, na prática, não era bem re-

ABAIXO
O imperador visita o Santuário de Yasukuni, num quadro de 1929 de Shimizu Yoshio. O Santuário de Yasukuni servia de importante memorial de guerra e local de expressão nacionalista.

ACIMA
A emigração chinesa pelo Pacífico foi um dos principais fluxos do período. Na segunda metade do século XIX, pelo menos 2, 3 milhões de chineses emigraram, o que levou a um surto de nativismo branco hostil, notadamente na Austrália e nos Estados Unidos.

conhecido. A ênfase histórica era a luta por independência do início do século XIX, mas isso destacava a divisão entre os liberais seculares e os conservadores pró-clericais. Ainda assim, a educação foi usada, como na Argentina, para tentar integrar os diversos povos e ajudar a criar uma nação argentina.

Os impérios se opunham aos relatos estritamente nacionais da linhagem dos estados. Assim, os governantes japoneses buscaram classificar a identidade his-

MIGRAÇÃO E RAÇA

O crescimento populacional global sem precedentes, a demanda de mão de obra em áreas de oportunidade e a transformação das comunicações por meio de vapores e ferrovias ajudaram a provocar migrações em grande escala. As maiores fontes de emigração eram China, Índia e Europa, mas o padrão resultante variou muito. Os indianos, súditos da Coroa britânica, mudaram-se principalmente para regiões do império, como o sul e o leste da África (Quênia e Uganda), Fidji, Guiana e Trinidad; os chineses, para outros litorais do Pacífico, como Califórnia, Queensland (na Austrália) e Peru; e os europeus, para as Américas e a Australásia. Assim, por exemplo, os italianos foram em massa para os Estados Unidos e a Argentina. Os escandinavos, irlandeses e poloneses também emigraram em grande número para os Estados Unidos.

Esses movimentos foram muito bem-vindos em alguns destinos por satisfazer a necessidade de mão de obra. No entanto, também houve preocupação dos trabalhadores existentes com a concorrência, além de racismo, voltado, especificamente, contra os migrantes não europeus. O movimento Austrália Branca refletia a inquietação com a imigração chinesa, e houve preocupação semelhante nos Estados Unidos. Na década de 1900, a ansiedade com a imigração cresceu, e o preconceito racial assumiu um papel maior na sociedade e na política. Desse modo, o antissemitismo ficou mais destacado. Em 1905, a Grã-Bretanha aprovou a Lei dos Estrangeiros. Nos Estados Unidos, que receberam quase um milhão de imigrantes por ano entre 1901 e 1914, o nativismo se voltou

tórica e cultural coreana sob um passado japonês dominante ou apresentar a Coreia como historicamente inferior. Em resposta, os intelectuais coreanos tentaram usar a história para preservar, articular ou expandir a identidade coreana.

A ECONOMIA MUNDIAL, 1900-1914

A disseminação do poder imperial ocidental foi condizente com a dominação ocidental efetiva da indústria pesada e, principalmente pela Grã-Bretanha, da estrutura de serviços de transporte marítimo, finanças e telégrafo. Essa dominação assegurou que as principais potências imperiais gozassem de influência econômica e até controle, inclusive fora do alcance formal do seu império. Portanto, boa parte da América Latina fazia parte dos impérios informais americano ou britânico. Além disso, o Japão, mais importante Estado econômico não ocidental, era em si uma potência imperial.

A indústria pesada se concentrava em produtos de ferro e aço, notadamente construção naval, engenharia pesada e produção de armamentos, como a crescente fábrica Krupp, em Essen, na região do Ruhr, na Alemanha. A Krupp produzia artilharia para o exército alemão. Em 1912, a Krupp também começou a fabricar aço inoxidável. No entanto, até certo ponto ela se diversificou com o crescimento de diversos setores baseados em novas tecnologias, notadamente a indústria química, na qual a Alemanha teve bastante sucesso. Os novos setores e atividades incluíam os automóveis e o cinema. Em 1903, os irmãos Wright lançaram o voo tripulado com motor.

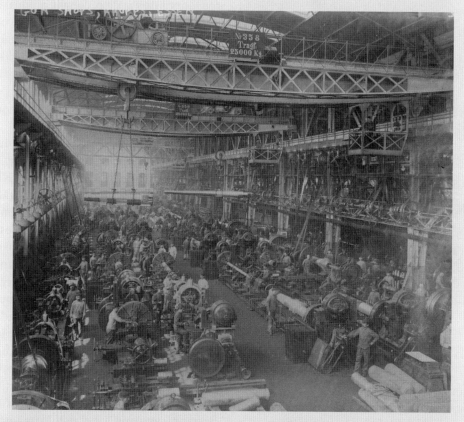

ACIMA
Em Essen, a fábrica Krupp de artilharia, maior empresa industrial da Alemanha. Os canhões de aço Krupp fizeram a fortuna da empresa, e a fabricação de armamentos incluía a blindagem de ferro-níquel dos navios de guerra.

À ESQUERDA
Plantação de chá no Ceilão. Desde 1824, os britânicos introduziram a planta do chá no Ceilão, e a venda à Inglaterra começou em 1873. Em 1899, mais de 160.000 hectares eram cultivados, e a produção de chá era quase exclusivamente para exportação, boa parte dela para a Grã-Bretanha.

No entanto, em boa parte do mundo o padrão de atividade econômica era mais tradicional. A agricultura permanecia como setor econômico fundamental que empregava muita gente, notadamente na Ásia. Ao mesmo tempo, a agricultura mudou no decorrer do século, com uma abordagem cada vez mais comercial promovida pelo impacto dos grandes navios a vapor, com porão refrigerado, e das ferrovias que possibilitavam transportar com facilidade mercadorias a granel. Esses meios se tornaram ainda mais significativos na década de 1900 e serviram para integrar setores econômicos importantes. Assim, por exemplo, o café brasileiro era enviado à Europa e aos Estados Unidos, e a carne bovina argentina e a carne ovina australasiana, à Grã-Bretanha. Havia um certo protecionismo, mas o livre-comércio também era significativo. Ele embasava a posição comercial dominante da Grã-Bretanha. Também havia um sistema internacional de produção e comércio por trás do consumo. Assim, no chá que os operários britânicos bebiam, as folhas tinham sido importadas da Índia e do Ceilão (Sri Lanka), o açúcar para adoçá-lo vinha das Índias Ocidentais e o leite e as xícaras eram de produção nacional.

Não se sabe se essa integração global das economias numa economia mundial foi necessariamente uma coisa boa. Para começar, o processo foi extremamente desorganizador, tanto em termos ambientais quanto humanos, questão que permaneceu relevante durante todo o século. A produção de mercadorias para mercados distantes, como o chá da Índia e do Ceilão para a Grã-Bretanha, poderia ser acompanhada de um regime de trabalho árduo e até cruel. A extensão em que a produção, por exemplo, de chá no Ceilão e de borracha na Malásia se baseava em produtos cujo cultivo fora introduzido pelo sistema do império destacava o papel ativo das nações imperiais.

Há outro toque crítico quando se observa em que extensão a economia, em todos os níveis, estava entrelaçada com o esforço de obter lucro com as transações e as necessidades numa variedade de práticas ilegais e semilegais. Essas alternativas ao controle estatal e ao capitalismo regulamentado pelo governo refletiam a extensão em que estes, juntos ou em concorrência, não satisfaziam a necessidade de muitos. Portanto, o contrabando, a atividade do mercado negro na produção, no transporte e nas vendas, os furtos, a venda nas ruas e a mendicância eram todos importantes. Além disso, não eram acréscimos à sociedade, mas parte integrante dela. Desse modo, a capacidade do Estado de encontrar apoio para as suas políticas nas comunidades pobres tendia a ser limitada.

contra eles, principalmente os de países mediterrâneos.

Antissemitismo

O antissemitismo ficou cada vez mais central nos que estavam insatisfeitos com a mudança. Os judeus foram vilipendiados como cosmopolitas e plutocratas, ao mesmo tempo que circulavam preconceitos mais antigos. A paranoia teve o seu papel, notadamente com *Os protocolos dos sábios de Sião*, documento forjado na Rússia em 1902-1903 que pretendia revelar o plano judeu de dominação mundial. Na Rússia, os *pogroms*, principalmente em 1903-1906, foram o produto violento dessa atitude, ainda mais porque os tsares estavam consolidando o seu poder em torno do nacionalismo russo. Na Áustria, o antissemitismo ficou muito mais forte, em resposta à fluidez social e econômica de um império que mudava com rapidez. A hostilidade aos judeus era importante em si e como um modo de exprimir a preocupação dentro do império austro-húngaro com os papéis e as demandas

dos não alemães, que pareciam ameaçar o Estado de dissolução.

Afro-americanos

Nos Estados Unidos, a posição dos negros (pretos ou afro-americanos — o nome variou durante o século, assim como a sua aceitabilidade) era uma cicatriz especial nas noções americanas de oportunidade e inclusão. Embora não fossem mais escravas, as populações negras eram ativamente segregadas, não só nos estados do Sul como em nível nacional — por exemplo, nas forças armadas e nos esportes. Também estavam sujeitas à violência racista, notadamente sob a forma de linchamentos. No Sul, havia um número desproporcional de negros na prisão, e os trabalhos forçados eram amplamente usados, em geral na construção de obras públicas.

No sul do país, os negros eram considerados cidadãos de segunda classe, vulneráveis à exploração econômica e política. Exacerbada pela ascensão da segregação *de jure* no Sul na década de 1890, a situação persistiu até as décadas de 1950 e 1960. O Sul se tornou uma sociedade agrícola pobre, com relações de trabalho opressoras, em parte porque a elite branca queria se manter no topo dessa sociedade em vez de se unir à nova ordem industrial, cuja urbanização e mecanização ameaçariam a sua superioridade.

Essa decisão, que acentuou as divisões regionais dos Estados Unidos, contrastou com a disposição de boa parte das elites brasileiras e russas de trabalhar,

PÁGINA AO LADO
A segregação racial dos Estados Unidos era direcionada contra os afro-americanos e foi considerada constitucional pela Suprema Corte de 1896 a 1954. A ilustração mostra um bebedouro num terminal de bondes em Oklahoma City, em 1939.

respectivamente, para o fim da escravidão e da servidão e aceitar a industrialização e, portanto, a mobilidade social e a urbanização. Essas abordagens não foram bem-vindas entre os brancos sulistas, que se ressentiam da derrota para o Norte industrial na Guerra de Secessão (1861-1865). O romancista sulista William Faulkner observou, em *Réquiem para uma freira* (1951), que "o passado nunca morre. Ele nem é passado."

■ NOVAS TECNOLOGIAS

A variedade de novas tecnologias criou uma expectativa de mudança revolucionária, tanto no sentido tecnológico como, em termos mais gerais, na vida como um todo. Isso destacou a tensão entre os que olhavam o passado e o viam como referência para metas, expectativas e práticas e os que defendiam que agora o caráter inerente da vida era de movimento inevitável rumo ao futuro. Alguns viam isso com pessimismo, mas mais com esperança, notadamente os jovens e os habitantes urbanos.

Dirigíveis

Os balões tinham deficiências graves em termos de voo livre navegável, mas, na década de 1870, os fabricantes de motores e de balões se uniram para criar os "dirigíveis". Em seguida, o balão foi envolvido por uma estrutura metálica que tornava o dirigível mais navegável. Os dirigíveis cheios de gás foram desenvolvidos pelo conde alemão Ferdinand von Zeppelin, que, em 1899, começou a fazer experiências com um envelope cilíndrico (em vez de globular) para o gás. Em 1908, seu dirigível LZ-4 voou mais de 386 quilômetros em doze horas. Isso

A ANTIGA ORDEM, 1900-1914 **41**

À DIREITA
Alberto Santos-Dumont, pioneiro brasileiro da aviação, ganhou um prêmio em 1901 por um voo em torno da Torre Eiffel. Esta foto mostra uma tentativa anterior e malsucedida.

causou interesse militar e discussões na ficção científica, como *A guerra no ar*, de H. G. Wells (1908), e *John Carter de Marte*, de Edgar Rice Burroughs (1912).

Aeronaves

Os primeiros sucessos com aerofólios e voos tripulados em grandes planadores foram atrapalhados pela falta de uma fonte de energia pequena e adequada. No entanto, a chegada do motor de combustão interna permitiu o voo mais pesado do que o ar. A realização dos americanos irmãos Wright, em 1903, foi precedida, por exemplo, por Clément Ader. No entanto, o sucesso dos irmãos fabricantes de bicicletas é que tornou possível o voo controlado.

Além disso, os irmãos Wright previram o mercado de reconhecimento militar e, em 1908, conseguiram um contrato para produzir aeronaves militares capazes de voar 200 km a 64 km/h. Separadamente, em 1909, parece que Wilbur Wright foi o primeiro piloto a tirar fotografias, e Louis Blériot sobrevoou o Canal da Mancha. Os aviões quadrimotores de longo alcance foram desenvolvidos em 1913, ano em que o primeiro piloto atravessou o Mediterrâneo. No entanto, em 1914 a maioria das aeronaves era pouco mais do que caixas voadoras lentas e com baixa potência.

Rádio

Em 1904, Édouard Estaunié cunhou a palavra "telecomunicação", em que "tele" significa distância. Desenvolvido a princípio para a comunicação de longo alcance com navios de guerra e como alternativa mais flexível ao telégrafo, o rádio tinha claro potencial de efetuar mudanças ainda maiores. Em 1913, num discurso no Instituto de Jornalistas, Robert Donald, editor britânico de jornais, considerou o futuro do noticiário pelo rádio:

> As pessoas podem se tornar preguiçosas demais para ler, e as notícias serão entregues em casa ou no escritório, assim como a água e o gás de hoje. Os ocupantes escutarão o relato das notícias do dia, lidas para eles por fonógrafos muito melhorados, quando estiverem no jardim.

Mudança do armamento

Os submarinos e aviões estavam entre os aperfeiçoamentos mais espetaculares que seriam importantes na guerra mundial que estava por vir, mas outras mudanças bélicas também eram visíveis. Uma carta assinada por "Coronel" e intitulada "A Guerra dos Bôeres — ataque de posições", publicada no *Times* em 27 de dezembro de 1899, observava:

> *O método moderno das fortificações, introduzido com o fuzil carregado pela culatra, se baseia na indestrutibilidade prática pelo fogo da artilharia moderna das fortificações adequadamente projetadas e na improbabilidade de uma força atacante invadir uma posição adequadamente preparada e defendida por número suficiente de soldados armados com fuzis carregados pela culatra. Essa improbabilidade se tornou impossibilidade, agora que o fuzil com carregador substituiu o carregado pela culatra, até que as defesas sejam feridas gravemente pelo fogo de artilharia.*

Na Guerra Russo-Japonesa (1904-1905), as metralhadoras e o arame farpado tiveram papel importante. Essas mudanças ficariam prontamente visíveis na guerra mundial que se seguiu.

ABAIXO
O inventor italiano Guglielmo Marconi (1874-1937) teve papel fundamental no desenvolvimento do rádio e, em consequência disso, dividiu o Prêmio Nobel de Física de 1909. A fotografia ilustra o número de peças do sistema de radiotelegrafia que ele desenvolveu.

A ANTIGA ORDEM, 1900-1914

CAPÍTULO 2

A PRIMEIRA GUERRA MUNDIAL

1914-18

Conflito de escala e alcance sem precedentes, a Primeira Guerra Mundial foi uma luta militar traumática que transformou os países envolvidos e o mundo como um todo. A guerra teve grandes consequências políticas, sociais, econômicas e culturais para todos os principais participantes. A Rússia mudou drasticamente com a revolução bolchevique, enquanto uma nova doença fatal varreu o mundo bem quando a guerra terminava.

A GRANDE GUERRA

A ocasião da guerra foi o assassinato de Franz Ferdinand, herdeiro do império austro-húngaro, por terroristas sérvios em Sarajevo, capital da Bósnia. Embora a Áustria ficasse compreensivelmente ofendida, o ataque também lhe deu o pretexto útil de que precisava para provocar o que, segundo se pensava, seria um conflito pequeno nos Bálcãs para deter a influência crescente da Sérvia na região. Para resolver a crise, os austríacos apresentaram à Sérvia uma lista de dez exigências duríssimas que sabiam que seria rejeitada, permitindo-lhes declarar a guerra. O que a Áustria não sabia era que a Rússia, aliada da Sérvia, prometera apoiá-la em qualquer conflito que acontecesse. E o que a Rússia não sabia era que a Alemanha fizera exatamente a mesma promessa à sua aliada Áustria.

Quando declarou guerra à Sérvia em 28 de julho de 1914, a Áustria pôs em jogo um sistema complicado de alianças. A Alemanha, ao descobrir que agora era obrigada a entrar em guerra com a Rússia, tomou a decisão estratégica de lançar um ataque de surpresa a outro aliado daquele país, a França, para evitar uma guerra em duas frentes. Em 1905, a Alemanha tinha desenvolvido uma estratégia exatamente com esse propósito. Era o chamado Plano Schlieffen: para tomar Paris, antes a Alemanha tinha de invadir a Bélgica.

A Frente Ocidental

A invasão alemã da Bélgica em 1914 levou a Grã-Bretanha à guerra. Isso não preocupou a Alemanha indevidamente. Naquela época, a Grã-Bretanha era principalmente uma potência naval e não lutava com outra grande potência do continente europeu desde a Guerra

PÁGINA DUPLA
ANTERIOR
Para os soldados da Primeira Guerra Mundial, atravessar o campo da morte era muito difícil, devido à força das defesas e à letalidade das armas de tiro rápido.

À DIREITA
O assassinato de personagens importantes era comum nas décadas anteriores à Primeira Guerra Mundial, mas o de Franz Ferdinand, herdeiro do império austríaco, foi o mais prejudicial devido ao contexto político por oferecer uma oportunidade de pressão austríaca sobre a Sérvia, que levou à luta mais ampla.

da Crimeia com a Rússia em 1854-1856. Mas a esperança alemã de dar um golpe rápido e nocautear a França se frustrou com o sucesso do contra-ataque aliado na Batalha do Marne, em setembro de 1914. Em seguida, veio o fracasso dos dois lados de flanquear o inimigo na "Corrida para o mar", resultando num impasse em que os Aliados e os alemães se atolaram ao longo de uma frente de batalha que envolvia o leste da França e uma parte da Bélgica. Para proteger os soldados da devastação fatal do fogo rápido de artilharia, ambos os lados se entrincheiraram. Foi o começo da chamada guerra de trincheiras.

O que se seguiu foi uma verdadeira guerra de atrito. Os malsucedidos ataques britânicos e franceses de 1915 foram seguidos, em 1916, por um ataque alemão em grande escala aos franceses em Verdun e por uma ofensiva britânica no Somme, tudo com muita perda de vidas. Embora não resultassem em grandes rompimentos, esses ataques aliados tinham um propósito estratégico, notadamente tirar a pressão dos Aliados que lutavam em outras frentes, principalmente a França e a Rússia em 1916.

Em 1917, os britânicos e franceses, em ofensivas separadas, não conseguiram mais uma vez romper as linhas da

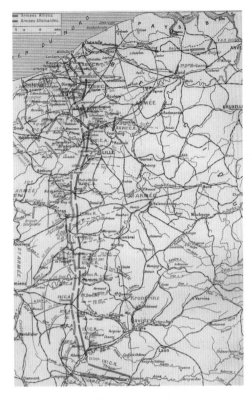

ACIMA
A corrida para o mar, 1914. A extensão das linhas alemãs e aliadas para o norte causou a ampliação da Frente Ocidental dos Alpes ao Canal da Mancha, com o impedimento da tentativa de ambos os lados se flanquearem.

ABAIXO
Verdun, 1916. Soldados franceses expostos no árido campo de batalha marcado por nuvens de fumaça produzidas por granadas de artilharia, numa ilustração da batalha nefasta em que morreu meio milhão de homens.

A PRIMEIRA GUERRA MUNDIAL, 1914-1918   47

Alemanha e novamente sofreram baixas pesadíssimas. Os alemães tiveram mais sucesso na primavera e no início do verão de 1918, mas foram finalmente detidos e deixados com uma linha de frente vulnerável.

Naquele mesmo ano, os Aliados romperam. Eles se beneficiaram da disponibilidade de tropas americanas e do uso de tanques e aviões, mas o principal elemento foi a coordenação bem-sucedida dos britânicos e franceses entre infantaria e artilharia. Derrotados e forçados a recuar, com o seu sistema de alianças em colapso, os alemães pediram e receberam os termos da paz. A luta na frente ocidental terminou mais ou menos na mesma área onde tinha começado.

A Frente Oriental

Embora capaz, desde 1914, de obter grandes ganhos às custas dos austríacos desanimados, os russos foram repetidamente malsucedidos nas mãos da Alemanha. Depois de esmagar uma invasão russa mal coordenada da Prússia oriental em 1914, no ano seguinte os alemães conquistaram a Polônia russa nas batalhas de Tannenberg e dos Lagos Masúrios; em 1917, a tensão da guerra provocou duas revoluções na Rússia. Os novos ganhos alemães forçaram o novo governo comunista russo a aceitar os termos da capitulação em 1918 com o Tratado de Brest-Litovsk. A guerra na Frente Oriental desestabilizou os impérios russo e austro-húngaro e não deu à Alemanha os ganhos previstos.

A guerra nos Bálcãs

Os ataques austríacos à Sérvia em 1914 fracassaram, mas, com a entrada da Bulgária na guerra em 1915, ao lado da Austro-Hungria e da Alemanha, a Sérvia, atacada em várias direções, foi rapidamente conquistada. Foi um exemplo da capacidade de tomar decisões militares importantes que contrastou com a situação na frente ocidental, geralmente usada para definir a guerra como um todo.

ABAIXO
A cavalaria cossaca do exército russo em 1915. A menor densidade de soldados na Frente Oriental fez com que lá a cavalaria tivesse um papel maior do que na Frente Ocidental.

ACIMA
A retirada italiana depois da derrota para as forças austro-alemãs em Caporetto, em 1917, envolveu um grande fracasso no moral, mas não houve equivalente ao colapso encontrado na Rússia, na Áustria e na Alemanha naquele ano ou no seguinte, e os italianos logo se reagruparam.

A guerra se estendeu; em 1915, forças anfíbias anglo-francesas não conseguiram derrubar outro adversário, a Turquia, na campanha de Galípoli, e também fracassaram contra a Bulgária na campanha da Tessalônica no mesmo ano. Em 1916, a Romênia entrou no lado da Grã-Bretanha, da França e da Rússia, mas foi praticamente vencida pela bem-sucedida invasão austro-húngara e alemã. Os Bálcãs permaneceram uma zona de campanha secundária até o estágio final da guerra, quando a Bulgária foi derrotada pelas forças aliadas que avançaram a partir de Tessalônica, causando o desmantelamento do sistema de alianças das potências centrais.

As ofensivas italianas

Ao entrar na guerra em 1915, a Itália buscava ganhos territoriais da Austro-Hungria, apresentados como último estágio do processo de unificação italiana iniciado em meados do século XIX. Naquele ano, a Grã-Bretanha e a França se dispuseram a prometer esses ganhos no Tratado de Londres. No entanto, os sucessivos ataques italianos aos austríacos, notadamente no rio Isonzo, só provocaram pesadas baixas com pouquíssimo ganho de território, rapidamente desfeito pela contraofensiva de surpresa de 1917 em Caporetto. Para evitar o destino da Rússia em 1917, os italianos finalmente se reagruparam com a ajuda dos Aliados e, em 1918, expulsaram os austríacos. No entanto, a guerra prejudicou muito a autoconfiança da Itália e foi um grande fardo para a sua sociedade.

Impérios em guerra

O conflito entre as potências europeias abrangeu os seus impérios. Grande número de não europeus serviu na Europa, principalmente africanos no exército francês e canadenses no britânico. Essa contribuição foi ainda mais significativa fora da Europa, onde os combatentes atacaram as colônias e os territórios dos adversários. Os soldados australianos,

ACIMA
A cavalaria indiana. Os batedores do regimento Hodson de cavalaria, perto de Vraignes, na França, em abril de 1917, mostram o alcance da mobilização militar imperial.

indianos e neozelandeses tiveram papel importante em nome da Grã-Bretanha quando os impérios turco e alemão foram conquistados. No entanto, os dois processos levaram mais tempo do que o previsto, e as tropas alemãs lutaram na Tanzânia até o fim da guerra. A Palestina (Israel), a Síria e a Mesopotâmia (Iraque) só foram conquistados dos turcos depois de campanhas difíceis, e pelo caminho houve derrotas britânicas significativas.

A guerra tanto fez avançar a cooperação imperial quanto a pôs à prova como nunca— principalmente quando se impôs o alistamento obrigatório. No Império Britânico, isso causou controvérsia na Austrália, no Canadá e na Irlanda. Em outras colônias, a guerra também se mostrou onerosa. Em 1916, houve na Ásia central russa oposição violenta ao alistamento obrigatório, que foi esmagada.

A guerra também assistiu à tentativa de consolidação do império diante da preocupação com a sua estabilidade. Enfrentados pelos contatos turcos de Ali Dinar, sultão de Darfur, no futuro Sudão ocidental, os britânicos venceram o sultanato em 1916. Em 1915-1916, na Guerra de Volta Bani na África ocidental, os franceses reagiram à oposição mobilizando cinco mil homens, em sua maioria soldados africanos, e empregaram a guerra antissocial, com matança de homens, mulheres e crianças, envenenamento de poços e chacina de animais para destruir o ambiente onde os adversários operavam. Cerca de trinta mil habitantes locais foram mortos para sufocar o levante.

Os Estados Unidos entram na guerra, 1917

Como parte do processo fundamental de industrialização e mobilização econômica para a guerra e refletindo a capacidade da Grã-Bretanha de dominar a situação naval, os recursos financeiros, industriais e agrícolas americanos foram importantíssimos para os Aliados antes da entrada americana no conflito. A guerra submarina irrestrita dos alemães, contra a qual os Estados Unidos tinham avisado especificamente, levou os americanos à guerra em 1917. A sua força na Frente Ocidental teve um papel na derrota alemã de 1918, e a possibilidade da chegada de mais soldados americanos foi fundamental para assinalar a sensação de que a vantagem passara aos Aliados. Além disso, o apoio naval americano ajudou a consolidar o domínio da Grã-Bretanha nos mares. No entanto, a real conquista militar e industrial americana aconteceu depois de 1941, não depois de 1917. Comparada à da Segunda Guerra Mundial, a construção de navios ainda era modesta, enquanto em termos de tanques e aviões os EUA dependiam da Grã-Bretanha e da França. A pressão financeira também foi intensa: a dívida interna dos Estados Unidos passou de 1 bilhão para 27 bilhões de dólares; em novembro de 1918, 70 centavos de cada dólar de gasto estatal eram emprestados. Embora em 1917 os americanos comprassem as Índias Ocidentais dinamarquesas — as ilhas de Santa Cruz, São João e São Tomás —, num precedente do interesse posterior em comprar a Groenlândia, os americanos não tentaram conquistar territórios como resultado da guerra, como poderiam ter feito com o império alemão na África e no Pacífico.

A guerra no mar

A incapacidade do combate de superfície de conseguir um golpe decisivo, notadamente na Batalha da Jutlândia, em 1916, no Mar do Norte, a maior de todas as batalhas navais, levou a Alemanha a recorrer à guerra submarina na tentativa de forçar a Grã-Bretanha, que dependia da importação de alimentos, a se submeter. No entanto, a adoção da guerra submarina irres-

ACIMA
A batalha da Jutlândia, 1916. As ilustrações dramáticas dos navios de guerra não registram problemas como a pouca blindagem, a sinalização inadequada e a dificuldade de controlar incêndios. Gerenciar e vencer um encontro naval dessa escala e complexidade gerava desafios sem precedentes.

trita pela Alemanha fez os Estados Unidos entrarem na guerra em 1917. Além disso, embora muitos navios fossem afundados, o uso de comboios acabou frustrando os submarinos, que não tiveram o impacto estratégico previsto. A dominação dos oceanos pelos Aliados foi um aspecto estratégico importantíssimo da guerra. Ela lhes permitiu transportar soldados e suprimentos e bloquear a Alemanha. Esse domínio foi um elemento geopolítico que Mackinder tinha minimizado.

A guerra no ar

A novidade da guerra foi mais visível no ar. Os aviões foram usados pela primeira vez no conflito depois que os italianos invadiram a Líbia em 1911. O uso militar em grande escala de dirigíveis e aviões começou em 1914. Houve um desenvolvimento rápido das especificações de aviões, enquanto os dirigíveis cheios de gás, usados especificamente pelos alemães para bombardear a Grã-Bretanha, se mostraram demasiado vulneráveis à interceptação. Os aviões eram empregados principalmente com fins de reconhecimento e para mapear os sistemas de trincheiras das forças adversárias. Era um prelúdio fundamental da precisão do fogo de artilharia. Em consequência, caças foram mobilizados para rechaçar os aviões de reconhecimento e, depois, para competir com outros caças. O bombardeio se desenvolveu, e os alemães lançaram uma grande campanha contra Londres em 1917, mas as cargas, a precisão e o alcance ainda eram limitados. As condições para a tripulação eram primitivas e arriscadas. Não havia paraquedas.

O *front* doméstico

A guerra pôs à prova a força e a estabilidade de economias e sociedades.

Portanto, limitações importantes permaneceram na economia alemã, com o setor agrícola caracterizado, em boa parte, pela baixa eficiência do campesinato e a atividade industrial que, com frequência, não se igualava às características das principais empresas alemãs. A importância da estabilidade interna e da produção industrial, notadamente de munições e, mais ainda, de granadas de artilharia, incentivou o exame da situação dentro dos principais estados. Isso se tornou mais importante tanto com a continuação da guerra, que criou fardos sem precedentes, quanto com os sinais crescentes de dissidência e da disposição dos adversários de aproveitá-los. Portanto, os Aliados buscaram incentivar a oposição nacionalista ao império austro-húngaro, principalmente na futura Tchecoslováquia, enquanto os alemães faziam o mesmo dentro do Império Britânico. Na verdade, eles estimularam os turcos a declarar uma *jihad* para assegurar a oposição muçulmana a Grã-Bretanha, França e Rússia, mas descobriram que o seu impacto era limitado. As áreas ocupadas eram tratadas com violência. Desse modo, a Alemanha recrutou civis belgas para trabalhos forçados no Ruhr. Mesmo assim, a Segunda Guerra Mundial mostraria os alemães sob uma luz muito mais dura.

A Revolta da Páscoa, 1916

A pequena escala da oposição irlandesa violenta à Grã-Bretanha permitiu que o levante de 1.200 homens de Dublin em 1916 fosse rapidamente sufocado. Em comparação, muito mais irlandeses lutaram como voluntários no exército britânico. No entanto, em 1918, a tentativa de ampliar o alistamento forçado na Irlanda alimentou o apoio aos nacionalistas, assim como o cansaço da guerra. A Revolta da Páscoa teria um papel enganoso, mas importante, no mito de fundação do Estado irlandês. Esse foi um aspecto do processo mais geral pelo qual a Primeira Guerra Mundial teve importância, para o bem e para o mal, nos relatos de fundação de muitos Estados. Portanto, em 1917, a Declaração de Balfour da Grã-Bretanha sobre a instalação de judeus na Palestina seria citada no caso de Israel, embora a natureza contraditória das iniciativas britânicas ajudasse a exacerbar as divergências sobre a questão que se tornariam graves.

Atrocidades

Embora não na escala da guerra mundial seguinte, houve tratamento pavoroso de civis, como na matança alemã de belgas em 1914 e no uso alemão da guerra submarina irrestrita. O grupo mais maltratado foi a população armênia da Turquia, em 1915. Os temores de que os armênios seriam uma possível quinta-coluna dentro da Turquia e a identificação dos armênios com os invasores russos levaram ao mortícínio em grande escala; muitos foram transportados para as regiões áridas do deserto, onde morreram. Em parte, o racismo turco e o ódio ao cristianismo alimentaram essa atividade. Cerca de 1, 5 milhão de pessoas foram mortas ou morreram, com as suas propriedades confiscadas. Leslie Davis, cônsul americano em Erzurum, relatou: "Os turcos já escolheram as mais belas entre as crianças e as mocinhas. Servirão de escravas, se não servirem a fins ainda mais vis".

■ OPINIÃO PÚBLICA E PROPAGANDA

A preocupação com o front doméstico levou os estados a recorrer a formas novas e estabelecidas de propaganda. Ao lado da mídia impressa, veio o uso do cinema. Em geral, a propaganda era direcionada para as iniquidades dos adversários, como as atrocidades alemãs contra os civis na Bélgica e a guerra submarina alemã contra os navios de passageiros. Também houve exortações ao moral e campanhas mais específicas, como, por exemplo, a favor da compra de bônus de guerra. Essa propaganda se tornou mais significativa com o prolongamento da guerra.

À ESQUERDA
Esse cartaz americano de Harry Ryle Hopps foi produzido em 1917 para concentrar o sentimento antialemão na ameaça representada pela Alemanha. O sentimento isolacionista anterior foi superado com sucesso.

Consequências

A guerra foi uma força considerável de mudança social. Questionaram-se os pressupostos tradicionais, e as práticas sociais foram afetadas por inflação mais alta, mais tributação, racionamento, ausência dos homens que estavam na linha de frente e a disseminação do emprego feminino e do sindicalismo. Os privilégios políticos e econômicos e a situação das elites e da classe média estabelecidas foram restringidos e questionados, e a estabilidade de países inteiros foi ameaçada ou perdida.

Sufrágio feminino

A contribuição significativa das mulheres à economia de guerra, notadamente no trabalho fabril, ajudou a provocar a extensão a elas do direito de voto na Grã-Bretanha em 1918, embora a sua posição só se igualasse à dos homens em 1928. Já se argumentou que, na Grã-Bretanha, as mulheres receberam o direito de voto para contrabalançar o possível radicalismo da extensão desse direito a todos os homens da classe trabalhadora. As mulheres também obtiveram o direito de voto no Canadá (1917), na Alemanha (1918), na Áustria (1919), nos Países Baixos (1919) e nos Estados Unidos (1920). Esse resultado foi considerado moderno. No entanto, muitos países mudaram mais devagar, notadamente os católicos. A França, por exemplo, só deu o direito de voto às mulheres em 1945; a Argentina, em 1947.

ACIMA
O voto feminino nos EUA. Aprovada pelo Congresso em 1919 e ratificada em 1920, a 19ª emenda concedia às mulheres o direito de voto. Com o Sul como a região mais conservadora, o Tennessee foi o fundamental 36º estado. O presidente Woodrow Wilson era um partidário importante, e no Congresso os republicanos deram mais apoio ao voto feminino do que os democratas.

À ESQUERDA
Lenin, o revolucionário russo que encabeçou o governo repressor soviético de 1917 até sua morte em 1924, fala à multidão em outubro de 1917.

AS REVOLUÇÕES RUSSAS, 1917

A derrubada da dinastia dos Romanov na Revolução de Fevereiro levou à tentativa de criar uma democracia de estilo ocidental e de continuar a guerra onerosa com a Alemanha. Os fardos e o fracasso desta última ajudaram a solapar a primeira, e, em outubro, um golpe comunista comandado por Vladimir Lenin levou a um governo radical que deu fim à guerra em 1918 e, em seguida, estabeleceu o seu poder e o seu programa numa guerra civil que só acabou em 1921. Foi uma luta de escala maior e que causou mais baixas na Rússia do que a Primeira Guerra Mundial. Os comunistas enfrentaram a oposição dos brancos conservadores e monárquicos, dos verdes (o exército camponês da Rússia), dos não russos separatistas, como os letões e ucranianos que viviam sob o controle imperial, e de tropas estrangeiras, principalmente britânicas, francesas, japonesas e americanas.

A violenta tenacidade dos comunistas foi um elemento fundamental de sua vitória. Eles nacionalizaram as empresas, confiscaram os cereais e impuseram uma ditadura firme, enquanto a oposição era violentamente suprimida, inclusive a oposição à esquerda. A mentalidade comunista era praticamente de luta contínua e irrestrita. Os comunistas também se beneficiaram do controle das posições centrais de Moscou e São Petersburgo e das divisões graves entre os seus adversários. As tropas estrangeiras não tiveram persistência e escala.

Vitoriosos, os soviéticos deram fim aos movimentos de independência da Ucrânia e do Cáucaso, mas não conseguiram o mesmo na Finlândia, na Polônia e nas repúblicas bálticas; a derrota pelos poloneses em 1920 teve especial importância. Assim, a guerra definiu as novas fronteiras da Europa oriental.

A Tcheka

O uso do terror em grande escala pelos comunistas contou com a polícia secreta criada em dezembro de 1917: a Comissão Extraordinária de Todas as Rússias para a Luta Contra a Sabotagem e a Contrarrevolução, ou Tcheka. Prisões arbitrárias, campos de concentração, tortura em grande escala e matança em massa de inimigos suspeitos fizeram parte do repertório da Tcheka. O argumento de que Josef Stalin, ditador a partir de 1924, mudou a direção do comunismo russo/soviético, tornando-o mais paranoico e violento do que sob Lenin, ignora a extensão dessas coisas desde o princípio. A estátua de Felix Dzerzhinsky, fundador da Tcheka e grande defensor da implementação assassina da guerra de classes, foi removida da frente da sede da KGB em 1991, em resposta à pressão do público.

A guerra religiosa

Os comunistas eram declaradamente ateus e anticlericais. Durante a Guerra Civil e a década de 1920, a Igreja Ortodoxa foi esmagada, com a morte de dezenas de milhares de monges e sacerdotes e a profanação de igrejas, mosteiros e túmulos de santos. Em consequência, a paisagem real e espiritual da Rússia e

ABAIXO
Assinatura do Tratado de Versalhes, 1919. O tratado invertia a assinatura em Versalhes da paz humilhante de 1871 no fim da guerra franco-prussiana e foi projetado como vitória prática e simbólica dos Aliados. Embora muitas questões se resolvessem por algum tempo, a complexidade das relações internacionais impediu a paz duradoura.

a vida psicológica do povo foram transformadas, embora a crença ortodoxa continuasse a existir. Por outro lado, na Polônia e na Lituânia o catolicismo teve o seu papel na oposição bem-sucedida aos comunistas. Na verdade, um aspecto da história do século que tende a ser menosprezado é a Guerra Fria entre o catolicismo e o comunismo, que continuou até a queda da União Soviética.

A PAZ DE VERSALHES

O acordo de paz depois da Primeira Guerra Mundial causou grandes mudanças territoriais. A Alemanha perdeu terras para França (Alsácia-Lorena), Polônia, Bélgica, Dinamarca e Lituânia, mas a principal mudança foi o fim do Império Austro-Húngaro. A Tchecoslováquia e a Iugoslávia se tornaram novos estados, a primeira a partir daquele império, enquanto a segunda era uma grande Sérvia, aumentada com terras do império, notadamente a Croácia e a Eslovênia. Devido à criação da Iugoslávia e ao princípio de autodeterminação das nações, que tinha todo o apoio do presidente americano Woodrow Wilson, a Itália só obteve da Áustria ganhos territoriais modestos. Com território dos impérios austríaco, alemão e russo, a Polônia se tornou um estado independente pela primeira vez desde 1795.

O princípio de autodeterminação nacional, que se mostrou destrutivo para os ex-impérios, não respondeu a todas as perguntas dos novos estados criados, inclusive devido à falta de acordo sobre o que era realmente uma nação. Houve plebiscitos ou referendos em algumas re-

O MOVIMENTO QUATRO DE MAIO

Na China recém-republicana da década de 1910, a ênfase já existente no renascimento e no autofortalecimento recebeu um viés mais ocidental, além do ideal tradicional de governar pela sabedoria e pelo conhecimento. O nacionalismo da China recebeu nova energia em 1919, quando a oposição às pretensões territoriais japonesas levou ao Movimento Quatro de Maio, que também reivindicava a regeneração nacional por meio de reformas e uma nova cultura científica e democrática. O movimento nacionalista também era uma alternativa à dominação da China por chefes militares. Mais tarde, os comunistas reivindicaram a propriedade do movimento e dataram a história chinesa recente a partir dele.

À DIREITA
Movimento Quatro de Maio. Esse movimento chinês anti-imperialista de 1919 envolveu muito ativismo estudantil, inclusive, como mostrado aqui, com a queima de mercadorias japonesas.

giões, como, por exemplo, sobre as fronteiras austro-iugoslavas, austro-húngaras e germano-dinamarquesas. As linhas no mapa também foram prontamente traçadas num período de muita volatilidade, em que algumas propostas foram aceitas e outras, recusadas. Por exemplo, o plano de um corredor que incluiria a Burguenlândia para ligar a Tchecoslováquia e a Iugoslávia e criar uma união eslava para atuar como proteção contra o nacionalismo alemão e húngaro foi proposto sem sucesso pelos tchecos.

O princípio da autodeterminação nacional não era aplicado fora da Europa, onde teria destruído o controle imperial. Em vez disso, os vitoriosos dividiram entre si o império alemão e as terras árabes da Turquia. A Grã-Bretanha obteve o controle dos atuais Iraque, Jordânia, Israel e Tanzânia; a França, da Síria, do Líbano, de Camarões e do Togo. A África do Sul obteve o controle da atual Namíbia. A Austrália, a Nova Zelândia e o Japão ficaram com os territórios alemães no Pacífico.

Tecnicamente, as novas "colônias" eram mandatos da Liga das Nações, um estado de tutoria visto como alternativa ao colonialismo, tanto porque as potências mandatárias estavam sujeitas a inspeção da Comissão Permanente de mandatos da Liga das Nações quanto porque a situação era apresentada como uma preparação para a independência, como realmente aconteceu no Iraque.

As reparações (indenizações por danos de guerra) foram impostas à Alemanha, semelhantes às impostas pela Alemanha à França em 1871, e o tamanho das forças armadas alemãs foi limitado. A Krupp teve de parar de produzir armamentos.

Os termos da paz foram pensados para impedir a Alemanha de iniciar novas guerras e, portanto, oferecer segurança coletiva. A Alemanha também teve de aceitar uma zona ocupada ao longo das fronteiras francesa e belga e uma zona desmilitarizada mais além, cujo efeito líquido foi eliminar a possibilidade de que o rio Reno se tornasse uma fronteira defensiva estratégica para a Alemanha. No entanto, a ideia de dividir a Alemanha e, assim, desfazer a unificação de 1866-1871 não foi em frente. Em termos geopolíticos, a paz deixou uma grande Alemanha e, a leste, uma série de estados fracos e divididos incapazes de equilibrar o seu poder. Embora ideologicamente diferentes, o perigo de que a Alemanha e a União Soviética se unissem já era mencionado.

A GRIPE ESPANHOLA

No início de 1918, uma pandemia causada pelo vírus influenza H1N1, a chamada Gripe Espanhola (que recebeu esse nome pela crença errônea, na época, de que a Espanha era o país mais atingido pela doença) varreu o mundo. O pico de mortes aconteceu em outubro, e houve cerca de quinhentos milhões de pessoas infectadas, cerca de um terço da população mundial. A estimativa do número de mortes causadas varia de 17 a 100 milhões.

A pandemia teve duas grandes ondas, sendo a segunda, que começou em agosto de 1918, a mais virulenta. Não se sabe direito por que a pandemia acabou. A mutação do vírus para uma cepa menos fatal pode ter sido a causa, mas talvez o tratamento mais eficaz da pneumonia também tenha contribuído.

A fonte da pandemia é contestada, assim como a virulência da doença. Ela

58   CAPÍTULO 2

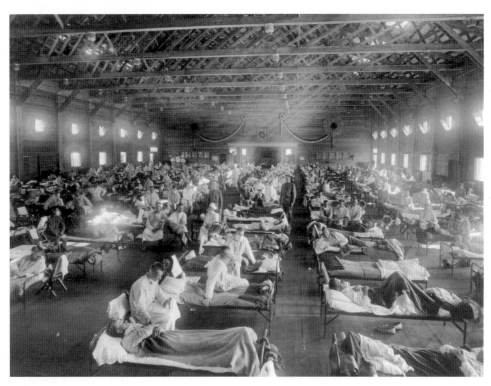

ACIMA
Um hospital de emergência montado em Cape Funston, no estado americano do Kansas, durante a epidemia de gripe espanhola em 1918.

pode ter sido capaz de superar o sistema imunológico ou, talvez, se beneficiado das circunstâncias do período, notadamente a desorganização resultante da Primeira Guerra Mundial, com escassez de comida e superlotação de acampamentos e hospitais. Os jovens adultos, principalmente as grávidas, eram mais vulneráveis à doença. A maior parte das mortes se deveu a infecção secundária sob a forma de pneumonia bacteriana.

A LIGA DAS NAÇÕES

O acordo de Versalhes incluiu a criação da Liga das Nações, uma organização internacional de escala sem precedentes projetada para manter a paz. No entanto, temendo a erosão da independência nacional, o Congresso americano bloqueou a participação dos Estados Unidos, apesar de Woodrow Wilson ter patrocinado a Liga, que refletia muito bem o seu internacionalismo.

A Liga das Nações foi pensada para garantir o acordo de paz e arbitrar problemas internacionais. No Artigo Décimo do estatuto da Liga, os estados-membros concordavam em "respeitar e preservar [...] a integridade territorial e a independência política existente de todos os membros", embora o Artigo 16º permitisse sanções econômicas e sociais imediatas e possivelmente militares contra qualquer potência agressiva. Devido

A ECONOMIA MUNDIAL NA GUERRA

A guerra exerceu enorme pressão sobre a economia dos países participantes, tanto sobre a capacidade produtiva quanto sobre os recursos, causando, por exemplo, a destruição de muitos navios mercantes. Já poderosos, os Estados Unidos foram o principal beneficiário da guerra. As potências europeias, especialmente a Grã-Bretanha, venderam boa parte de seus investimentos estrangeiros para financiar o esforço de guerra, e isso aumentou o controle americano da sua economia nacional. Os interesses econômicos britânicos na América Latina também foram, em boa parte, vendidos aos americanos. Restou aos britânicos uma pesada dívida de guerra que acabou sendo paga.

A desorganização do comércio europeu e o desvio da indústria europeia para a produção bélica incentivaram o crescimento industrial em outras regiões, e os Estados Unidos foram os mais beneficiados. O esforço de guerra britânico logo passou a depender pesadamente dos recursos financeiros e industriais americanos. O Japão foi outro grande beneficiário econômico da guerra, principalmente com a expansão significativa da sua marinha. Dentro do império britânico, houve a transferência de certo grau de independência econômica aos domínios e colônias, inclusive à Índia.

ACIMA
Vendidos nos Estados Unidos para apoiar a causa aliada na Primeira Guerra Mundial, os Bônus da Liberdade, emitidos em 1917 e 1918, eram uma causa patriótica.

à oposição do Senado, os EUA se recusaram a entrar na Liga, o que se mostrou uma fraqueza fatal. No entanto, a pouca disposição de Wilson de dar à Liga um exército próprio e de comprometer soldados americanos com ela (ele preferia o arsenal das sanções econômicas) foi uma desvantagem a longo prazo que não se pode atribuir ao Senado, assim como a recusa de aceitar, em vez de um exército da Liga, a ideia conciliatória de uma aliança com a Grã-Bretanha e a França. Essa recusa enfraqueceu a capacidade desses estados de sustentar o acordo de paz.

Foi complicado concretizar o apoio de Wilson à autodeterminação nacional, não só porque o Congresso não ratificou o acordo de paz, mas também por causa da grande dificuldade de implementar a ideia à luz das diferenças em terra e da política de poder dos principais estados europeus. A elevada esperança gerada desmoronaria na década de 1930.

■ RETROSPECTIVA

Mais tarde, a guerra seria adotada como principal apoio da literatura e do cinema antibélicos, como no filme britânico *Oh! Que Bela Guerra!* (1969) e no seriado de televisão *Blackadder*, de 1989. Na Austrália, houve um processo semelhante, com o famoso filme *Gallipoli* (1981), de Peter Weir, que usou aquela campanha de 1915 para criticar o vínculo imperial com a Grã-Bretanha. Nesse relato profundamente distorcido, a contribuição britânica foi minimizada e representada de forma enganosa. A impressão foi de ineficiência, covardia e demora britânicas, que levaram ao sacrifício dos soldados da Anzac (Australia and New Zealand Army Corps, ou unidade militar da Austrália e da Nova Zelândia). Na década de 1980, era difícil entender a cultura, os valores e a sociedade que levaram tanta gente a servir de boa vontade durante a guerra. Essa dificuldade refletia a mudança dos pressupostos no Ocidente. Além disso, a Segunda Guerra Mundial passaria a ser considerada uma guerra "melhor", em parte devido ao Holocausto, em parte por ser considerada mais democrática; em contraste, a razão para atuar contra o expansionismo alemão em 1914 tende a ser esquecida.

CAPÍTULO 3

OS ANOS VINTE

1920-29

Na década de 1920, houve uma recuperação considerável da instabilidade da década de 1910, inclusive os muitos milhões de mortos pela gripe espanhola em 1919. Como disseminação devastadora de uma pandemia que se originou na Ásia oriental, ela refletiu o aumento do grau de vinculação do mundo. Em 1928, a Ásia oriental, o Oriente Médio e a Europa estavam praticamente em paz. Ao mesmo tempo, a ordem política e econômica anterior à guerra e as normas sociais a ela relacionadas tinham sumido, e havia pressão significativa por mudanças no mundo inteiro. Na segunda edição de *Imperialismo, estágio superior do capitalismo*, publicada em 1918, o líder soviético Vladimir Lenin argumentava que os soviéticos deveriam usar a agitação para levar os povos coloniais a se revoltar contra as potências imperiais ocidentais, e foi o que eles realmente tentaram fazer.

O LEGADO DE VERSALHES

O acordo de paz, longe de semear uma nova guerra, como se afirmava frequentemente, estabeleceu um sistema internacional que realmente funcionou melhor na década de 1920 (pelo menos, no ponto de vista dos interesses ocidentais) do que se costumava avaliar na década de 1930. Isso não é dizer que não houvesse instabilidade interna e tensão internacional na Europa. Elas existiam antes de 1914, é claro, mas a experiência do conflito tornou mais volátil a situação do pós-guerra. Alguns países foram tratados com muita severidade, notadamente a Hungria, cujas fronteiras foram traçadas sem nenhum cuidado com a identidade étnica, deixando muitos hún-

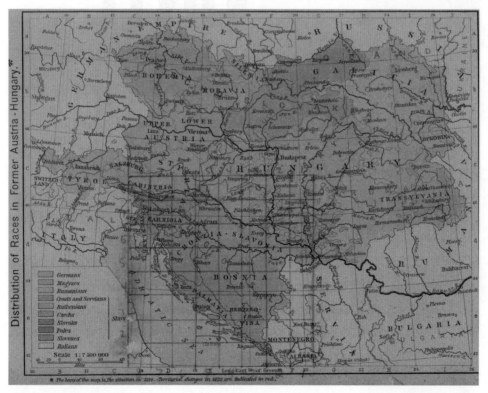

PÁGINA ANTERIOR
Paris à noite. Nos Années folles ou "anos loucos" da década de 1920, as boates parisienses foram um berçário de novos padrões culturais. A liberdade feminina foi um aspecto importante desse estilo de vida, com uma aparência de menino, de roupas largas e cabelo curto, e o hábito de fumar em público, que representavam a rejeição dos estilos anteriores.

ACIMA
As principais mudanças das fronteiras entre 1914 e 1920, depois da destruição do império austro-húngaro, superpostas a um mapa de etnias.

garos na Tchecoslováquia, na Romênia e na Iugoslávia. No entanto, na maioria dos estados, os que se opunham ao acordo de Versalhes não tinham força política.

Portanto, defender que Versalhes levou à conquista do poder por Hitler é inadequado. Hitler rejeitou Versalhes e o sistema internacional que o tratado tentou criar. No entanto, na década de 1920 ele era um personagem político marginal, e a agitação de extrema direita e de extrema esquerda na Alemanha não foi bem-sucedida. Em vez disso, a *realpolitik* responsável da década de 1920, que envolvia conciliação e se beneficiava das correntes idealistas das relações internacionais daquela década, se concentrava em outro alemão, muito mais importante no período: Gustav Stresemann, ministro do Exterior da Alemanha de 1923 a 1929. Ele ajudou a estabilizar o acordo de Versalhes. Em 1925, o Acordo de Locarno ofereceu uma garantia de segurança mútua da Europa ocidental, e a Alemanha entrou na Liga das Nações em 1926, como parte de sua reintegração à nova ordem diplomática.

Enquanto isso, a Liga participou da solução de algumas crises internacionais e também atuou contra problemas como a escravidão. A Etiópia só teve permissão de entrar na Liga em 1923, quando concordou em proibir a escravidão e o comércio de escravos, e estava a caminho de erradicá-la antes da invasão italiana de 1935. Em 1926, a ratificação da Convenção Internacional da Liga das Nações para Garantir a Abolição da Escravatura e do Comércio de Escravos marcou a abolição internacional de ambos; no entanto, o texto da Convenção teve de excluir da definição de escravidão o concubinato e os trabalhos forçados, no último caso para evitar problemas nas colônias das potências imperiais.

Houve acordos importantes da Liga para o controle das drogas em 1925 e 1931 e a criação do Conselho Internacional do Ópio em Xangai. A Organização Internacional do Trabalho da Liga das Nações buscou regulamentar a migração, enquanto a Seção das Minorias se responsabilizava pelo seu cuidado.

Minimizar o fracasso, o protecionismo, a miséria e o extremismo produzidos pela Grande Depressão a partir da década de 1930 é indicar que a ordem da década de 1920 poderia ter continuado, em parte porque o internacionalismo, o liberalismo, a democracia e o capitalismo de livre-mercado se manteriam mais atraentes, tanto para os eleitorados quanto para os governos. No entanto, ao rejeitar essa ordem os extremistas da Europa se voltaram para uma política de ressentimento, baseada na raiva do veredito da Primeira Guerra Mundial. Essa raiva era abundante e também se baseava no antiliberalismo generalizado já visto antes do início daquela guerra mundial.

▌OS ESTADOS UNIDOS

Nos primeiros anos do século, a Primeira Guerra Mundial pisou no freio do progressivismo liberal e da cultura política da sociedade americana, notadamente no movimento chamado Progressivismo e na oposição à dominação da economia pelos trustes (cartéis) industriais. Em vez disso, seguiu-se à guerra uma reação conservadora que refletia a hostilidade ao socialismo e a preocupação com o exemplo da Revolução Russa. Em consequência, na década de 1920 houve, nos EUA, a ênfase no papel não intervencionista do Estado. No entanto, por tratar

ACIMA
O apedrejamento de negros nas revoltas raciais de Chicago, em 1919, refletiu o racismo e as tensões econômicas da sociedade depois da Primeira Guerra Mundial.

as soluções da esquerda como não americanas, a tradição progressista que já fora poderosa foi marginalizada.

Ao mesmo tempo, havia muita tensão social nos Estados Unidos. Isso foi ainda mais verdadeiro entre 1919 e 1922, quando houve um nível altíssimo de conflitos trabalhistas com ressonância étnica e política mais ampla. Entre eles, estava o nível elevado de violência racial, notadamente a hostilidade nas cidades industriais do Norte, como Chicago e Detroit, aos operários negros, muitos deles vindos do Sul, além da preocupação generalizada com o anarquismo e o radicalismo concentrada nos imigrantes, que levou a ações governamentais repressoras. A apresentação de um estado-nação no qual novos brancos eram aceitos desde que se conformassem aos padrões dos antigos brancos foi considerada necessária na década de 1920, não só em resposta à imigração, mas como consequência do aparente desafio da política de extrema esquerda. Na verdade, o exército criou o Plano de Guerra Branco para atuar caso houvesse uma insurreição de esquerda.

Warren Harding, Calvin Coolidge e Herbert Hoover, presidentes da República sucessivos entre 1921 e 1933, se beneficiaram da reação contra a mudança, a imigração e a vida urbana que acabou causando mais ênfase em valores supostamente brancos e protestantes. Em contraste, como no século anterior, os católicos, vistos como novos brancos, foram tratados como de segunda classe. Al Smith, candidato democrata nas eleições de 1928, sofreu por ser católico. Como governador de Nova York, também sofreu por ser identificado como "urbano" demais; realmente, ele recebeu muitos votos em Chicago e Boston, mas perdeu apoio, por exemplo, na região rural de Nova York.

A reação contra a vida urbana contribuiu diretamente para a Lei Seca (1920-1933), a proibição das bebidas alcoólicas que foi o foco da guerra cultural da época, criminalizou algo até então considerado normal e ofereceu uma imensa oportunidade para o crime organizado, famoso pelos chefes assassinos das quadrilhas, como Al Capone, de Chicago. Ao mesmo tempo, como lembrete de que o desenvolvimento poderia se basear numa variedade de fatores, o movimento progressista também influenciou a Lei Seca.

O papel das quadrilhas criminosas na história americana anteviu a influência posterior das drogas e destacou a questão da criminalidade na história do século. Em parte, era uma questão de percepção, principalmente graças ao interesse despertado por jornais e filmes.

Alimentada pelo pânico causado pelo crime e outras consequências alegadas, a imigração foi restrita pela Lei das Cotas de Emergência de 1921 e pela Lei da Imigração de 1924. A insistência nos Estados Unidos WASP (*White, Anglo-Saxon, Protestant, ou seja,* branco, anglo-saxão e protestante) continuou poderosa até, pelo menos, a década de 1960 e não tinha relação com a chamada teoria do *melting pot* (cadinho) dos Estados Uni-

ACIMA
Bebidas alcoólicas foram jogadas fora como parte do expurgo que aconteceu quando as campanhas contra o álcool levaram à Lei Seca, a proibição de produção, importação, venda e transporte de álcool nos Estados Unidos de 1920 a 1933. Na prática, a lei incentivou a disseminação das redes criminosas e caiu com o fim da primazia republicana.

ACIMA
O renascimento do movimento racista Ku Klux Klan refletiu a força do sentimento nativista na década de 1920. Voltada contra imigrantes, católicos e judeus além de afro-americanos, a KKK não se restringia ao Sul e também era forte no Meio-Oeste.

dos. O isolacionismo, como na recusa a entrar na Liga das Nações, também era um aspecto dessa reação contra o mundo exterior. A reação contra as mudanças também levou, entre 1921 e 1926, a um poderoso renascimento da Ku Klux Klan, movimento racista e antinegro. Como no crime organizado, esses movimentos são um lembrete da variedade de histórias oferecidas durante o século. O relato centrado no Estado pode levar à minimização dessa variedade e de sua importância no nível nacional.

O império americano e o Caribe

Embora a conexão com a política nacional não fosse diretamente causal, houve também a determinação de controlar o império americano "informal" na América Central e nas Índias Ocidentais. Mas essa tentativa se mostrou muito mais difícil do que o previsto. No Haiti, na República Dominicana e na Nicarágua, os fuzileiros navais americanos ocupantes não conseguiram dominar movimentos de guerrilha popular. Na Nicarágua, os americanos acabaram percebendo que era mais fácil contar com regimes dependentes locais. No entanto, estes tiveram grau variado de estabilidade.

América Latina

Fora das discussões sobre o intervencionismo americano, a América Latina não aparece muito nas considerações sobre a década de 1920. Isso minimiza a extensão das tensões ali existentes. Alguns problemas eram antigos, notadamente com uma dimensão étnica na discriminação social e política. Na Bolívia, no México e em outros locais, essa situação teve o seu papel na oposição regional ao Estado, como na província mexicana de Sonora em 1926 e 1927. A ideologia também teve o seu papel no México, na Guerra Cristera de 1927-1929. Esse foi um grande levante católico contra o Estado revolucionário e a sua reforma agrária e os seus ataques à Igreja. A revolta levou à guerrilha obstinada, com o exército capaz de controlar as cidades e as ferrovias, mas não o campo. Em 1929, a negociação entre a Igreja e o Estado deu fim a uma guerra que custou setenta mil vidas. Essa é uma parte da história do século que, como a da América Latina como um todo, tende a ser minimizada.

A CHINA DOS SENHORES DA GUERRA

As divisões da China levaram ao domínio do governo central, por mais fraco que fosse, e de comandantes militares ou senhores da guerra nas localidades. Os seus conflitos em grande escala comprometeram a estabilidade chinesa no início e em meados da década de 1920, mas, em 1926-1928, boa parte da China,

ABAIXO
Insurgentes cristeros capturados e presos numa estação de trem no norte do México, em 1929.

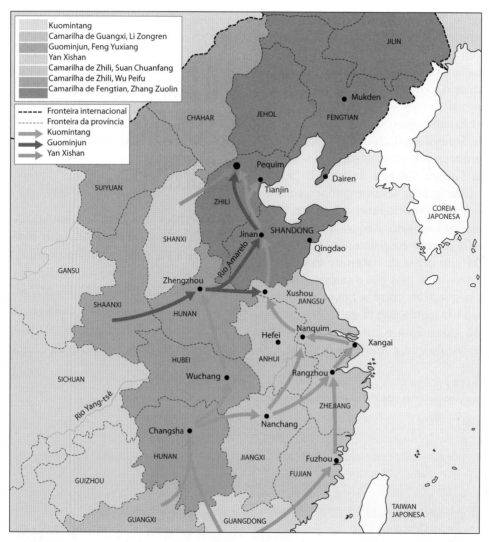

ACIMA
A rota da Expedição do Norte, 1926-1928

fora a Manchúria, ficou sob o controle do *Kuomintang*, ou movimento nacionalista, com o seu líder Jiang Jieshi. Este era um personagem militar que herdara a liderança do civil Sun Yat-sen e, sem dúvida, foi o mais bem-sucedido dos senhores da guerra. Parte desse sucesso veio de permitir que o *Kuomintang* dividisse o poder com os chefes das províncias.

Em 1926, sob o comando de Jiang, a Expedição do Norte contra os chefes militares rivais se beneficiou de assessores, dinheiro e equipamento soviéticos, inclusive aviões. No entanto, os assessores desdenhavam os chineses e, em boa medida, ofereceram ajuda como parte do plano de longo prazo de auxiliar os comunistas chineses, então aliados dos nacionalistas, como parte de um movimento de frente unida favorecido por Josef Stalin (em oposição ao rival Trotski, que defendia a integridade revolucionária).

70 CAPÍTULO 3

Em 1927, depois de capturar Xangai e Nanquim, Jiang se voltou contra os comunistas, então baseados principalmente nas cidades. Desconfiado das suas intenções, ele esmagou os comunistas num sangrento "expurgo branco" que lhe permitiu melhorar as suas relações com os senhores da guerra, que ele tanto buscava comandar e manipular quanto coagir ou derrotar. Esse esmagamento dos comunistas também facilitou a aceitação de Jiang pela Grã-Bretanha.

Em resposta, Stalin retirou os assessores soviéticos e instruiu os comunistas chineses a formar um Exército Vermelho, embarcar numa revolução rural e tentar tomar o *Kuomintang*. Em 1927, os comunistas iniciaram uma rebelião, mas foram rapidamente derrotados.

Ao lado do conflito, houve considerável crescimento econômico da China na década de 1920. Além disso, criaram-se a moeda unificada e o banco central e eliminou-se o imposto sobre o comércio interno. No entanto, o crescimento se concentrava na Manchúria e nas províncias litorâneas, e o impacto sobre o restante do país foi limitado. Esse era um aspecto das diferenças regionais duradouras dentro da China, também vistas em décadas mais recentes.

A VERDADEIRA GUERRA FRIA

Os próprios pressupostos e políticas centrais da União Soviética constituíam um desafio constante e considerável ao sistema internacional. Com esse fim, pode-se até dizer que a Guerra Fria começou com a Guerra Civil russa e não, como se costuma datar, com o fim da Segunda Guerra Mundial. Na verdade, soldados americanos e britânicos combateram os comunistas soviéticos durante a Guerra Civil, e não depois. Em resposta aos ataques capitalistas, os soviéticos buscaram solapar a expansão ocidental, por exemplo, organizando o Congresso dos Povos do Oriente em Baku, em 1920, para estudar maneiras de coordenar a resistência ao imperialismo.

Em termos mais gerais, os soviéticos empregaram e mobilizaram futuros líderes comunistas. A influência soviética na China e, notadamente, no mundo islâmico, como na Turquia, no Iraque, na Pérsia e no Afeganistão, questionava os interesses britânicos. A União Soviética apoiou a oposição à Grã-Bretanha em todos esses países e forneceu armas, principalmente ao Afeganistão, com quem a Grã-Bretanha travou uma guerra em 1919. Os soviéticos também apoiaram os nacionalistas da Turquia, que desafiaram com sucesso a Grã-Bretanha e os interesses britânicos em 1920-1923. Além disso, o fracasso da intervenção aliada na Guerra Civil russa incentivou os adversários da Grã-Bretanha nesses países.

O papel soviético foi um elemento da restrição às ambições britânicas no mundo islâmico em 1919-1922, embora a oposição nacionalista fosse mais significativa. Os soviéticos se beneficiaram da oposição nacionalista à Grã-Bretanha e tentaram explorá-la e moldá-la.

Stalin × Trotski
Josef Stalin e Leon Trotski competiram pelo domínio da situação depois da morte de Lenin em 1924. Em 1926, o volátil Trotski, defensor da integridade revolucionária, acusou Stalin de se tornar "o coveiro da revolução". Na prática,

OS ANOS VINTE, 1920-1929 **71**

ACIMA
Forças americanas marcham perto de Vladivostok como parte da malsucedida intervenção internacional na Guerra Civil russa.

a esperança de revolução mundial, com Moscou como centro e inspiração do novo poder, e o avanço de métodos bélicos para assegurar o sucesso comunista foram, até certo ponto, subordinados por Stalin ao interesse mais pragmático do estado soviético. Trotski foi forçado a se exilar em 1929, condenado à morte em 1937 e assassinado no México em 1940 por um agente soviético. Nisso, os acusados de trotskismo tinham sido expurgados, como parte do processo pelo qual o paranoico Stalin destruiu violentamente todos os que desconfiava que fossem seus inimigos. Enquanto isso, a propaganda soviética e as atividades do Comintern (a Internacional Comunista) e dos partidos comunistas conhecidos ou clandestinos foram além dos limites da diplomacia aceitável.

A TRANSFORMAÇÃO TURCA

A Primeira Guerra Mundial deixou a Turquia derrotada, humilhada e submetida aos termos onerosos do Tratado de Sèvres, de 1920, que incluíam a ocupação de partes do país pelos Aliados. Uma reação nacionalista sob o competente general Mustafa Kemal Atatürk expulsou as potências ocupantes, principalmente os gregos, que sofreram uma grande derrota em 1921-1922. Um acordo de paz mais satisfatório foi assinado em 1923, com o Tratado de Lausanne e a criação de uma república turca. O califado foi abolido em 1924. Atatürk, presidente de 1923 a 1938,

ACIMA
Soldados gregos nas trincheiras da Turquia em setembro de 1921. O avanço do litoral do Egeu para o interior da Anatólia se mostrou um desastre para os gregos, que foram derrotados e expulsos.

promoveu a modernização, o secularismo e a ocidentalização e superou os separatistas regionais, notadamente os curdos em 1937.

Fora o secularismo, o padrão autoritário que Atatürk estabeleceu para a república se manteve até o presente, assim como a ideia anterior propagada pelos Jovens Turcos de hostilidade aos povos não turcos dentro da república, principalmente os gregos e armênios. A violência em grande escala e a expulsão dos não turcos estavam ligadas à destruição de sua marca histórica, notadamente com o incêndio de igrejas e outros locais que já tinham sido monumentos e presenças vivas. Boa parte de Esmirna (Izmir) foi queimada depois de recapturada dos gregos em 1922, enquanto todos os homens cristãos sobreviventes com idade militar foram deportados para o interior, onde muitos foram mortos.

A ênfase na promoção da identidade turca levou ao abandono dos empréstimos árabes e persas no idioma. Separadamente, Atatürk forçou a mudança do alfabeto árabe para o latino. As leis e a jurisprudência ocidentais foram adotadas e houve ênfase na educação, inclusive das mulheres, e no aumento da alfabetização.

O MUNDO ISLÂMICO

A Turquia não foi a única a evitar o controle imperial externo. Na Pérsia, Reza Pahlevi, militar como Atatürk, tomou o poder com um golpe em 1921,

OS ANOS VINTE, 1920-1929 73

ACIMA
Ibn Saud, fundador, em consequência de décadas de conflito, da Arábia Saudita e seu rei de 1932 até a sua morte em 1953. Grande beneficiário do colapso do império turco.

derrubou a dinastia Cajar e reunificou o país, depois que o poder central efetivamente se dissolveu durante a Primeira Guerra Mundial. Ele também alterou o equilíbrio histórico entre o Estado e as tribos, em parte devido à boa liderança, em parte às oportunidades oferecidas pela nova tecnologia, notadamente os blindados, e em parte porque os britânicos, com grande interesse no petróleo da Pérsia, não apoiavam mais seus antigos protegidos tribais. Num reflexo da atração constante da monarquia, encontrada também com o rei Zog da Albânia, Reza Pahlevi se tornou xá e fundou sua dinastia em 1925.

Em contraste, no Afeganistão, em 1929, o rei Amanulá, outro construtor do Estado, sofreu com a falta de apoio britânico e foi derrubado pelos adversários tribais.

Na Arábia, depois do colapso do controle e da influência turcos, os líderes tribais lutaram por vantagens, enquanto as principais famílias competiam pelo domínio da península. Ibn Saud (1876-1953) aproveitou a energia e a determinação do movimento fundamentalista islâmico vaabita e, em 1932, criou a Arábia Saudita, realização que dura até o presente. Ele derrotou a família haxemita rival em 1919-1925, assim como a oposição regional, embora não conseguisse conquistar o Iêmen em meados da década de 1930.

As trajetórias diferentes desses países servem para lembrar a variedade de evoluções possíveis. Embora a tensão entre os nacionalistas centralizadores que viam as forças armadas como fonte de integração e, como força contrária, as tribos hostis fosse um tema importante, ela se desenrolou segundo as circunstâncias específicas de cada Estado. A intervenção política e econômica ocidental foi importante, principalmente quando o petróleo se tornou mais significativo. Isso incentivou o interesse na Pérsia, no Iraque e na Arábia Saudita.

O NACIONALISMO INDIANO

A oposição ao domínio imperial britânico ficou mais significativa a partir da década de 1920, notadamente com uma greve geral em 1919 e um Programa de Não Cooperação em 1920-1922, este último comandado por Mohandas Gandhi, defensor eficaz do protesto pacífico. Gandhi condenava o domínio britânico:

> *como uma maldição. Empobreceu os milhões ensurdecidos por um sistema de exploração progressiva [...] Ele nos*

ABAIXO
O movimento de não cooperação. Num paralelo com o Movimento Quatro de Maio da China, a partir de 1920 houve na Índia um crescimento nacionalista semelhante lançado por Mahatma Gandhi, mas o desafio ao domínio britânico era reduzido pela cooperação generalizada com o império.

reduziu politicamente à servidão. Solapou as bases de nossa cultura [...][e] nos degradou espiritualmente.

No entanto, apesar da reação assassina e de pânico desproporcional às agitações de Amritsar em 1919, reação que causou um massacre pavoroso e enfraqueceu a posição moral do império, os britânicos conseguiram manter o controle sem que, no geral, tivessem de recorrer à força. Na verdade, a Índia foi mais estável no início do século 20 do que no início do XVIII ou do XIX. O medo dos ministros britânicos de subversão soviética na Índia datava dos dias pré-comunistas, mas, como na Indonésia, as tentativas soviéticas de explorar o anti-imperialismo não tiveram sucesso.

MUSSOLINI E O FASCISMO ITALIANO

A insatisfação com o acordo de paz foi explorada pelos fascistas comandados por Benito Mussolini, que conquistaram o controle da Itália em 1922, em parte devido à exaustão do liberalismo italiano. A política autoritária estabelecida por Mussolini foi posta a serviço de um esforço vanglorioso de modernização que obteve algumas realizações, como, por exemplo, na drenagem dos Pântanos Pontinos, perto de Roma, que eram fonte de malária, mas que, no fim das contas,

À ESQUERDA
A Marcha sobre Roma de outubro de 1922, episódio fundamental no qual Mussolini (que, como muitos outros fascistas, viajou principalmente de trem) conquistou o poder pela intimidação do rei Vitório Emanuel III, que não quis usar o exército para resistir, embora este último se dispusesse a agir.

teve dificuldade de cumprir aquilo de que se gabava. Boa parte dos recursos do estado foram gastos numa política externa cada vez mais militarista. O fascismo tinha significado variado para os diversos grupos e regiões, o que ajudava a torná-lo mais potente, mas também eclético e confuso. Essa situação se acentuou com a mudança que sofreu com o tempo, principalmente com a exposição ao poder.

Um elemento importante foi o fascismo rural, pois foi nas pequenas cidadezinhas campestres que o fascismo se transformou num movimento de massas viável. Isso refletiu o conservadorismo mais geral do campo em relação à cidade, tema comum no mundo inteiro.

Os apologistas do fascismo o apresentaram como uma "terceira força": uma alternativa corporativa às divisões entre capitalismo e trabalho que adotava a tecnologia e era um meio enérgico de modernização. No entanto, ao lado da abordagem corporativista de Mussolini, a realidade do fascismo era de antissocialismo cru e geralmente violento e de disposição de se aliar às elites, novas e velhas, contra a assertividade da mão de obra. Mussolini se opunha especialmente ao liberalismo. Ele promovia alguns aspectos da modernização reformista, notadamente a oposição ao crime organizado da Sicília e da Sardenha, e também apoiava a atividade econômica, principalmente a construção naval. No entanto, não entendia como garantir a transformação que desejava.

A ALEMANHA DE WEIMAR

A república foi criada na Alemanha quando o sistema imperial entrou em colapso após a derrota na Primeira Guerra Mundial e a Revolução Alemã de 1918-1919. Essa república enfrentou

ACIMA
A divisão política na Alemanha do pós-guerra alcançou um alto nível de belicosidade. Na direita, o Freikorps, composto em boa parte de veteranos, empregou violência assassina contra os adversários de esquerda.

muitos problemas, notadamente a hiperinflação em 1923, além da agitação política violenta, tanto de extrema esquerda quanto de extrema direita. Isso fazia parte de uma volatilidade violenta mais geral em boa parte da Europa após a guerra. A esperança da extrema esquerda de que a Revolução Russa seria emulada foi sufocada pelos grupos antirrevolucionários, notadamente os *Freikorps* de ex-militares, apoiados pelas autoridades militares e políticas, como na Baviera e em Berlim, e o levante dos espartaquistas nesta última cidade. O *Putsch,* ou Golpe da Cervejaria, em Munique, tentado por Adolf Hitler em 1923, foi um caso importantíssimo de violência da extrema direita. O golpe fracassou, e Hitler, demagogo de extrema direita, passou algum tempo preso.

No entanto, depois de 1925 a Alemanha ficou mais estável, e os extremos políticos foram contidos. As tensões sociais e políticas permaneceram, mas não ameaçavam a ordem social e política. Weimar se mostrou uma sociedade e uma cultura dinâmicas, com um mundo artístico muito ativo e liberalismo social. Também houve melhoras no sistema econômico, com a instalação, por exemplo, de comportas no rio Elba para torná-lo um eixo comercial mais importante. Provavelmente, essa situação continuaria se não fosse a Grande Depressão do início da década de 1930 e o desemprego em grande escala que a acompanhou.

Hitler, 1889-1945

Veterano de origem austríaca das trincheiras do exército alemão, Hitler se alimentava da crença errônea de que a vitória estaria ao alcance do exército em 1918 se a Alemanha não fosse "esfaqueada pelas costas" pelos traidores internos, principalmente os judeus e os comunis-

tas. Essa derrota deu energia ao seu antissemitismo, assim como o que via com a revolução "judeo-bolchevique" de Munique em 1918-1919. Ele aspirava reverter a derrota da Alemanha, tanto em termos morais (no seu ponto de vista) quanto territoriais. Hitler ignorava os muitos judeus alemães que serviram na Primeira Guerra Mundial e os via como a força ativa por trás da oposição à Alemanha. No seu livro *Mein Kampf* (*Minha luta*), ele apresentou erroneamente o comunismo como um disfarce das metas judaicas. Afirmou que "a bolchevização da Alemanha [...] significa a aniquilação completa de toda a cultura cristã ocidental" e, por sua vez, via a Europa oriental como o lugar para a Alemanha expansionista encontrar *Lebensraum* (espaço vital). Desse modo, Hitler buscou expandir e remodelar o que apresentava como um povo e um Estado mais fortes.

Hitler era mais perigoso por causa do contexto da época e por ter apoiadores. Diante do radicalismo, os interesses conservadores, notadamente o Departamento de Informações do exército em Munique, tentaram usá-lo para se opor à esquerda.

AS FERRAMENTAS DE TRANSMISSÃO

O rádio e o cinema atingiram o público de um modo mais direto do que a mídia impressa. Eles também se beneficiaram da capacidade de oferecer novidade e de expandir o seu mercado ao mesmo tempo que o satisfazia. Em 1914, Manchester tinha 111 locais com licença de exibir filmes, e até o mais rural e menos rico condado de Lincolnshi-

ACIMA
As Brox Sisters, um trio de cantoras, sintonizam o seu rádio nos Estados Unidos, em meados da década de 1920. As irmãs se apresentaram na Broadway, fizeram transmissões de rádio, apareceram em curtas sonoros desde 1928 e gravaram composições.

re tinha 14 deles em 1913. Na década de 1920, construiu-se um grande número de cinemas; as cadeias de distribuição se organizaram; e assistir a um filme se tornou uma atividade de todas as classes, principalmente porque o cinema oferecia escapismo.

O cinema era muito popular nas áreas da classe operária e mais popular entre as mulheres do que entre os homens casados, embora os muito pobres não pudessem se dar a esse luxo. Ele equivalia à freguesia masculina do *pub* e do clube de operários. Os jovens também tinham mais probabilidade de ir ao cinema do que os pais.

Os comentaristas não tinham dúvida de que ver imagens em movimento de vidas muito diferentes levaria a repensar pressupostos que, em si, poderiam ser subversivos, notadamente a exibição de mulheres independentes. É claro que o cinema, muito mais do que o rádio, influenciou a moda, principalmente em roupas, penteados, modos e linguagem.

O rádio

O rádio se mostrou um meio de comunicação versátil que levava programas aos lares, escritórios e fábricas. Era uma nova forma de consumismo. O rádio se tornou um meio de conversa nacional e, portanto, de unificação cultural. Era um aspecto da mudança da natureza do ruído na sociedade, vista também nos carros e aviões. Realmente, a acústica se tornou uma forma de medição mais significativa e tema de pesquisa. O rádio também seria importante na disseminação da publicidade sob novas formas e para novos públicos.

Além disso, o rádio transformou os serviços existentes. Portanto, na década de 1860, quando se criou o serviço britânico de alerta de tempestades para embarcações, usava-se o telégrafo. No entanto, a partir de 1921 a previsão do tempo para as embarcações que se aproximavam do litoral oeste do Reino Unido era transmitida duas vezes por dia pela estação de rádio de Poldhu, na Cornualha. A partir de 1924, o boletim do tempo "Weather for Shipping" (o tempo para as embarcações) foi transmitido duas vezes por dia pelo poderoso transmissor do Ministério da Aviação, em Londres.

Os serviços internacionais de rádio começaram em 1926, da Grã-Bretanha para o Canadá. A tecnologia inicial de rádio de ondas longas foi superada pelas ondas curtas, desenvolvidas no início da década de 1920. As ondas curtas eram mais rápidas, e o sinal concentrado garantia mais confiabilidade e operação mais barata. Na década de 1930, a substituição dos aparelhos de cristal pelos de válvula melhorou a recepção.

O cinema

O cinema teve muitos centros iniciais e, na década de 1920, a Grã-Bretanha e a Alemanha eram nações muito importantes na confecção de filmes. No entanto, o mundo do cinema refletiu a ascendência econômica e cultural crescente dos Estados Unidos, como céu claro do sul árido de Hollywood como base de um setor

ABAIXO
Charlie Chaplin em A corrida do ouro (1925). Hollywood atraiu talentos internacionais, como o ator britânico Chaplin, e ofereceu com os filmes uma linguagem internacional que deu ao sistema de astros um alcance até então sem paralelo. Carlitos se tornou um personagem conhecido no mundo inteiro. Stalin era fã dos filmes de Hollywood.

◼ O DIPLOMATA MODERNO

Em 1928, Jules Cambon, ex-diplomata francês, observou em *Le Diplomatist*: "Vivemos uma era de publicidade. Os diplomatas de hoje só lembram vagamente os seus antecessores que participaram do Congresso de Viena" de 1815.

mundial cada vez maior. Assim, na Austrália os filmes americanos tinham mais impacto do que os britânicos. Personagens importantes de Hollywood, como o galã romântico Rudolf Valentino e os astros da comédia Fatty Arbuckle, Charlie Chaplin e Buster Keaton, se tornaram nomes conhecidos no mundo inteiro. Com desenvolvimento rápido e os filmes falados superando os mudos, o cinema, organizado pelo sistema de estúdios, oferecia um produto uniforme e massificado que superou o entretenimento local e presencial, como o teatro de variedades. Nisso, o cinema seria seguido pela televisão. O cinema também oferecia noticiários.

Na União Soviética, o foco era a recontagem da história recente da Revolução Comunista de 1917, com filmes como *A greve, O encouraçado Potemkin, O fim de São Petersburgo* e *Lenin em outubro*. Desse modo, a história recentíssima recebeu tratamento ideológico. Mais tarde, aproveitaram-se temas úteis da história russa, principalmente as revoltas camponesas contra os tsares. Trens com cinema eram usados para aumentar o número de espectadores.

A CULTURA AMERICANA

Hollywood estava longe de ser a única a moldar a cultura americana

para consumo nacional e externo. Disseminado pela nova tecnologia do rádio, o jazz foi um grande produto da cultura americana na década de 1920. Ele refletia a capacidade americana de superar divisões culturais tradicionais e depois mercadorizar e disseminar o produto resultante. Vozes americanas distintas também surgiram em outros setores, como na arquitetura de Frank Lloyd Wright, que questionou o classicismo tradicional americano e buscou se concentrar numa arquitetura que combinasse com as paisagens do país.

Debate da evolução

Os grupos religiosos fundamentalistas rejeitaram a teoria da evolução desde o seu surgimento, principalmente porque questionava a descrição bíblica da Criação e propunha vínculos entre seres humanos e macacos. Em 1925, num julgamento muito divulgado que atraiu grandes advogados, John Scopes foi condenado por ensinar evolução no estado americano do Tennessee, onde esse ensino era proibido. Embora os fundamentalistas fossem fustigados pela ignorância intolerante, a lei estadual passou várias décadas inalterada. O julgamento foi a base de *O vento será tua herança*, espetáculo de sucesso na Broadway em 1955 que se transformou em filme de Hollywood.

ACIMA
Fallingwater, casa na Pensilvânia construída em parte sobre uma cachoeira e projetada em 1935 por Frank Lloyd Wright. Injustamente desdenhada por estrangeiros hostis, a cultura americana era ampla e menos dominada pelo passado do que a maioria dos outros estados. O modernismo de Wright permitiu construções que se encaixavam bem na paisagem e ofereciam uma vitalidade que faltava ao neoclassicismo de tantos prédios.

A ECONOMIA MUNDIAL, 1920-1929

Ao lado de uma certa recuperação econômica mundial no pós-guerra, cada vez mais os Estados Unidos estabeleceram os termos da economia do mundo. Eles se tornaram não só a maior potência industrial como também o maior comerciante e banqueiro. Devido à disponibilidade de capital, Nova York substituiu Londres como centro financeiro mundial. Também era o centro do consumo, com as vitrines envidraçadas das grandes lojas de departamentos mostrando as mercadorias disponíveis a quem tivesse dinheiro para gastar.

O crescimento industrial americano satisfazia a demanda nacional, tanto nos setores já estabelecidos quanto nos mercados de consumo de carros e "linha branca", como rádios e geladeiras, que cresciam rapidamente. O aumento do uso da eletricidade ajudou o crescimento econômico, além de oferecer um novo modo de conceituar relacionamentos. Além disso, a ascensão do plástico como produto afetou diversos ramos da manufatura.

As novas técnicas de gestão industrial e científica ajudaram a aumentar a produtividade americana, o que fez crescer a lucratividade e a renda do consumidor e, portanto, o mercado interno. A produção em massa de automóveis, associada especificamente a Henry Ford,

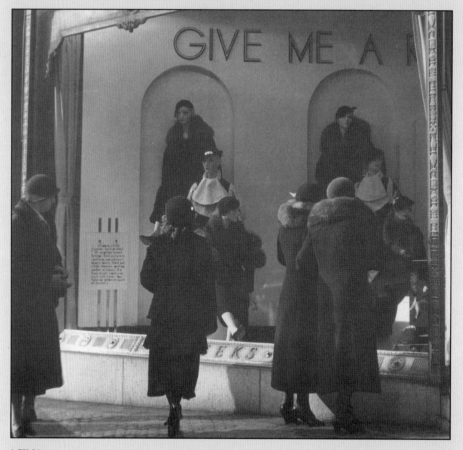

ACIMA
A loja de departamentos não era novidade no período, mas passou a dominar as áreas urbanas centrais que não dependiam mais dos prédios estatais. O ritmo da moda consumista foi muito acelerado nesse ambiente.

foi um meio fundamental de demonstrar o valor dessas novas técnicas e também ligou a indústria ao consumidor. Com sede em Detroit, a Ford lançou em 1908 o Modelo T, barato e fácil de dirigir, e em 1913 implantou nas suas fábricas a linha de produção com esteira rolante. Em 1927, quando cessou a produção desse modelo, mais de 15 milhões de unidades tinham sido produzidas. O Modelo A veio em 1927, com 4, 9 milhões de unidades produzidas até 1931. A Ford teve de reagir à concorrência, notadamente da General Motors (GM), que, na década de 1920, criou a "escala de preços" com um carro para "cada bolso e propósito", um elemento-chave do consumismo. O estilo dos carros da GM foi importante para o caráter visual das cidades americanas desse período.

Embora houvesse crescimento industrial no mundo inteiro, a escala da expansão econômica americana não teve igual. Em consequência, os Estados Unidos se tornaram o maior credor internacional na década de 1920. Mas o protecionismo americano e a sua força econômica reduziam a importação, de modo que os outros países não conseguiram pagar as dívidas feitas com os Estados Unidos, num grande desafio à estabilidade fiscal.

Na Queda da Bolsa de Wall Street, em outubro de 1929, a superaquecida economia americana sofreu um colapso como resultado do aumento especulativo do preço das ações. A confiança foi muito atingida, porque muitos supunham que o valor das ações só podia subir. Além disso, a integração da economia e o desenvolvimento dos meios de comunicação concentraram a atenção em Wall Street. Essa explosão da bolha do preço das ações se tornou muito mais grave quando o inexperiente Banco Central americano reduziu o suprimento de moeda. O aperto das rédeas financeiras, que incluiu a cobrança antecipada de empréstimos externos, atingiu duramente os Estados Unidos e provocou uma crise financeira global.

ACIMA
O Ford Modelo A, sucessor do Modelo T. Entre 1927 e 1931, foram produzidos 4,9 milhões de unidades do Modelo A. A fotografia mostra um Modelo A Tudor Sedan de 1928, que custava quinhentos dólares. O motor fornecia 40 cavalos de força e a velocidade máxima era de 105 km/h.

CAPÍTULO 4

OS ANOS TRINTA

1930-39

Convencionalmente, a década de 1930 é julgada em termos da guerra mundial que se seguiu, mas naquela década havia muito mais nas sombras do conflito internacional. Na verdade, a guerra mundial só eclodiu quando a década terminava e só se tornou realmente global no fim de 1941. Na verdade, o mais notável da década de 1930 foi a resiliência política americana, que teve realmente um papel fundamental na guerra mundial a ser discutida no próximo capítulo. Ao mesmo tempo, em muitos países o fracasso das instituições democráticas na solução dos problemas econômicos ajudou a provocar as soluções autoritárias e o declínio da democracia liberal.

A GRANDE DEPRESSÃO

A crise da economia mundial que começou com a queda da bolsa de Wall Street se espalhou rapidamente no início da década de 1930 e atingiu a exportação, a produção e o emprego, indicando o ponto em que já havia uma integração global das circunstâncias e tendências econômicas. Muito mais do que a má gestão dos sistemas financeiro e comercial estava envolvido. Também havia um problema mais fundamental, ou seja, os pontos fracos das práticas econômicas liberais e internacionais, hoje chamadas de globalização, em consequência da potência política e ideológica das visões econômicas nacionalistas, especificamente sob a forma de protecionismo.

Com uma notável queda de confiança na antiga economia de mercado, a crise causou um nível mais alto de protesto e violência, além de uma virada generalizada para as soluções políticas autoritárias e econômicas corporativistas ou estatais. O estado do *laissez-faire* não era mais popular; ao mesmo tempo, diante do desemprego em grande escala, no bem-estar social o espírito de iniciativa era clara-

PÁGINA ANTERIOR
Reunião do Reichstag na Kroll Opera House em 28 de abril de 1939. Göring está logo abaixo da suástica, e Hitler à esquerda, na fila da frente. Hitler renunciou ao Acordo Naval Anglo-Alemão e ao Pacto Germano-Polonês de Não Agressão como parte da rejeição do Tratado de Versalhes.

À DIREITA
A Depressão. Diante da agência fechada do American Union Bank em Nova York, um grupo de clientes espera para tirar dinheiro em 5 de agosto de 1931. As agências foram fechadas por ordem do Superintendente Estadual dos Bancos.

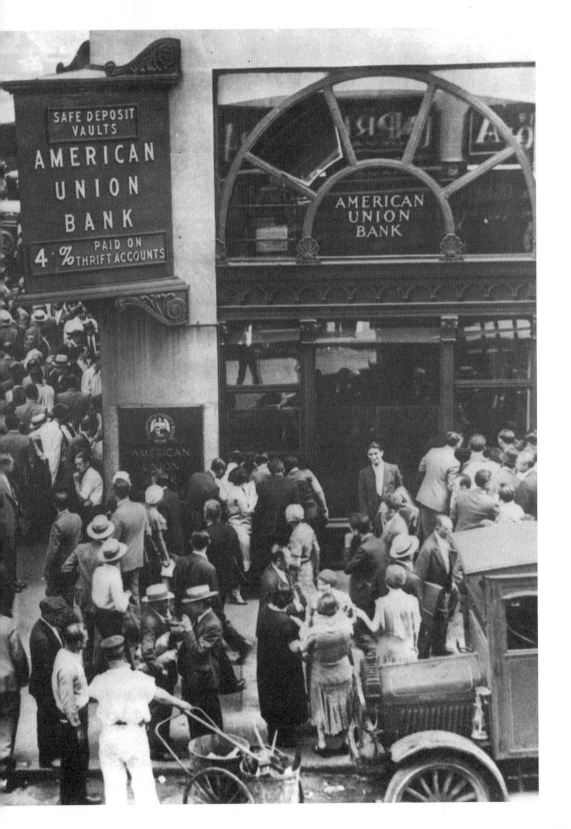

À DIREITA
A estrada Blue Ridge Parkway. Construída a partir de 1935 como um aspecto das frentes de trabalho do New Deal, a estrada, parte fundamental do sistema de parques nacionais, só foi terminada em 1987.

PÁGINA AO LADO
Presidente de 1933 até a sua morte em 1945, Franklin Delano Roosevelt foi o primeiro presidente democrata depois de Wilson e está associado à legislação do New Deal que pretendia enfrentar a Grande Depressão.

mente inadequado. Ao mesmo tempo, as respostas econômicas e políticas muito diferentes dos países à crise socioeconômica revelaram que não havia um caminho simples da crise ao autoritarismo.

O Keynesianismo

A Grande Depressão resultou numa exigência de novas políticas, principalmente o protecionismo sob a forma de tarifas. Além disso, a crença tradicional na "saúde financeira", o que, principalmente na Grã-Bretanha e na França, significava um orçamento equilibrado com poucas despesas e impostos, foi criticada pelo economista britânico John Maynard Keynes em *A teoria geral do emprego, do juro e da moeda* (1936). Ele defendia o aumento dos gastos públicos para estimular a economia e reduzir o desemprego, e estava disposto a adotar taxas de juros baixíssimas e a tolerar a inflação, num desvio da política monetária convencional.

Embora a economia keynesiana entrasse na moda intelectual e política depois da Segunda Guerra Mundial, antes de ser duramente criticada na década monetarista de 1980, não era nada claro, contudo, que tal política desse certo. A política monetária keynesiana realmente exigia uma economia fechada com pouquíssima liquidez. Além disso, aumentar os gastos públicos podia ser inflacionário e ainda deixar o desemprego elevado.

O New Deal

As reformas sociais e econômicas conhecidas como o New Deal, que o democrata Franklin Delano Roosevelt adotou quando se tornou presidente dos Estados Unidos em 1933, satisfizeram a grande necessidade política de ser visto fazendo alguma coisa. Ao assumir a iniciativa, esse conjunto de políticas estabeleceu o ritmo da mudança, que resistiu à deflação e manteve sob controle as opções populistas não governamentais. Roosevelt financiou obras públicas e estabeleceu programas de criação de trabalho, como a Works Project Admi-

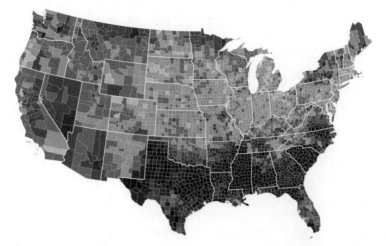

ACIMA
A eleição presidencial americana de 1936. As áreas mais escuras representam o maior quinhão de votos democratas, enquanto as áreas acinzentadas representam maioria de votos para os republicanos. Franklin Delano Roosevelt, presidente em exercício, derrotou o republicano Alf Landon, que não fez boa campanha, com uma vitória arrasadora na qual os 60, 8% de votos populares de Roosevelt se transformaram, com o apoio de todos os estados menos Maine e Vermont, em 523 dos 531 votos do Colégio Eleitoral.

ABAIXO
O Exército do Bônus. Acampados em Washington em 1932, os veteranos da Primeira Guerra Mundial e os seus partidários reivindicavam o adiantamento do resgate dos seus certificados de serviço. A fotografia mostra a polícia tentando remover os veteranos da propriedade federal, processo completado pela ação do exército.

nistration (agência de obras públicas) para combater o desemprego. Esses programas levaram ao desenvolvimento de infraestrutura, principalmente estradas, como a Blue Ridge Parkway nos montes Apalaches. Bem divulgadas, as frentes de trabalho ajudaram a criar a sensação de que o pior ficara para trás.

Em parte como consequência dessas medidas de incentivo governamental da economia, a dívida federal subiu de 22, 5 bilhões de dólares em 1933 para 40, 5 bilhões em 1939. Ainda assim, ao contrário das recentes tendências fiscais, Roosevelt era favorável ao orçamento

equilibrado e tributou os ricos, em vez de recorrer ao financiamento da dívida.

Embora o presidente aprovasse a Lei de Segurança Social em 1935, essa medida era limitadíssima e não o socialismo de estado deplorado por alguns críticos. Na verdade, a combinação da natureza conservadora da opinião pública americana, da hostilidade à interferência no direito de propriedade e da crescente oposição política a partir de 1937 impediu que ele fizesse mais. Realmente, não foi durante o New Deal, mas só na Segunda Guerra Mundial, que houve as grandes mudanças rumo a um estado americano mais forte e gastador, e o desemprego permaneceu alto e persistente na década de 1930, só caindo de forma definitiva com a guerra. Mesmo assim, o PIB per capita se recuperou e subiu de 615 dólares em 1933 para 954 em 1940, e os que tinham emprego melhoraram de vida, o que aumentou a demanda interna e ajudou a economia.

Roosevelt foi recompensado com reeleições relativamente fáceis em 1936, 1940 e 1944. Ele se beneficiou da coalizão entre os democratas do Sul, partidários brancos dos direitos dos estados, e seus colegas nas grandes cidades do Norte, que vinham de fora — sindicalistas e imigrantes, principalmente católicos e judeus. Os republicanos, por outro lado, foram o partido WASP dos estados no Norte durante a Guerra de Secessão de 1861-1865 (e, portanto, eram odiados no Sul) e, principalmente (mas não apenas), o partido das empresas e dos ricos. Os republicanos eram muito fortes no nordeste e no meio-oeste.

Bonus Army

Os veteranos, muitos deles desempregados, fizeram pressão agressiva por dinheiro e formaram o chamado Bonus Army. Foram dispersados com sangue pelos soldados em 28 de julho de 1932 por serem considerados radicais de esquerda e não se disporem a desfazer os seus acampamentos no centro de Washington. Douglas MacArthur, o belicoso chefe do Estado-Maior do exército, não quis aceitar um papel subordinado nessa operação, mas suas ambições foram restringidas; não houve nenhuma possibilidade séria de intervenção militar na política e os Estados Unidos continuaram a ser uma democracia. Como o demagogo populista Huey Long, da Louisiana, defensor da política "Share Our Wealth" (dividir nossa riqueza) com a tributação de ativos e assassinado em 1945, o Bonus Army não indicava um mal-estar maior que pudesse prejudicar politicamente.

A ASCENSÃO DE HITLER

O aumento do desemprego com a Grande Depressão foi aproveitado na Alemanha pelos extremistas de esquerda e de direita. O medo do comunismo e o apoio ao nacionalismo raivoso ajudaram a assegurar a aglutinação em torno do Partido Nazista, de extrema direita, sob o comando de Adolf Hitler, que chegou ao poder em 30 de janeiro de 1933, em parte como candidato anticomunista, com os outros políticos da direita convencidos de que conseguiriam controlá-lo. Estes últimos tiveram um papel fundamental, tanto ao alinhar-se com os nazistas quanto ao reprimir as alternativas, notadamente ao assegurar a dissolução precoce do Reichstag (Parlamento) em 1930 e 1932

OS ANOS TRINTA. 1930-39 **93**

ACIMA
Hitler encontra Hindenburg numa cerimônia em homenagem aos mortos diante da Ópera Estatal de Berlim, em 1933, pouco depois de Hitler ser indicado chanceler. O presidente Paul von Hindenburg facilitou o caminho de Hitler nomeando-o chanceler em janeiro de 1933. Mais tarde, Hindenburg aceitou a pressão de Hitler para ampliar o poder do governo e o controle nazista, principalmente ao transformar em lei o Decreto do Incêndio do Reichstag.

e com a derrubada do governo social-democrata da Prússia em 1932.

No poder, contudo, Hitler mudou totalmente a situação e se beneficiou do incêndio do Reichstag e da subsequente suspensão dos direitos civis e políticos. Esses decretos foram suplementados pela Lei de Concessão de Plenos Poderes que permitiu a Hitler passar por cima do parlamento. Portanto, o apoio de um partido de massas e de boa parte do eleitorado foi complementado pelo respaldo de grande parte da elite conservadora. Hitler impôs o remodelamento ditatorial do estado alemão, assim como o rearmamento em grande escala e a repressão violenta dos adversários internos. Isso envolveu assassinatos frequentes, prisões em massa — cerca de duzentas mil pessoas no seu primeiro ano no poder — e a criação de campos de concentração. Também houve propaganda raivosa contra aqueles de quem o regime não gostava, notadamente os judeus alemães.

ACIMA
O incêndio do Reichstag. O fogo no prédio do Reichstag (parlamento) em Berlim, na noite de 27 de fevereiro de 1933, contribuiu para o clima de paranoia que os nazistas aproveitaram para consolidar o seu controle e suspender as liberdades civis. Muitos milhares foram presos na repressão subsequente.

No expurgo conhecido como a Noite das Facas Longas, de 30 de junho a 2 de julho de 1934, Hitler destruiu a *Sturmabteilung*, a organização paramilitar dos próprios nazistas, porque desconfiava das intenções políticas de seu líder Ernst Röhm. Estima-se que até mil pessoas foram mortas, enquanto Hitler reforçava a sua posição e destruía os adversários, tanto dentro do Partido Nazista quanto fora, principalmente na direita. Personagens importantes envolvidos no expur-

ACIMA
O Anschluss. A anexação alemã da Áustria em 12 de março de 1938 refletiu o sucesso da intimidação militar e política. Não houve resistência à invasão pelo exército alemão.

go foram Heinrich Himmler, chefe das *Schutzstaffel* (SS), e Hermann Göring, chefe da Gestapo, ou polícia secreta.

Depois da morte do presidente Hindenburg em 2 de agosto de 1934, Hitler combinou o cargo de presidente com o de chanceler, que já ocupava. Assim, como chefe de Estado, se tornou comandante supremo das forças armadas. Por sugestão do comando do exército, que achava que assim se ligaria a Hitler, cada integrante das forças armadas fez um juramento de lealdade incondicional a ele como *Führer* (líder) do povo alemão.

As fardas foram alteradas para receber a suástica. Em 1933, a Alemanha saiu dos acordos de desarmamento de Genebra e da Liga das Nações. Em vez de reagir às tensões fiscais de 1934 limitando o rearmamento, Hitler continuou avançando. A partir de 1935, a Alemanha atuou para desmantelar o Acordo de Paz de Versalhes, principalmente em maio de 1936, quando a Renânia foi remilitarizada de forma unilateral, com Hitler se aproveitando dos problemas do governo francês. Ele também foi além em março de 1938, quando a Áustria foi ocupada para facilitar o *Anschluss*, a sua união com a Alemanha. Isso era muito mais do que uma revisão do acordo de Versalhes. O mapa da Europa foi fundamentalmente retraçado, e a Alemanha conseguiu fronteiras com a Hungria, a Iugoslávia e a Itália.

O acordo de Versalhes tinha deixado à Tchecoslováquia as partes da Boêmia e da Morávia onde havia maioria étnica de alemães: os Sudetos. Para Hitler, isso era inaceitável. A crise aumentou em 1938, enquanto a Alemanha se preparava para a guerra. Abandonada pelos Aliados no Acordo de Munique de 29 de setembro de 1938, a Tchecoslováquia, única democracia da Europa oriental, foi intimidada para ceder os Sudetos, o que a

ABAIXO
A expansão da Alemanha sob Hitler, 1930-1939.

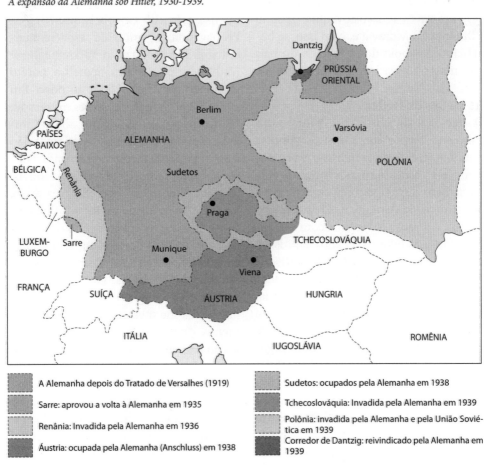

À ESQUERDA
O receptor de rádio Volksempfänger. Lançado em 1933 como meio de disseminar a propaganda nazista, era barato e incentivado por Goebbels, o ministro da propaganda.

deixou extremamente vulnerável a invasões. Em março de 1939, Hitler avançou para destruir a Tchecoslováquia; ocupou a Boêmia e a Morávia e, com isso, se beneficiou do apoio dessa metade do país que, mais tarde, se tornaria a Eslováquia.

As visões de Hitler

O nacional-socialismo se baseava no culto ao *Führer* e numa mistura confusa e até incoerente de racialismo, nacionalismo e a crença na modernização pela força. Sem dúvida, a força caracterizava o regime de Hitler, que desde o começo adotou uma atitude violenta com os considerados inaceitáveis. O antissemitismo era cruel e não se satisfazia com a discriminação. Hitler afirmava que os judeus tendiam de forma inerente à subversão, tanto da esquerda quanto da direita. Para Hitler, era preciso haver perseguição, e não como um aspecto constante do governo nazista, mas como um passo total e decisivo que daria fim ao que ele via como o problema judeu. Para Hitler, essa era uma questão meta-histórica, não um acréscimo projetado para cumprir outras políticas, como a redistribuição de território, o levantamento de recursos ou a obtenção de apoio popular.

O forte culto à personalidade estava ligado à noção de missão histórica: para Hitler, a história era um processo vivo que ele personificava, e assim seu drama pessoal se tornou um aspecto da missão histórica do povo alemão. Para ele, a pureza racial era um aspecto fundamental da sua missão, ao mesmo tempo um meio e uma meta. A propaganda era intensa, e Joseph Goebbels, ministro da Propaganda, se mostrou especialmente hábil. Ele produziu o *Volksempfänger* (rádio do povo), um aparelho barato projetado para ligar Hitler ao povo. Em 1936, *The New York Times* observou: "É o milagre do rádio que une 60 milhões de alemães numa única multidão a ser manipulada por uma única voz". Ao mesmo tempo, o regime raramente operava com essa voz. Em vez disso, havia redes rivais de poder e influência, como as agências concorrentes do governo central, além do Partido Nazista, das SS, dos *Gauleiters* (governadores locais) e das forças armadas. Hitler presidia o sistema mas, preguiçoso e pouco capaz, não podia lhe oferecer coerência, muito menos direção, principalmente no governo nacional.

A ação antissemita

Ao lado da violência, veio a legislação discriminatória, com a remoção dos judeus de boa parte da vida profissional e da propriedade de terras em 1933 e a

ACIMA
A Kristallnacht, Noite dos Cristais ou dos vidros quebrados, um pogrom na Alemanha em 9 e 10 de novembro de 1938, recebeu esse nome pelos vidros quebrados diante de sinagogas e prédios pertencentes a judeus. Ao lado da destruição e dos incêndios, houve assassinatos e prisões em massa. Esse foi um passo fundamental para acelerar a perseguição dos judeus.

proibição de casamentos entre judeus e não judeus em 1935. A desigualdade perante a lei se tornou uma característica da vida na Alemanha nazista e incentivou os judeus a emigrarem. Em 1938, mais de metade já tinha saído e teve o seu patrimônio confiscado. Naquele mês de junho, um decreto que obrigava os judeus a registrarem a sua riqueza foi um prelúdio para os passos rumo à expropriação.

Kristallnacht
Na *Kristallnacht*, a Noite dos Cristais ou dos vidros quebrados, de 9 para 10 de novembro de 1938, sinagogas, empresas e lares judeus foram destruídos e depredados na Alemanha sem que a polícia interviesse. Ordenada por Hitler, foi uma tentativa deliberada não só de intimidar os judeus e assim apressar a sua emigração como de destruir a sua coesão e presença na sociedade para aniquilar a sua identidade na Alemanha.

Cerca de mil sinagogas foram destruídas e até 7.500 empresas, atacadas. Também houve muito saque. A violência foi, ao mesmo tempo, brutal e simbólica. Depois da *Kristallnacht*, em que talvez várias centenas de judeus foram mortos,

OS ANOS TRINTA. 1930-39 **99**

o número de judeus em campos de concentração aumentou drasticamente para uns trinta mil, assim como o seu assassinato nesses campos.

A Liga das Nações e o apaziguamento

Na década de 1930, a Liga não conseguiu restringir as potências expansionistas. Em vez disso, houve a tentativa de restringi-las pela negociação, notadamente no Acordo de Munique de 1938. Criticado como apaziguamento e oriundo, em grande parte, da determinação de evitar a repetição da devastação da Primeira Guerra Mundial, essa tentativa fracassou diante da agressão contínua de Hitler e levou à deflagração da Segunda Guer-

À ESQUERDA
O Acordo de Munique. O otimismo com a evitação da guerra seria frustrado no ano seguinte, mas a sombra da Primeira Guerra Mundial ainda era pesada em 1938.

■ OLHAR O MUNDO: AS PAN-REGIÕES

Hitler preferia os geopolíticos alemães de direita que, numa reação contra a derrota na guerra mundial e no Acordo de Paz de Versalhes, defendiam os ganhos territoriais da Alemanha. O principal deles, o ex-general Karl Haushofer, defendeu a ideia das pan-regiões, notadamente a PanEuropa (sob o comando da Alemanha), a PanAsien (sob o Japão, seu aliado na Ásia) e a PanAmerika. Essas pan-regiões dariam a essas potências segurança e recursos. Não havia nenhum papel para o império britânico nesse sistema.

ra Mundial em 1939. O apaziguamento também foi uma tentativa de buscar solução pacífica, vinda do temor do que outra grande guerra provocaria, temor muito aumentado pela crença na eficácia do poder aéreo.

O STALINISMO

Sob Stalin, o leninismo foi posto em prática: a União Soviética adotou a propriedade estatal, o país impôs a industrialização promovida pelo centro e, em vez da disposição de permitir que os camponeses comercializassem alimentos sob a Nova Política Econômica de 1921, a coletivização foi imposta com violência no campo. Apesar das mentiras da propaganda soviética e do desastre da coletivização rural, a economia soviética teve um desenvolvimento importante, principalmente porque havia espaço constante para se recuperar da guerra e da revolução, pois a produção em 1928 ainda estava abaixo do nível de 1913. Houve uma grande expansão do setor industrial e da geração de eletricidade em consequência

ACIMA
Josef Stalin (1878-1953), violento ditador soviético e candidato a modernizador de meados da década de 1920 até a sua morte. Essas imagens posadas eram características do seu governo.

A UNIÃO SOVIÉTICA DE STALIN
1924 Stalin assume o poder depois da morte de Lenin
1928 Trotski é exilado
1929 Coletivização forçada da agricultura
1931-1933 Fome na Ucrânia
1937-1938 Começam os expurgos
1940 Trotski é assassinado no México

da concentração de recursos pelo estado no desenvolvimento da indústria, a um custo pesado em termos da vida cotidiana da população. O setor militar se expandiu muito, com atenção específica à produção de tanques e aviões.

A percepção de Stalin de estar cercado de potências hostis, crise capitalista e guerra iminente e inevitável gerou a sua política de modernização a toque de caixa, com mobilização de recursos para defender a causa da revolução proletária. O terror e a fome tolerados pelo governo mataram muitos milhões, notadamente na Ucrânia de 1931 a 1933, quando os camponeses foram tratados como inimigos do povo que mereciam morrer. A história foi semelhante no tratamento de poloneses e alemães supostamente perigosos e traidores nas fronteiras ocidentais da União Soviética em 1932 e 1933, e a maioria deles logo foi morta. Frustrado com a lacuna persistente entre a intenção e a implementação, na década de 1930 o regime adotou impulsos e iniciativas ainda mais radicais e totalitários. Nos expurgos de 1937 e 1938, houve matança, tortura e prisão em grande escala dos acusados de ameaçar a revolução ou considerados pouco confiáveis, inclusive de muitos ex-líderes comunistas e de boa parte do comando militar. O trotskismo era uma acusação feita com frequência e

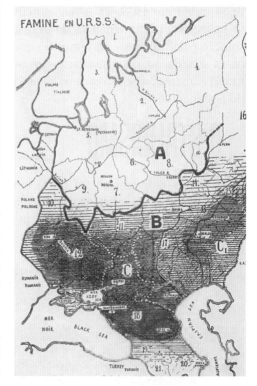

ACIMA
Mapa de 1933 com uma área mais escura para mostrar as regiões da União Soviética mais afetadas pela fome devida à política de coletivização e de desculaquização.

um aspecto básico da crença de que havia conspirações de inimigos internos e externos contra o regime. Os expurgos foram pensados para destruir uma quinta-coluna que, na verdade, não existia, mas as chamadas operações em massa iniciadas pretendiam culminar a guerra civil do início da década de 1920 expurgando a sociedade. Houve a imposição de cotas de prisão de inimigos ao NKVD, a polícia secreta, que sofreu grande pressão para assegurar que a campanha cumprisse os seus propósitos. Isso contribuiu para as muitas prisões e torturas injustas do fim da década de 1930.

O número imenso de presos nos *gulags* ou campos de trabalho soviéticos — cerca de 2,3 milhões de pessoas em 1941

ACIMA
Trabalho forçado num gulag soviético. A extensão em que os regimes autoritários recorriam ao trabalho escravo, visível especialmente nos regimes comunistas, foi um dos aspectos mais ignorados da história da escravidão e, realmente, da história do século 20.

■ A POLÍTICA EXTERNA STALINISTA

As tensões do poder externo soviético, já visíveis na década de 1920, foram novamente vistas em 1930, principalmente na discordância sobre as frentes populares com partidos não comunistas, como na França. A interrelação entre ideologia, metas estratégicas e vantagem tática deste e de outros episódios não era exclusiva da União Soviética. Ela também se encontrava, embora de forma diferente, na reação anglo-francesa à ascensão dos ditadores fascistas, que os críticos chamaram de apaziguamento. Essa interrelação destaca as dificuldades dos contemporâneos de avaliar as intenções e a política soviéticas.

— teve um papel importante na economia e, em particular, na abertura do Norte na década de 1930, notadamente com construção civil, mineração e exploração das florestas. É possível relacionar os deslocamentos demográficos soviéticos a práticas mais antigas de transporte penal imperial e colonial, como o de russos para a Sibéria antes da Revolução; sob Stalin, a escala foi muito maior, a crueldade mais acentuada e as consequências, mais fatais. Além de presos políticos, categorias sociais inteiras foram enviadas, notadamente os cúlaques (camponeses proprietários), deportados com as suas famílias no início da década de 1930.

A seus olhos, o stalinismo era uma forma moderna de governo, baseada no planejamento científico, em si a expressão da direção da história mundial e do progresso humano. No entanto, na prática o stalinismo era pré-moderno e dependia do mito e da fé em vez de informações e planejamento adequados. A paranoia do regime e o recurso a denúncias ajudou a assegurar a matança de muitos integrantes mais capazes da sociedade. Denunciar os outros não era novidade, mas foi sistematizado.

A partir do fim da década de 1930, o cinema soviético se concentrou nos tsares para demonstrar a necessidade de um esforço transformador contra as ameaças externas, notadamente Pedro, o Grande, e Ivan, o Terrível. Portanto, a história russa foi interpretada à luz do presente, com esses governantes apresentados como progenitores de Stalin.

A crueldade do stalinismo era minimizada no Ocidente pelos visitantes e comentaristas de esquerda. Na verdade, havia um nível perturbador de representação errônea e fantasiosa, que seria ridicularizada por George Orwell no romance *Animal Farm* (*A revolta dos bichos* ou *A fazenda dos animais*, 1945).

ACIMA
Membros do Exército Vermelho chinês sentados com as suas armas em 18 de setembro de 1935, no norte de Shensi. A partir de 1930 até seu triunfo final em 1949, eles se engajaram numa luta acirrada pelo poder com o governo do Kuomintang.

A CHINA

O desafio dos comunistas ao *Kuomintang* foi afetado pelas suas graves divisões quanto à estratégia, que se sobrepunham, mas não eram idênticas, às da União Soviética. Comunistas importantes como Li Lisan, secretário-geral do Partido Comunista de 1928 a 1931, seguiam a interpretação tradicional do marxismo-leninismo, com a ênfase em cultivar o proletariado urbano. Em contraste, vários líderes, entre eles Mao Tsé-Tung, percebiam mais corretamente que o verdadeiro potencial da China, de modo muito diferente da União Soviética, eram os trabalhadores rurais. No entanto, ao pensar em Mao é necessário avaliar em que grau a sua reputação foi aprimorada mais tarde e recebeu uma coerência enganosa. Derrotado nas cidades, onde constituía um alvo concentrado, o Exército Vermelho

A LONGA MARCHA

Sob forte pressão das forças cada vez mais bem-sucedidas do Kuomintang, o chamado Primeiro Exército Vermelho iniciou, em outubro de 1943, um rompimento a partir de Jiangxi e deu início à Longa Marcha por vários milhares de quilômetros de terreno acidentado até Shaanxi, na qual a maioria dos que partiram ficaram para trás. Importante para a consolidação do controle de Mao sobre o Partido Comunista Chinês, essa marcha seria significativa para o subsequente mito de origem do Estado comunista. No entanto, em termos de poder na sociedade, foi uma marcha do nada a lugar nenhum.

ACIMA
Mao Tsé-Tung na Longa Marcha de 1934-1935, período simbólico da narrativa comunista chinesa. Na prática, representou fuga e sobrevivência do ataque do Kuomintang, não uma vitória.

dos comunistas chineses teve mais sucesso ao resistir aos ataques nas áreas rurais, principalmente nos esconderijos tradicionais dos bandidos, ou seja, as áreas remotas e montanhosas, como nos montes Jinggang, em Honan e Jiangxi. Mao via a base rural como parte essencial da sua estratégia revolucionária. Sem essa base, seria impossível desenvolver uma força combatente ou implementar um programa revolucionário para obter/forçar o apoio da população rural.

O conflito aumentou até uma série em grande escala de campanhas "antibandidos" do *Kuomintang* de 1930 a 1934. O *Kuomintang* não conseguiu destruir os comunistas, mas manteve a posição de domínio na China. No entanto, foi muito enfraquecido pela longa guerra com o Japão.

O IMPERIALISMO JAPONÊS

Atingido por problemas econômicos graves e governos enfraquecidos, o Japão se deslocou numa direção mais militarista na década de 1930. Os políticos

ACIMA
Soldados japoneses comemoram a captura de Xangai, um dos portos mais importantes da China, em dezembro de 1937. Esse foi um episódio fundamental da campanha mais bem-sucedida de uma guerra que se tornou insolúvel.

dispostos a se contrapor às forças armadas foram assassinados, notadamente o primeiro-ministro Inukai Tsuyoshi, em 1932. Em 1931 e 1932, a Manchúria, principal região industrial da China, foi ocupada pelo Japão. Os belicosos oficiais japoneses, com medo de que os seus direitos de arrendamento existentes fossem ameaçados, invadiram a região, beneficiando-se da indisposição de Jiang de dar apoio ao chefe militar local. Jiang estava mais preocupado com o desafio comunista.

Em 1937, começou a guerra em grande escala com a China. Em parte, ela resultou de um incidente não planejado: um choque de soldados chineses e japoneses perto da ponte Marco Polo, nos arredores de Pequim, durante exercícios noturnos japoneses. No entanto, no Japão sentia-se que, para se preparar para o conflito com os soviéticos, a China deveria ser convencida a aceitar o seu destino de parceira menor do Japão. A falta de cooperação de Jiang levou Tóquio a lhe dar uma lição rápida e intensa. A princípio bem-sucedido, com Pequim, Xangai e Nanquim conquistadas em 1937, as duas últimas depois de combates intensos, e Guangzhou e Cantão em 1938, esse "Incidente", como foi enganosamente chamado pelo Japão, deixou o país com um compromisso difícil: uma guerra cara que não podia ser vencida nem abandonada.

OS IMPÉRIOS OCIDENTAIS SOB PRESSÃO

Os impérios europeus enfrentaram pressão nacionalista crescente na década de 1930. Portanto, houve na Índia reivindicações de independência da Grã-Bretanha, assim como agitações mais específicas, como a campanha No Rent de 1930-1932, que propunha o não pagamento de arrendamentos, tributos e aluguéis. Os britânicos também enfrentaram oposição nacionalista na Birmânia (Mianmar), em Malta e na Palestina, onde o Levante Árabe de 1937-1939 foi uma reação à instalação de judeus em grande escala. Também houve críticas às consequências do império. Na Austrália, os aborígines se queixaram do seu apagamento da memória nacional. Em 1938, o "Dia de Luto" foi realizado em Sydney pela Associação Progressista dos Aborígines Australianos, ao mesmo tempo das comemorações do sesquicentenário do desembarque britânico original. Formada em 1925, a Associação exigia plenos direitos de cidadania e terras como indenização pela expropriação.

Mas não se sabe se o império britânico ou os outros teriam desmoronado

À ESQUERDA
Dia do Luto, 1938. Realizado em Sydney pelos aborígines australianos no Dia da Austrália, na verdade no 150º aniversário da anexação britânica, foi uma reivindicação pacífica de igualdade e cidadania plena feita pela Conferência de Aborígines Australianos.

O NOME DO MAPA

As potências imperiais usaram a cartografia e os nomes para marcar a sua presença nos territórios de interesse. Em 1932, a Grã-Bretanha criou o Comitê de Topônimos Antárticos para assegurar que os mapas britânicos, pelo menos, refletissem a opinião e as convenções toponímicas oficiais. As categorias excluídas abrangiam os nomes de territórios, cidades ou ilhas existentes, os nomes em idioma estrangeiro, o nome de cães de trenó, os "nomes de mau gosto" e os "nomes de origem obscura". Os mapas britânicos omitiam os nomes encontrados em mapas argentinos e chilenos. A criação pela Grã-Bretanha, em 1945, do Levantamento Topográfico dos Territórios das Ilhas Falkland foi seguida pela confecção de mais mapas para consolidar as pretensões territoriais britânicas.

se não fosse a desorganização e o torvelinho da Segunda Guerra Mundial. O Levante Árabe foi sufocado em 1939, e em nenhuma outra colônia houve uma oposição tão grave. Além disso, a Commonwealth demonstrou capacidade de desenvolvimento. O Estatuto de Westminster, de 1931, percebido como liberdade dentro de um sistema em evolução, assegurou que nenhuma lei aprovada após aquela data pela Grã-Bretanha se estenderia a um domínio seu a menos que esse estado solicitasse e consentisse que assim fosse. Além disso, leis de 1935 abriram caminho para o avanço rumo ao autogoverno da Índia. Esse foi um exemplo de até que ponto conceitos europeus como o liberalismo se espalhavam pela estrutura imperial, ao lado de ideias anti-imperialistas, como o nacionalismo e o comunismo. O protecionismo tornava os vínculos imperiais mais significativos, como no anúncio da década de 1930 que mostrava a bandeira britânica: "Onde quer que tremule a bandeira que por mil anos enfrentou a brisa e a batalha, as Pílulas de Beecham triunfarão sobre a doença".

Império e aviação

As considerações geopolíticas incentivaram o desenvolvimento de serviços aéreos para interligar as possessões imperiais, notadamente pelos britânicos até Hong Kong, Austrália e África do Sul, pelos italianos até a Líbia e pelos franceses até a Síria e a África ocidental. As viagens aéreas foram importantíssimas para o desenvolvimento das colônias e ofereceram à Grã-Bretanha um modo de administrar um império global. Especificamente, o serviço aéreo era mais rápido do que os vapores e podia chegar ao interior dos países.

O poder aéreo também foi empregado contra insurreições. Ele parecia casar o controle ocidental, apresentado como inerentemente desejável, à modernização, tema muito comum na ideologia imperial.

▎ A AMÉRICA LATINA

A Grande Depressão atingiu duramente as economias latino-americanas, pois sua receita de exportação caiu muito, desgastando as finanças públicas. A tensão social aumentou com as dificuldades econômicas. O nacionalismo econômico, uma resposta importante, se combinou ao estabelecimento de governos autoritários, como no Brasil de Getúlio Vargas, na República Dominicana de Rafael Trujillo, no Peru de Oscar Benavides e no Uruguai de Gabriel Terra. A identidade e a unidade nacionais foram apresentadas como necessitadas de políticas autoritárias e de uma postura de autoconfiança, como no Estado Novo brasileiro criado por Vargas, presidente de 1930 a 1945 e depois, novamente, de 1951 a 1954. Populista e anticomunista, Vargas atuou como ditador de 1937 a 1945, com Mussolini como modelo. Os partidos políticos foram abolidos e adotou-se a censura. Benavides, presidente do Peru de 1933 a 1939, tinha histórico militar e proibiu os partidos de oposição. Trujillo governou a República Dominicana de 1930 até ser assassinado em 1961. Comandante em chefe do exército, criou um estado monopartidário, matou os adversários e fundou o culto à personalidade.

Os golpes e tentativas de golpe tiveram papel importante na política latino-americana. As forças armadas, com grande peso nas finanças públicas, tendiam a impor a ordem social conserva-

ACIMA
Getúlio Vargas, à direita no carro, foi presidente do Brasil de 1930 a 1945 e de 1951 a 1954. Populista e modernista, ele se beneficiou da revolução militar de 1930 e criou, a partir de 1937, um governo mais centralizado.

dora. Desse modo, em Honduras o exército foi usado para esmagar a oposição camponesa em 1932 e 1937, enquanto em El Salvador o general Martinez, que assumira o controle do país em 1931, suprimiu a oposição camponesa com uma série de massacres em 1932, ano em que o movimento trabalhista foi proibido na Bolívia e uma revolta "constitucionalista" derrotada no Brasil.

A influência política e econômica americana veio à frente na América Latina, com a influência britânica limitada principalmente à Argentina. No entanto, o único conflito internacional do período, a Guerra do Chaco entre a Bolívia e o Paraguai em 1932-1935 por reivindicações territoriais discordantes, não se espalhou como aconteceu com o conflito de 1860. O Paraguai venceu a guerra, derrotando a mais rica Bolívia.

A GUERRA CIVIL ESPANHOLA

A instabilidade da nova república declarada em 1931 chegou ao pico em julho de 1936, quando um golpe militar de direita tentou tomar o poder. Foi o ápice da polarização do pré-guerra, no qual pouquíssimos políticos e comentaristas do espectro político se dispunham a admitir a essência da democracia: a disposição de aceitar resultados que be-

ACIMA
A Guerra Civil Espanhola. A imprensa italiana, partidária dos nacionalistas de Franco, exagera aqui seu sucesso enquanto ele lutava para chegar a Madri, que só cairia em 1939.

À ESQUERDA
Soldados bolivianos miram um canhão antiaéreo num avião paraguaio, em 24 de maio de 1934. Na verdade, a Guerra do Chaco (1932-1935) foi principalmente uma guerra de infantaria.

neficiassem os adversários. Em vez disso, a violência se tornou mais persistente, e a ameaça de violência ainda mais generalizada. Os que deram o golpe se opunham à política modernizadora do governo de tendência esquerdista, preocupados com o anticlericalismo e o comunismo e, na prática, eram contrários à república e, com ela, à democracia e às liberdades. No entanto, o golpe não teve sucesso total, o que provocou uma amarga guerra civil que durou até 1939. As potências externas ofereceram auxílio: a Itália e a Alemanha aos nacionalistas de direita, a União Soviética aos republicanos de esquerda. Estes últimos estavam divididos e foram vencidos, sofrendo, em parte, com a incapacidade de dominar a logística, e formou-se uma violenta ditadura fascista sob Francisco Franco, general autoritário que governou até morrer em 1975. A guerra civil atraiu considerável atenção internacional como luta ideológica da esquerda contra a direita.

ÍCONES CULTURAIS

O torvelinho cultural da década de 1930 refletiu a disputa de estilos, políticas e mercados. Os intelectuais tendiam a se concentrar no modernismo e em seu questionamento das formas e dos pressupostos tradicionais, mas a arte mais popular tinha estilo realista, mesmo que as tramas oferecidas fossem improváveis. Foi o caso de Agatha Christie e outros escritores de "alto nível" e "baixo nível", da disponibilidade de livros e periódicos baratos e do aumento do tempo de lazer. Os estilos populares tendiam a indicar continuidade, não novidade, e o desafio de Lorca à ordem social, por exemplo, foi menos comum do que as obras baseadas no desejo de satisfazer o mercado popular. Portanto, John Galsworthy recebeu o Prêmio Nobel de Literatura de 1932, num grande contraste com os monólogos interiores de *As ondas,* de Virginia Woolf, do ano anterior. Houve um contraste semelhante entre o modernismo arquitetônico de Walter Gropius e do seu movimento Bauhaus e o classicismo revivido que se tornou tão popular.

Vozes espanholas

Federico García Lorca (1898-1936), importante poeta e dramaturgo espanhol, questionou as normas sociais estabelecidas. Sua peça *A casa de Bernarda Alba* (1936) explorava as práticas de repressão e controle familiar de uma matriarca endurecida preocupada apenas com a reputação pública, a tradição e a castidade. Só foi encenada em 1945, e mesmo assim em Buenos Aires, não na Espanha. Socialista e homossexual, Lorca foi assassinado pela milícia nacionalista em 1936.

Entre os amigos íntimos de Lorca estavam Luis Buñuel (1900-1983) e Salvador Dalí (1904-1989), que juntos fizeram *Um cão andaluz* (1929), filme surrealista surpreendente. O filme *Terra sem pão* (1933), de Buñuel, era uma crítica ácida à pobreza dos camponeses. Depois de experiências com o cubismo, Dalí se tornou um importante pintor surrealista.

O mundo de Agatha Christie

Escritora de romances policiais mais bem-sucedida do século, Agatha Christie (1890-1976), escritora muito diferente de Lorca, tinha pais americanos, mas nasceu e viveu na Grã-Bretanha. A popularidade das suas obras refletia a da ficção policial como um todo, campo em que as mulheres se mostraram especialmente importantes como escritoras no século 20. O seu detetive mais famoso, o belga Hercule Poirot, era um personagem cosmopolita, apresentado em *O misterioso caso de Styles* (1921), mas comicamente naturalizado por Christie de modo a entender a Grã-Bretanha ou, pelo menos, a Inglaterra. No estrangeiro, Poirot visitou a França, mas também o império britânico, notadamente o Egito e o Iraque. Os assassinatos que a conservadora Christie descrevia eram, em geral, produto de uma rejeição arrogante das normas sociais, e o mau sangue era um tema-padrão da escritora. A televisão e o cinema deram nova vida aos romances de Agatha Christie, e *A ratoeira* (1948) foi uma das suas peças. A imagem

da Inglaterra de Christie teve atração duradoura para seus leitores e espectadores. A marcha da tecnologia lhe deu ainda mais vida com os audiolivros.

AVANÇOS TECNOLÓGICOS

A disseminação mundial da tecnologia avançada na década de 1930 foi importante para a economia global e para as sociedades do mundo inteiro. O comércio incentivou a difusão de novos processos, assim como a determinação de se igualar às outras potências na busca pelo progresso. A americanização estava em andamento, assim como as narrativas de desenvolvimento apresentadas pela União Soviética e pelas potências imperiais. Portanto, os britânicos usaram dragas mecânicas para atacar os *sudd* (bloqueios de vegetação) encontrados nos

ABAIXO
Encomendado em 1934, o Armstrong Whitworth Ensign entrou em serviço em 1938 e era um avião comercial quadrimotor britânico que levava quarenta passageiros. Embora previsto para o serviço aéreo imperial, a principal rota era Londres-Paris e, até o fim de 1939, só havia doze deles em serviço.

principais rios sudaneses, construíram novas instalações portuárias em Porto Sudão e ampliaram o sistema ferroviário do território.

O impacto cumulativo foi uma mudança que nem sempre atendia às esperanças, como na coletivização soviética, mas que representava uma implementação do potencial do novo, uma implementação movida especialmente pelo consumismo, pelo capitalismo e pela ação estatal. Os transportes foram um aspecto fundamental disso e um capacitador de novas mudanças. No romance futurista e profético *Admirável mundo novo* (1932), Aldous Huxley observou: "Dos prados do Truste de Secreções Internas e Externas chegavam os mugidos dos milhares de reses que forneciam, com seus hormônios e seu leite, as matérias-primas para a grande usina de Farnham Royal".

A penicilina

O repertório médico melhorou nos anos entre as guerras, em parte porque a descoberta ocasional da penicilina por Alexander Fleming em 1928 deu início à revolução dos antibióticos. Esses medicamentos permitiam combater doenças epidêmicas, como a tuberculose. Também houve progresso em outras áreas da prática clínica e cirúrgica, como os transplantes, embora não na escala que viria depois da Segunda Guerra Mundial.

Carros e notícias

A disseminação do uso de automóveis afetou muitos aspectos da sociedade, como o *design*, o policiamento e os noticiários. A aceleração das notícias foi permitida pelos carros, tanto no crime quanto no policiamento. Os carros também permitiam a autenticação das notícias. Os jornalistas se tornaram móveis e individuais, saindo das redações e entrando em automóveis. Ir até a notícia, testemunhá-la, facilitava fazer as notas e, portanto, redigir as reportagens de um modo distinto. As notícias podiam ser enviadas por telefone (embora sem os celulares de hoje, e os jornalistas precisavam de um bom suprimento de moedas ou fichas para os telefones públicos), ou o jornalista voltava às pressas para a redação. Os carros sem manivela, com motor de arranque, eram mais rápidos.

O radar

Embora a ideia de um raio da morte, examinada em 1935 pelo comitê de pesquisa aeronáutica britânico, não fosse viável, as ondas de rádio foram usadas como base do radar. Em 1904, o inventor e físico alemão Christian Hülsmeyer usou pela primeira vez as ondas de rádio para descobrir a presença de objetos metálicos distantes, e, a partir de 1936, a Grã-Bretanha construiu uma série de estações de alerta precoce equipadas com radar. Capazes de perceber aviões a 160 km do litoral sul da Inglaterra, essas estações estavam ligadas a salas de controle centralizadas onde os dados eram analisados e depois usados para dar instruções aos caças.

Tecnologia aeronáutica

Desde o começo, a tecnologia aeronáutica sofreu inovação contínua. Assim, a partir da década de 1910, os motores refrigerados a água foram substituídos pelos refrigerados a ar, mais leves e confiáveis, enquanto alguns aviões passaram a ser feitos com uma liga de alumínio

A ECONOMIA MUNDIAL, 1930-39

O protecionismo foi um elemento fundamental da política econômica da década. A Lei Hawley-Smoot de 1930 aumentou as tarifas alfandegárias americanas e sufocou a demanda de importações. Outros estados seguiram o exemplo, causando um protecionismo mundial que, na chamada Grande Depressão, reduziu drasticamente o comércio mundial e, portanto, atingiu o sistema econômico que os Estados Unidos e a Grã-Bretanha dominavam. Enquanto os setores exportadores do mundo inteiro eram afetados pelo protecionismo dos mercados, o desemprego subia de forma substancial. Portanto, ao lado da queda da produção veio a depressão da demanda, que atingiu com intensidade os produtores de mercadorias na mineração, na exploração florestal e na agricultura. A América Latina foi especialmente afetada. O desemprego e a pobreza tiveram o seu papel na extensão dos saques durante a violência política, como no antissemitismo da Alemanha e da Áustria. Realmente, em certo aspecto o antissemitismo foi um gigantesco exercício de saque, embora houvesse muito mais coisa envolvida.

Ao mesmo tempo, o período viu o crescimento da produção de bens de consumo, notadamente carros, rádios e aparelhos elétricos. Além disso, a eletricidade foi considerada uma grande força de modernização econômica, como, por exemplo, na União Soviética. Lá e nos EUA se fez muito investimento em programas ambiciosos de construção de represas, como a Hoover Dam.

ACIMA
A Hoover Dam. Autorizada em 1928 e construída por 49 milhões de dólares em 1931-1936 no Black Canyon do rio Colorado, essa barragem de concreto de gravidade aliviada represa o lago Mead e fornece energia hidrelétrica e controle de cheias. Houve 112 mortes associadas à construção.

Tanto Stalin quanto Hitler apoiavam políticas protecionistas de autossuficiência econômica ou autarquia e se opunham ao sistema econômico internacional de livre-mercado centrado na Grã-Bretanha. Em 1931, Hitler afirmou: "O meu trabalho é impedir que os milhões de desempregados alemães caiam sob a influência comunista". Outros sistemas políticos autoritários fizeram a mesma declaração, como o Estado Novo de Vargas. A industrialização era um tema comum. Ao mesmo tempo, havia diferenças importantes: Hitler se dispunha a cortejar as empresas e pouco questionou as desigualdades sociais, enquanto a União Soviética se concentrava na propriedade estatal e na promoção social dominada pelo Estado.

As democracias como a Grã-Bretanha também se deslocaram rumo a mais protecionismo. O abandono do padrão-ouro — o câmbio de moedas em ouro com taxa fixa — foi outro aspecto do avanço rumo a padrões de valor nacionais e não internacionais.

Um aspecto da mudança dos valores econômicos foi a tendência geral contrária à imigração. Isso afetou os que buscavam oportunidades econômicas, mas também os que fugiam da perseguição, notadamente os judeus que buscavam com desespero sair da Alemanha e da Áustria.

que oferecia força e durabilidade. Nas décadas de 1920 e 1930, os principais avanços incluíram motores aperfeiçoados, combustível de alta octanagem e hélices de passo variável. A década de 1930 assistiu à difusão de evoluções importantes, como a construção metálica em monocoque, que deu aos aviões força e leveza: as cargas eram suportadas tanto pelo revestimento quanto pela estrutura. O trem de pouso retrátil (em vez de fixo) também aumentou a resistência. Surgiram os instrumentos para voo noturno e as cabines equipadas com rádio.

Os serviços aéreos comerciais tornaram-se um desafio para as ferrovias de longa distância. Eles também atravessaram os oceanos. Em 1938, a Itália criou o serviço aéreo de Roma ao Rio de Janeiro, via Lisboa e Cabo Verde.

O potencial do voo

O ritmo da evolução tecnológica avançou em várias direções. No discurso presidencial à Sociedade Americana de Foguetes, em 1931, David Lasser discutiu o potencial das granadas-foguetes, que podiam levar o seu próprio combustível, e dos aviões-foguetes, que voariam a mais de 4.800 km/h e ameaçavam "uma avalanche de morte". Na União Soviética, Konstantin Tsiolkovsky desenvolveu a teoria de voo de foguetes que incentivava o uso de propelentes líquidos. Em 1939, Igor Sikorsky, russo que emigrou para os Estados Unidos, desenvolveu o primeiro helicóptero bem-sucedido, o VS-300. Os alemães fizeram progresso com o desenvolvimento de bombas planadoras guiadas por rádio, que se tornaram operacionais em 1943, e os britânicos, alemães e italianos, com os aviões com motor a jato.

ACIMA
Projetado por Igor Sikorsky, o VS-300 foi o primeiro helicóptero de rotor de elevação único bem-sucedido nos Estados Unidos. No voo de teste de 1939, foi um dos primeiros helicópteros capazes de levar carga. O alcance era de 120 km e a autonomia, de 90 minutos.

CAPÍTULO 5

A SEGUNDA GUERRA MUNDIAL

1939-45

Em 9 de dezembro de 1941, depois do ataque japonês a Pearl Harbor dois dias antes, o presidente Roosevelt declarou: "Todos os continentes do mundo e todos os oceanos são agora considerados, pelos estrategistas do Eixo, um único e gigantesco campo de batalha". Na verdade, a Segunda Guerra Mundial foi um conflito global em grau não visto na Primeira e de escala sem precedentes na história do mundo. Essa guerra provocou danos terríveis a países da Europa e da Ásia oriental e foi a única até hoje em que se usaram armas atômicas. A guerra deixou um mundo em que os Estados Unidos eram, claramente, a maior potência. Também viu a União Soviética se tornar a principal potência da Eurásia. Cerca de 22 a 25 milhões de militares e 38 a 55 milhões de civis morreram.

O COMEÇO

Em geral, os europeus dão como início da guerra 1939, quando a invasão alemã da Polônia em 1º de setembro levou a Grã-Bretanha e a França, que tinham garantido a soberania polonesa, a entrarem em guerra com a Alemanha dois dias depois de Hitler se recusar a recuar. No entanto, na União Soviética a "Grande Guerra Patriótica" com a Alemanha começa em 22 de junho de 1941. Esse ano também traz a atenção americana; em 7

● **SEGUNDA GUERRA MUNDIAL**

7 de julho de 1937	O Japão invade a China
1º de setembro de 1939	A Alemanha invade a Polônia
17 de setembro de 1939	A União Soviética invade a Polônia
1939-1940	A União Soviética ataca a Finlândia na Guerra de Inverno
Abril de 1940	A Alemanha invade a Dinamarca e a Normandia
10 de junho de 1940	A Itália entra na guerra
14 de junho de 1940	Paris cai diante dos exércitos alemães
Julho-outubro de 1940	Batalha da Grã-Bretanha
Setembro de 1940 – maio de 1941	A Blitz
22 de junho de 1941	Hitler lança a Operação Barbarossa
7 de dezembro de 1941	O Japão ataca Pearl Harbor
8 a 15 de fevereiro de 1942	Batalha de Cingapura
4 a 7 de junho de 1942	Batalha de Midway
Agosto de 1942 a fevereiro de 1943	Batalha de Stalingrado
Outubro e novembro de 1942	Segunda batalha de El Alamein
Julho e agosto de 1943	Batalha de Kursk
6 de junho de 1944	As forças aliadas desembarcam nas praias da Normandia
23 a 26 de outubro de 1944	Batalha do golfo de Leyte
8 de maio de 1945	Rendição da Alemanha
6 a 8 de agosto de 1945	Bombardeio atômico de Hiroxima e Nagasaki
15 de agosto de 1945	Rendição do Japão

PÁGINA DUPLA ANTERIOR
As forças americanas desembarcam em Okinawa. A projeção do poder americano em escala até então sem precedentes no Pacífico ocidental foi uma inovação geopolítica fundamental da Segunda Guerra Mundial, que refletiu seu domínio naval duramente conquistado, a capacidade anfíbia e a superioridade aérea.

À ESQUERDA
A invasão alemã da Polônia em 1939 teve sucesso rápido em consequência da tomada de iniciativa contra uma defesa muito diluída, que ficou em desvantagem numérica ainda maior quando a União Soviética se uniu ao lado alemão.

de dezembro, o ataque japonês a Pearl Harbor forçou a entrada dos Estados Unidos na guerra, apesar do forte sentimento isolacionista.

Ainda assim, como discutido no capítulo anterior, a guerra em grande escala realmente começou com a invasão japonesa da China em 1937. Ela provocou a cadeia de eventos que levaria finalmente, com Pearl Harbor, à determinação de impedir que os Estados Unidos bloqueassem o domínio do Japão na Ásia Oriental. A incapacidade do Japão de derrotar a China, apesar de não ter de lutar com outros adversários, também prefigurou o fracasso da Alemanha de fazer o mesmo com a Grã-Bretanha e a União Soviética. Tanto a Alemanha quanto o Japão eram potências agressivas e expansionistas, e sua agressão deu o ritmo dos primeiros estágios da guerra.

Como na Primeira Guerra Mundial, a opinião de que a guerra foi um fracasso geral dos sistemas internacionais está errada. Ela também começou devido à agressão de potências específicas — Alemanha e Japão — que obtiveram benefícios valiosos e adicionais com a neutralidade dos Estados Unidos nos importantíssimos estágios iniciais. No entanto, o revisionismo nas discussões da origem da Primeira Guerra Mundial sugere o que pode acontecer com a Segunda. Especificamente, o revisionismo alemão está se acelerando de um modo que seria surpreendente trinta anos atrás.

OS SUCESSOS ALEMÃES DE 1939 A 1941

A conquista rápida da Polônia foi seguida por outros triunfos conseguidos a custo módico pelas forças alemãs. Em 1940, Dinamarca, Noruega, Luxemburgo, Países Baixos e França foram conquistados. As duas primeiras foram atacadas em 9 de abril, os outros em 10 de maio. Seguiram-se a Iugoslávia e a Grécia no início de 1941. Esses sucessos alemães deveram muito à tática de combinar as armas e à tomada operacional da iniciativa e da mobilidade, tudo resumido como *blitzkrieg* (guerra-relâmpago). Os avanços de tanques tiveram um papel dramático. Na prática, a má estratégia aliada também teve papel importante, notadamente a defesa de perímetros demasiado extensos (Polônia; Iugoslávia; a França deslocou tropas até a Bélgica), o posicionamento de reservas no lugar errado (França) e a reação lenta demais para o ritmo dos acontecimentos (França). Mesmo assim, o resultado líquido foi uma Alemanha que dominava a massa terrestre europeia a oeste da União Soviética. A França se rendeu em 22 de junho, e boa parte dela foi ocupada pela Alemanha, com uma pequena França parcialmente desmilitarizada governada por um regime pró-alemão estabelecido em Vichy.

Esse processo foi facilitado para a Alemanha pela aliança com os soviéticos de 1939 a 1941, sob o Pacto Ribbentrop-Molotov, nome dos ministros do Exterior. Na verdade, em 17 de setembro de 1939, de acordo com o pacto, os soviéticos invadiram a Polônia, embora a Grã-Bretanha e a França não lhe declarassem guerra. Em 1939 e 1940, os soviéticos também atacaram a Finlândia na "Guerra de Inverno", na qual, após fracassos iniciais, acabaram tendo sucesso; e, em 1940, anexaram as repúblicas bálticas e territórios da Romênia. Em cada caso, o tratamento da população foi violento, com matança em grande escala e deslocamento em grande escala de pessoas para campos de trabalho. Enquanto na Polônia os alemães agiam brutalmente de acordo com sua ideologia racista, na zona soviética a matança teve razões de classe. Isso não a torna melhor.

A GRÃ-BRETANHA CONTINUA LUTANDO

As forças britânicas foram derrotadas e expulsas do continente em 1940 (da Noruega e da França, desta última principalmente de Dunquerque) e 1941 (Grécia). Ainda assim, embora a Alemanha oferecesse os termos de paz, a Grã-Bretanha, sob o novo primeiro-ministro

PÁGINA AO LADO
Tanques italianos avançam na Batalha de El Alamein, no outono de 1942.

ABAIXO
A Blitz. A destruição das cidades britânicas, notadamente Londres, por bombardeiros alemães em 1940 e 1941 não teve efeito estratégico, porque não conseguiu abater o moral. A fotografia mostra o primeiro-ministro Winston Churchill examinando os danos.

Winston Churchill, continuou a lutar. A ajuda do império foi importantíssima na escala global, mas, ao rechaçar os ataques aéreos alemães na Batalha da Grã-Bretanha (1940) e ao se manter resoluta diante da campanha de bombardeio da Blitz (1940-1941), a Grã-Bretanha, em última análise, contou com seu próprio esforço. Ambas foram prejudiciais, mas não destruíram o moral dos civis nem serviram de substitutas da incapacidade alemã de montar uma invasão. Essa invasão, a Operação Leão Marinho, foi planejada em 1940, mas, como não conseguiram a superioridade aérea e marítima, os alemães, que não tinham feito preparativos adequados, tiveram de abandonar o plano. Em contraste, os Aliados estavam muitíssimo mais bem preparados quando invadiram a Normandia em 1944. Isso deixou a Alemanha, a partir do fim de 1940, com um inimigo na retaguarda enquanto se preparava para atacar a União Soviética, inimigo, contudo, incapaz de desafiar o domínio alemão na Europa.

A Batalha do Norte da África

As vitórias de Hitler na Europa ocidental incentivaram a Itália de Mussolini a entrar na guerra contra a França e a Grã-Bretanha em 10 de junho de 1940. Naquele ano, ele avançou para atacar as colônias britânicas, notadamente o Egito, a partir da colônia italiana vizinha da Líbia, assim como a Grécia a partir da Albânia, conquistada pela Itália em 1939. O fracasso total desses ataques levou à intervenção alemã para ajudar no início de 1941, no norte da África, na Grécia e também no Mediterrâneo, onde os britânicos tiveram bom resultado contra a marinha italiana.

Essa intervenção ajudou a rechaçar os britânicos no norte da África, embora em outras regiões os britânicos, com muito apoio das forças imperiais, notadamente da Austrália, da Índia, da Nova Zelândia e da África do Sul, tomaram da Itália a Eritreia, a Etiópia e a Somália, das forças de Vichy o Líbano, a Síria e Madagascar e, dos nacionalistas antibritânicos, o Iraque.

No total, essa foi uma realização formidável, que, embora receba atenção insuficiente, afetou a história subsequente de muitos países. A variedade de opções do Eixo se reduziu drasticamente com esses sucessos britânicos, notadamente a possibilidade de uma estratégia voltada à cooperação com o Japão.

Em meados de 1941, os alemães avançaram até estarem ao alcance do vale do Nilo. No entanto, os britânicos contiveram o avanço alemão antes de contra-atacar com sucesso no segundo semestre na Batalha de El Alamein. Os alemães recuaram pela Líbia até a Tunísia, também sob pressão de uma força quase toda americana que conseguira invadir o Marrocos e a Argélia em novembro, tomando-os das forças de Vichy. Na primavera (segundo trimestre) de 1943, afetados pelo avanço convergente dos adversários, os alemães da Tunísia foram derrotados e forçados a se render. Agora, a Itália estava vulnerável a invasões.

A FRENTE ORIENTAL, 1941-1943

Nisso, os alemães enfrentavam a possibilidade de fracasso na frente que, desde 22 de junho de 1941, era a mais importante: o conflito com a União Soviética. A Operação Barbarossa, ataque de surpresa cujos vários avisos Stalin ignorou, foi pensada para dar força à determinação de Hitler de destruir o comunismo e reformar a Europa em termos étnicos e políticos. Também assassinando civis, a princípio suas forças obtiveram grandes

ACIMA
As consequências destrutivas do ataque alemão à União Soviética ficam prontamente visíveis em todas as fotografias do conflito.

À ESQUERDA
Em Stalingrado, no fim de 1942, os alemães foram arrastados para uma luta insolúvel na qual o bombardeio pesado criou um terreno útil para a defesa. O contra-ataque soviético envolveu e destruiu a força alemã.

ABAIXO
Um petroleiro aliado atingido por um submarino alemão. A destrutividade da campanha de submarinos foi reduzida pela melhora dos Aliados na guerra antissubmarinos, pela construção aliada de navios, principalmente americana, e pelo uso de comboios.

sucessos, mas a insistência na vitória total significava que não havia possibilidade de paz negociada. Isso destacou o foco alemão no resultado, sob a forma de pessoas mortas e território conquistado, em oposição ao resultado sob a forma de um adversário forçado a aceitar a vontade do vitorioso.

Depois de conquistar muito território e matar ou capturar milhões, notadamente na Ucrânia, no início de dezembro de 1941 a resistência soviética mais intensa deteve o avanço alemão perto de Moscou e Leningrado, antes que o contra-ataque soviético deixasse bem clara a mensagem. O ímpeto do sucesso alemão foi totalmente destruído.

No entanto, ao atacar de novo em junho de 1942, embora, ao contrário de 1941, só com recursos suficientes para investir no sul, os alemães obtiveram novos ganhos, notadamente avançando pelo Cáucaso na busca de obter o controle dos campos de petróleo da região. No entanto, mais para o norte, naquele outono os alemães foram levados ao conflito de atrito na cidade de Stalingrado, junto ao rio Volga, antes que suas tropas fossem destruídas, no inverno de 1942-1943, num ataque envolvente de surpresa. Cercado, o Sexto Exército foi eliminado. O destino da guerra na Frente Oriental continuava pouco claro no início de 1943, com os alemães finalmente lidando com uma nova frente. Mesmo assim, embora ainda ocupassem boa parte da União Soviética, claramente os alemães iam mal.

A SEGUNDA GUERRA MUNDIAL, 1939-45   125

A GUERRA NO MAR

A tentativa dos alemães de bloquear a Grã-Bretanha e assim forçá-la a se render foi mais grave do que na Primeira Guerra Mundial, pois a conquista da Noruega e da França em 1940 lhes ofereceu bases para submarinos e embarcações de superfície para chegar ao Atlântico. Os britânicos sofreram pesadas baixas com os ataques de submarinos, mas os comboios foram adotados com mais rapidez do que na guerra mundial anterior, o que garantiu que os suprimentos continuassem a atravessar o oceano. Os navios de superfície alemães, notadamente o encouraçado *Bismarck* em 1941, foram afundados, e a entrada dos Estados Unidos na guerra em dezembro de 1941 ajudou muito o combate aos submarinos, devido, em parte, à escala da construção de navios. Os submarinos causaram impacto tático e operacional, mas sem uma equivalência estratégica crucial.

OS ESTADOS UNIDOS ENTRAM NA GUERRA

A determinação do Japão de interromper as rotas de suprimento do *Kuomintang* e confiscar recursos como o petróleo foi incentivada pela fraqueza dos impérios ocidentais em consequência das vitórias de Hitler. Agora, as colônias britânicas, holandesas e francesas estavam vulneráveis. Também foi tomada a decisão de atacar os Estados Unidos para

ABAIXO
Pearl Harbor. O ataque aéreo de surpresa à frota americana no Pacífico foi uma derrota estratégica, pois só deu aos japoneses uma vantagem de curto prazo sobre a maior economia do mundo. A operação também foi mal realizada, porque as principais instalações americanas na ilha não foram destruídas.

impedi-los de interferir com esse expansionismo, notadamente a partir de sua colônia das Filipinas e da base de Pearl Harbor, no Havaí. Num ataque sem aviso em dezembro de 1941, os japoneses iniciaram a guerra no Pacífico. Ela se ampliou porque Hitler, em auxílio a seu aliado, o Japão, também declarou guerra aos Estados Unidos.

O AVANÇO JAPONÊS

Os japoneses obtiveram conquistas rápidas e importantes, notadamente Hong Kong, Malásia, Cingapura e Birmânia dos britânicos, assim como as Índias Orientais holandesas (a moderna Indonésia), as Filipinas e as bases americanas no Pacífico ocidental, tudo isso até o fim de maio de 1942. A perda de Cingapura e de um grande exército foi muito humilhante para a Grã-Bretanha. Os aviões japoneses operaram (brevemente) sobre o leste da Índia e o norte da Austrália, e houve preparativos apressados aqui e ali para resistir a invasões. No caso, o avanço do Japão causou uma grande pressão sobre os recursos do país, e a perda de quatro porta-aviões nas mãos dos bombardeiros de mergulho na Batalha de Midway, em junho de 1942, deu fim aos ousados esquemas ofensivos japoneses no Pacífico. Os americanos começaram a longa luta de revide quando intervieram contra os japoneses em Guadalcanal e nas Ilhas Salomão, dando início ao combate árduo nas selvas que marcou a grande virada.

ACIMA
Em 1942, os americanos desembarcam em Guadalcanal, nas ilhas Salomão, estágio fundamental do início da luta contra os japoneses. Depois de um conflito intenso na selva quente, úmida e infestada de doenças, os americanos foram vitoriosos.

AS FERRAMENTAS DA GUERRA

A mobilidade dominava as imagens da guerra: tanques em terra, porta-aviões no mar, aviões no ar. O número construído não tinha precedentes, e seu habilidoso uso tático trouxe a oportunidade de impacto operacional e efeito estratégico. Ao mesmo tempo, sistemas de armas menos dramáticos também tiveram impacto fundamental, notadamente a artilharia, que foi a arma que mais matou na guerra, como também aconteceu na guerra mundial anterior.

O mesmo se aplicou ao mar, onde a ênfase compreensível na importância de porta-aviões assegurou a subestimação do valor constante dos encouraçados, principalmente no bombardeio de alvos costeiros em apoio a invasões. Os submarinos alemães não conseguiram fazer a Grã-Bretanha passar fome, mas os submarinos americanos se mostraram extremamente eficazes contra o Japão, atingindo a articulação militar e econômica do sistema imperial.

O valor dos números garantiu que as armas produzidas em massa, como os tanques T-34 soviético e o Sherman americano, fossem importantíssimas. Na verdade, eram armas mais úteis do que os tanques alemães, notadamente o Tiger 1, o Tiger 2 e o Panther, que, embora individualmente tivessem melhores especificações, não podiam ser produzidos com tanta rapidez em grande número e também sofriam de problemas graves de manutenção. O foco nos tanques levou à subestimação da eficácia dos canhões anticarro, mais baratos e fáceis de usar. Havia espaço para o aprimoramento dos sistemas de armas, assim como para o desenvolvimento bem-sucedido de caças de longo alcance pelos americanos, notadamente o Mustang. Estes se mostraram importantes para a viabilidade da campanha anglo-americana de bombardeio em grande escala da Alemanha. O emprego de lanchas de desembarque motorizadas aumentou o alcance dos alvos das forças anfíbias. Em consequência, as forças aliadas conseguiram desembarcar em praias, sem ter de capturar portos.

A guerra viu o uso de novas armas pelos alemães, sobretudo foguetes e aviões a jato. No entanto, só o uso americano de armamento atômico teve a capacidade de transformar a situação. O desenvolvimento refletiu a sofisticação, a escala e os recursos da economia do conhecimento e a capacidade do governo americano de direcionar muitos recursos para apoiar o projeto.

ABAIXO
Os alemães concentraram o desenvolvimento dos tanques em modelos com muitas especificações, como o Tiger 2 (visto abaixo), mas os americanos e soviéticos tiveram mais sucesso na produção de um número muito maior de tanques mais simples e duráveis.

1943: OS ALIADOS REVIDAM

Detidos em 1942 em Midway, El Alamein e Stalingrado, nessa ordem, os alemães e japoneses ainda controlavam extenso território. Em 1943, os Aliados revidaram em várias frentes, montando ofensivas, embora boa parte de seu esforço se dedicasse a preparar mais ataques importantes no ano seguinte. A produção e o treinamento foram elementos-chave. Os americanos forçaram o perímetro do império japonês no Pacífico e ganharam experiência valiosa em operações anfíbias. Na Batalha de Kursk, os soviéticos derrotaram a última grande ofensiva alemã na Frente Oriental e expulsaram os alemães do leste da Ucrânia. Os britânicos e americanos atacaram a Itália, conquistaram a Sicília e desembarcaram no continente, causando a queda do governo de Mussolini. Então, enfrentaram firme resistência quando os alemães intervieram.

No mar, a Batalha do Atlântico contra os submarinos alemães foi vencida em maio. Isso embasou o acúmulo seguro de recursos aliados na Grã-Bretanha para preparar o início da "segunda frente" com a invasão da França. Os soviéticos pressionavam muito por isso. Os Aliados se comprometeram com a rendição incondicional das forças do Eixo, pensada para impedir qualquer paz em separado entre os combatentes.

O HOLOCAUSTO

"Esta não é a Segunda Guerra Mundial, esta é a Grande Guerra Racial", declarou o importante líder nazista Hermann Göring em outubro de 1942. O ódio paranoico e assassino de Hitler aos judeus levou a uma política de genocídio para matar todos os judeus e dar fim ao judaísmo. Em abril de 1943, Hitler forçou o almirante Horthy a mandar os judeus para os campos de extermínio, afirmando que deveriam ser "tratados como bacilos da tuberculose". Uma noção pervertida de saúde pública teve papel importante no ódio histérico de Hitler.

Mais de seis milhões de judeus foram chacinados, entre eles três milhões de ju-

À ESQUERDA
As forças soviéticas avançam na Batalha de Kursk, onde um ataque alemão às linhas bem preparadas foi derrotado e seguido por um contra-ataque eficaz. A infantaria soviética frequentemente avançava ao lado dos tanques.

deus poloneses. A peça central era uma série de campos de extermínio, notadamente Auschwitz II, onde se usou gás venenoso para matar mais de um milhão de pessoas. Além disso, muitos judeus foram mortos por unidades das SS que avançavam com as tropas alemãs, notadamente na União Soviética. Ao lado do massacre alemão, houve colaboração ativa de muitos, inclusive em estados aliados, como a Croácia, a Romênia, a Eslováquia e a França de Vichy, além das autoridades civis nas áreas ocupadas. Os judeus eram apresentados como estrangeiros perigosos que tinham de ser exterminados, uma total distorção. Os massacres japoneses na China foram horrendos, mas não houve nada na escala do Holocausto nem com a mesma intenção. Outro genocídio foi voltado contra os romas (ciganos).

A FRENTE DOMÉSTICA

A pressão sobre as frentes domésticas foram novamente agudas, mas a experiência da Primeira Guerra Mundial e a ideologia totalitária da Alemanha e da União Soviética tornaram muito mais rápida a mobilização para a guerra. Portanto, na Grã-Bretanha e nos Estados Unidos, o alistamento obrigatório foi adotado desde o princípio. Os britânicos e soviéticos tiveram bastante sucesso em pôr boa parte da população feminina na força de trabalho, enquanto na Alemanha e no Japão houve um certo grau de relutância. O uso de trabalhos forçados por esses dois países foi duro e nem sempre bem-sucedido. Havia quase seis milhões de trabalhadores estrangeiros registrados no Grande Reich alemão em agosto

ABAIXO
O trabalho forçado usado pelos alemães durante a Segunda Guerra Mundial foi um aspecto importante da exploração e substituiu o grande número de homens alemães nas forças armadas.

À ESQUERDA
Cartaz americano chama a atenção para um aspecto da guerra total: a necessidade de considerar a comida um recurso vital e, portanto, uma arma. Os cartazes serviram para mobilizar a opinião pública.

de 1944; combinados aos prisioneiros de guerra, eles representavam metade da força de trabalho na agricultura e na fabricação de munição. O Japão também usou trabalhos forçados em grande escala, notadamente na Coreia, na China, nas Índias Orientais holandesas e na Birmânia, com muita violência. A maior parte dessa mão de obra era para a construção civil e a atividade econômica, embora a escravidão sexual também fosse um grande problema. Além da matança deliberada de civis, a dura política de ocupação, notadamente o confisco de alimentos, podia causar pesadas baixas, como aconteceu nos Países Baixos no inverno de 1944-1945, quando dezenas de milhares de civis holandeses morreram devido ao confisco alemão de suprimentos alimentares. A Alemanha aplicou a mesma política no norte da Noruega.

A União Soviética tratava sua população com dureza. O controle era total. Toda a população de tártaros da Crimeia — estimados em 191.000 indivíduos — foi deportada para a Ásia central soviética em maio de 1944, como punição pela suposta colaboração com os ocupantes alemães da Crimeia em 1942-1944. Eles foram embarcados em vagões de trem e lá mantidos em condições apinhadas e insalubres. Muitos morreram na viagem de um mês. Estima-se que cerca de 108.000 tártaros da Crimeia morreram de fome, frio e doenças durante o exílio. Muitos foram usados como mão de obra forçada nos algodoais e surrados por supervisores quando não cumpriam as cotas.

O *front* doméstico ficou mais urgente para muitos estados devido ao pesado bombardeio, que causou grande número de baixas, embora isso só provocasse um resultado decisivo no caso da bomba atômica no Japão. Mesmo nas potências

A SEGUNDA GUERRA MUNDIAL, 1939-45 **131**

À ESQUERDA
Membros da campanha antibritânica Quit India bloqueiam uma ferrovia em 1945. Os seus protestos atrapalharam o esforço de guerra contra o Japão, que incentivou uma resposta robusta das autoridades. As prisões em massa causaram o fracasso da campanha, mas os políticos britânicos tinham consciência da necessidade de pensar em novas opções no pós-guerra.

PÁGINA AO LADO
Uma combatente da resistência francesa em 1944. As mulheres tiveram papel importante nos movimentos de resistência que se opuseram ao controle alemão e japonês, embora esses movimentos tivessem menos impacto militar do que as campanhas na frente de batalha.

totalitárias, isso refletia a noção de que o apoio popular tinha de ser conquistado, mas também era um aspecto da reeducação do público, que ia dos hábitos alimentares às metas políticas. Cartazes, filmes, rádio, jornais e fotografias foram usados para recrutar, aumentar a produção, motivar e auxiliar o racionamento e a conservação de recursos, e ligavam o *front* doméstico à linha de frente.

A preocupação com o moral dos civis levou ao grande foco na propaganda, que assegurou a ênfase importante nas ideologias dominantes e também em mitos nacionais sobre o passado. Assim, Stalin reforçou a Mãe Rússia tanto quanto o comunismo e, no cinema, buscou exemplos históricos de nacionalidade valente, abordagem também adotada na Grã--Bretanha e na Alemanha, como no caso de *Kolberg* (1945), épico alemão concentrado num episódio heroico de 1807. A confiança na reação popular, contudo, era menos acentuada do que indicava o foco da propaganda da união em tempo de guerra. Os nazistas, por exemplo, tiveram de enfrentar a falta de comemorações populares quando a guerra começou. Na Grã-Bretanha, houve greves de sindicalistas, sobretudo na época em que a União Soviética estava aliada à Alemanha. Na Itália, o descontentamento público teve seu papel na crise que levou à derrubada de Mussolini em 1943.

Índia

A guerra revelou as tensões do controle britânico da Índia. O exército era leal e,

realmente, foi o maior exército voluntário da história. Contra o Japão, o exército se tornou cada vez mais profissional e extremamente eficaz entre 1943 e 1945. A indianização durante a guerra, sobretudo nos postos de comando, foi um aspecto do potencial impressionante da Índia britânica.

Mas, em 1942, o Partido do Congresso, devido em parte à raiva com o compromisso do vice-rei de pôr a Índia em guerra contra o Eixo em 1939 sem consultar os líderes nacionalistas, lançou a campanha "Quit India" ("saiam da Índia") contra o domínio britânico. Trilhos de ferrovias foram arrancados e a comunicação com a linha de frente contra os japoneses na Birmânia se desintegrou diante da grande escala da campanha de total desobediência civil. A maior parte da polícia e do governo civil indiano permaneceu passiva, e o governo teve de mobilizar soldados e prender mais de cem mil pessoas.

A resistência e a imagem que deixou

O *front* doméstico era muito diferente nos territórios ocupados por conquistadores estrangeiros hostis. O preconceito racial fez com que isso fosse especialmente cruel no caso dos alemães na Europa oriental e dos japoneses na China. A resistência foi muito forte na Polônia, na Iugoslávia e na Rússia ocupada. Apesar da grande crueldade, os alemães não conseguiram esmagar a resistência na Iugoslávia, mas sufocaram com brutalidade o levante do Gueto de Varsóvia e o Levante de Varsóvia em 1944.

Mas a crueldade não se encontrava só lá. A prática alemã de fuzilar grande número de civis quando soldados alemães eram mortos também foi usada na Europa ocidental. Os números envolvidos na resistência violenta em relação a outras formas variaram, principalmente devido a política, sociedade, terreno e cobertura natural local e às exigências alemãs. A resistência podia demorar para se organizar e se armar, mas, como na França a partir de 1942, minou as tentativas de colaboração e, na verdade, de coexistência.

Depois da guerra, os relatos da resistência foram importantes para os debates sobre política e identidade. Assim, na França os comunistas se concentraram em elogiar a Resistência, enquanto Charles de Gaulle dirigia a atenção para o exército regular e o Estado.

1944: REPETE-SE O SUCESSO ALIADO

A pressão sobre a Alemanha e o Japão aumentou muito em consequência das repetidas vitórias aliadas. As mais importantes foram os avanços soviéticos na Polônia e em boa parte dos Bálcãs, que reconfiguraram o controle da maior parte da Europa oriental. Arrasado por essas derrotas, principalmente na Operação Bagration, de junho a agosto, na qual o Grupo de Exércitos Centro da Alemanha foi derrotado pelos soviéticos com baixas numerosíssimas, o exército alemão não estava em condições de reagir ao sucesso anglo-americano na invasão da Normandia em 6 de junho, o Dia D. Os alemães foram derrotados na subsequente Batalha da Normandia, e os Aliados liberta-

ACIMA
Soldados alemães atravessam a estrada e passam por veículos americanos em chamas durante a segunda batalha das Ardenas, em dezembro de 1944.

ram a França e a Bélgica. Mas o avanço aliado foi detido pelos alemães perto da fronteira alemã e nos Países Baixos, onde uma força britânica aerotransportada foi derrotada em Arnhem. O fato de os alemães lutarem refletia a ferocidade e o fanatismo do regime e o apoio que tinha na maior parte do exército. Em dezembro, os alemães lançaram um contra-ataque, a segunda Batalha das Ardenas. A ideia era provocar tantas baixas entre americanos e britânicos que eles seriam forçados a fazer a paz em separado, mas o fracasso foi total. Ao atacar as Ardenas como em 1940, os alemães obtiveram um sucesso inicial graças à surpresa e ao grande efetivo, mas logo foram detidos e vencidos.

No Pacífico, a marinha japonesa foi arrasada pelas derrotas nas Marianas e no golfo de Leyte, com os porta-aviões tendo o papel principal, enquanto os americanos desembarcavam tropas nas Filipinas. Os japoneses obtiveram grandes ganhos no sul da China, mas não conseguiram derrotar os britânicos na fronteira entre a Birmânia e a Índia.

Aviões americanos e britânicos aumentaram o bombardeio da Alemanha, o que provocou graves danos à economia de guerra. Mais tarde, o número de civis mortos no bombardeio seria alvo de críticas, mas as bombas também ajudaram a prejudicar o moral alemão e foram uma reação compreensível aos bombardeios alemães, inclusive os ataques com os foguetes V-1 e o mais fatal V-2 a partir de 1944.

À DIREITA
A nuvem em forma de cogumelo sobre Nagasaki. O uso americano de bombas nucleares, fundamental para convencer o Japão a se render e, portanto, salvar muitas vidas americanas e japonesas, marcou a nova capacidade sem precedentes da máquina de guerra americana.

1945: VITÓRIA

A invasão da Alemanha pelas forças aliadas causou a rendição incondicional depois que os soviéticos capturaram Berlim e Hitler se suicidou. Enquanto isso, as tropas britânicas e americanas avançavam lutando pelo Reno e ocupavam a Alemanha ocidental.

As bombas atômicas

Não houve invasão comparável do Japão. Em vez disso, a combinação da capacidade industrial americana com o novo armamento sob a forma de bombas atômicas assegurou a rendição incondicional do país. Na Conferência de Potsdam, perto de Berlim, os líderes aliados, depois de derrotar a Alemanha, divulgaram em 26 de julho de 1945 a Declaração de Potsdam, que exigia rendição incondicional, ocupação do Japão, perda das possessões ultramarinas do Japão e o estabelecimento da democracia. A alternativa ameaçada era a "pronta e total destruição". O governo japonês decidiu ignorar a declaração, que viram como ultimato político.

As pesadas baixas americanas na captura das ilhas de Iwo Jima e Okinawa, no início do ano, sugeriram que o uso das bombas atômicas seria necessário para superar a determinação suicida de continuar lutando e obter a rendição incondicional.

O lançamento das bombas atômicas em 6 e 9 de agosto levou à morte de 280.000 pessoas ou mais, na hora ou, mais tarde, pelo envenenamento por radiação. Em 14 de agosto, o Japão concordou em se render incondicionalmente. Se a guerra continuasse, o bombardeio e a invasão matariam muito mais.

O Japão também estava sob pressão do avanço das forças americanas, britânicas e soviéticas. Estas últimas tinham conquistado a Manchúria e avançavam para a Coreia. As forças britânicas planejavam invadir a Malásia.

Derrotados, tanto a Alemanha (inclusive a Áustria) e o Japão ficaram sob ocupação militar. Os líderes alemães e japoneses foram julgados, os alemães em Nuremberg. Alguns foram executados. Subsequentemente, haveria reclamações ridículas sobre a "justiça dos vitoriosos" imposta àqueles assassinos em massa que iniciaram a mais destrutiva das guerras.

1939-1945: A ECONOMIA ESSENCIAL E A MOBILIZAÇÃO AMERICANA

A principal economia de guerra, o "arsenal da democracia", nas palavras de Roosevelt, foram os Estados Unidos. Durante a guerra, a indústria americana se desenvolveu rapidamente, num dos saltos econômicos mais drásticos do século, com os americanos mobilizando os seus recursos com muito mais rapidez e extensão do que na Primeira Guerra Mundial. Com uma recuperação da Grande Depressão em grau muito mais alto do que até então, a capacidade produtiva geral do país aumentou cerca de 50% entre 1939 e 1944. Esse grande crescimento teve importância duradoura para a economia americana, o que indicava a relação íntima entre as circunstâncias nacionais e internacionais.

A dinâmica do acúmulo de recursos americano baseava-se, em parte, no capitalismo pouco regulamentado, e não na coação empregada pelas sociedades totalitárias. Com relações frias

ACIMA
As técnicas de produção em massa foram aplicadas com sucesso especial pelos Estados Unidos, já o maior fabricante do mundo.

com grande parte das empresas na década de 1930, agora Roosevelt recorreu a elas para criar uma máquina de guerra. A Diretoria de Recursos de Guerra foi criada em 1939 para preparar a indústria para o combate. O Escritório de Gestão da Produção, comandado por William Knudsen, presidente da importante fabricante de automóveis General Motors, se seguiu em 1941. As atitudes e técnicas da linha de produção se concentraram na guerra, e o processo deu certo. Na verdade, produziram-se 186 bilhões de dólares em munições, além de infraestrutura para transportá-las. Em consequência, em 1943-1944 os EUA eram responsáveis por cerca de 40% da produção mundial total de munição e, sozinho, superava as potências do Eixo, além de oferecer tanques, aviões e outras armas aos Aliados, em parte por meio de sistemas de empréstimos, como os Empréstimos e Arrendamentos à Grã-Bretanha. De 1939 a 1945, os Estados Unidos produziram mais de 300.000 aviões, comparados a 125.000 da Grã-Bretanha, outros tantos da Alemanha, 99.000 da União Soviética, 65.000 do Japão e 13.500 da Itália.

A produção de munição dos Estados Unidos se baseou numa revolução industrial mais ampla. Em 1944, o país produziu 90 milhões de toneladas de aço, cerca de metade da produção mundial total. Dos 42 milhões de toneladas de embarcações construídos pelos Aliados durante a guerra, a maior parte era americana. Muitos eram "navios da liberdade", geralmente construídos em dez dias usando componentes pré-fabricados em linhas de produção. A capacidade organizacional de gerenciar projetos em grande escala e adotar novos processos de produção foi importante; por exemplo, era mais rápido fazer navios com solda do que com rebites. Apesar de perder 1.443.802 toneladas de petroleiros, principalmente para os submarinos alemães, a tonelagem da frota de petroleiros americanos subiu de 4.336.000 toneladas em 1942 para 13.100.000 em 1945.

A flexibilidade da sociedade americana ajudou diretamente, inclusive com a atitude positiva perante a entrada das mulheres na força de trabalho. Assim, no final de 1944, mais de 15% dos operários da indústria naval eram mulheres. Grandes mudanças da geografia da população e da economia americana vieram do desenvolvimento da produção de guerra, principalmente de aviões e navios. A população dos estados de Washington, Oregon e, especificamente, da Califórnia, onde ficavam muitas fábricas, cresceu muito; no fim da guerra, oito milhões de pessoas tinham se mudado permanentemente para outros estados, inclusive afro-americanos do Sul atrás de emprego na indústria, notadamente no Meio-Oeste e no litoral do Pacífico. Em consequência da guerra, os Estados Unidos se tornaram uma sociedade mais voltada para o Pacífico, embora o núcleo atlântico e do Meio-Oeste da economia americana permanecesse fundamental.

O país se beneficiou de uma infraestrutura econômica já sofisticada. Superou as divisões internas da década de 1930 e criou um consenso político voltado à produtividade que trouxe grande força internacional. Os recursos, compromissos e papéis do governo federal cresceram muito, e os impostos e os gastos do governo subiram de forma substancial, estes últimos chegando a 317 bilhões de dólares, quase 90% aplicados na guerra. Com boa parte do resto do mundo em ruínas ou endividada, em 1950 os americanos estavam em posição dominante, com mais de 50% da riqueza mundial e 60% das suas reservas de ouro, embora representassem apenas 6% da população do planeta.

O pleno emprego e os bons salários da época da guerra ajudaram a estimular o otimismo da sociedade americana, que, realmente, sofreu bem menos do que as outras principais sociedades, principalmente porque a ocupação estrangeira e os bombardeios se limitaram às possessões no Pacífico. Ao contrário das outras grandes economias, a indústria americana se beneficiou muito por estar fora do alcance dos ataques aéreos. O legado da guerra incluiu a opinião de que os Estados Unidos eram a maior potência e assim deveriam permanecer. Essa opinião teve grande consequência em termos dos pressupostos que ajudaram a estruturar o papel americano na Guerra Fria e a disposição dos americanos a sustentar essa luta.

ACIMA
O SS Jeremiah O'Brien, um Navio da Liberdade. A indústria naval americana fez um esforço logístico para apoiar a guerra mundial e, portanto, foi uma base fundamental da estratégia aliada.

PLANEJAMENTO DO MUNDO DO PÓS-GUERRA

Todas as potências travaram a guerra enquanto também planejavam a situação posterior. Isso exigia uma série de planos e projetos, das relações internacionais ao policiamento doméstico. Hitler via a Alemanha como o centro de um poder mundial capaz de dominar boa parte do globo. Com esse fim, ele demoliu partes de Berlim para criar uma *Hauptstadt Germania* que seria uma capital adequada para esse estado. Na prática, a grandiloquência dos planos refletia a falta de humanidade que estava no centro da política nazista.

Por sua vez, Stalin tinha se convencido de que o capitalismo estava condenado. O seu pressuposto de que a Grande Aliança dos tempos de guerra não poderia se sustentar depois, em si quase a definição da profecia que se cumpre por existir, o deixou decidido a ampliar a esfera de influência soviética, além de obter controle territorial direto com anexações que limitassem o risco de qualquer ataque súbito comparável ao da Alemanha em 1941.

Em resposta, os britânicos quiseram limitar os ganhos soviéticos na Europa oriental, notadamente os obtidos às custas da Polônia, mas o controle soviético em terra se mostrou decisivo nesse e em outros casos. Ao mesmo tempo, os britânicos queriam manter a União Soviética na guerra e assegurar que os Estados Unidos apoiassem o acordo de paz, ao contrário do que aconteceu depois da Primeira Guerra Mundial. Desconfiado dos alertas de Churchill, Roosevelt foi ingênuo quanto às intenções de Stalin. No entanto, o papel da Grã-Bretanha na formulação da política aliada se corroeu a partir de 1942 e, mais ainda, de 1944, pela força econômica, poder militar e sucesso maiores de seus aliados.

A Conferência de Ialta

A afirmação de que Roosevelt e Churchill venderam a Europa oriental a Stalin, principalmente a Polônia, na Conferência de Ialta em fevereiro de 1945 ignora até que ponto a Europa oriental já estava ocupada pelas forças soviéticas. Ainda assim, essa afirmação registra a controvérsia posterior sobre o acordo de paz, notadamente quando o domínio comunista da Europa oriental desmoronou em 1989. Então, a guerra passou a ser vista, principalmente na Europa oriental, como muito mais negativa em seu resultado do que se defendia até então.

À ESQUERDA
A Conferência de Ialta. A última reunião dos três principais personagens aliados assistiu à aceitação relutante do domínio soviético sobre a maior parte da Europa oriental.

CAPÍTULO 6
O NASCIMENTO DO MUNDO DO PÓS-GUERRA

1945-56

O fato de a Segunda Guerra Mundial ser seguida por uma luta pela dominação entre os sistemas de alianças sob liderança americana e soviética foi tão inevitável quanto a percepção rápida de que os sistemas coloniais europeus teriam problemas graves e possivelmente terminais. O contexto era a grande recuperação da economia mundial depois da guerra. Outro elemento-chave foi o *"baby boom"*, que acabaria por fornecer muita mão de obra para sustentar o crescimento econômico e pressionar por mudanças sociais, mas também provocaria desafios ambientais. O modernismo foi um tema que gerou novas instituições, notadamente as Nações Unidas, e influenciou as artes, como na dissonância musical e na arquitetura de vidro e concreto de Le Corbusier e Mies van der Rohe.

A CRIAÇÃO DAS INSTITUIÇÕES GLOBALIZADAS

Como planejado pelos americanos, a guerra levou a uma nova infraestrutura internacional. A mais famosa seria a Organização das Nações Unidas (ONU), pensada como substituta mais viável à Liga das Nações, principalmente porque os Estados Unidos seriam membros. Em 1943, os Estados Unidos, a União Soviética, a Grã-Bretanha e a China (nacionalista, do *Kuomintang*), concordaram com a Declaração de Moscou sobre Segurança Geral, com a criação de "uma organização internacional geral, baseada no princípio de igualdade soberana". A resultante Organização das Nações Unidas foi criada em 1945. Os vitoriosos da guerra formaram o Conselho de Segurança das Nações Unidas: Estados Unidos, União Soviética, Grã-Bretanha, França e China. Em 1948, a Assembleia Geral da ONU aprovou a Declaração dos Direitos Humanos.

Houve também a criação de uma infraestrutura econômica internacional para evitar outra Grande Depressão. Sob os Acordos de Bretton Woods, de 1944, agências monetárias apoiadas pelos americanos, o Fundo Monetário Internacional e o Banco Mundial (ambos com sede nos EUA, como a ONU), foram criadas para ter papel ativo no fortalecimento do sistema financeiro global. O livre-comércio foi sustentado ativamente como parte de uma ordem econômica liberal e favorecido pela descolonização dos impérios europeus, apoiada pelos Estados Unidos, e pela criação de estados capitalistas independentes que, provavelmente, buscariam a liderança americana. O Acordo Geral sobre Tarifas e Comércio (GATT), assinado em 1947, deu início a um grande corte de tarifas que aos poucos restabeleceu o livre comércio e o ajudou a se expandir. Isso também foi visto como um modo de isolar as potências comunistas.

PÁGINAS ANTERIORES
Sede da ONU. Situada em Nova York, a Organização das Nações Unidas refletiu uma meta dos aliados durante a guerra, mas se tornou um campo de batalha da Guerra Fria depois que a aliança desmoronou. As sedes do Banco Mundial e do Fundo Monetário Internacional, novas instituições da ordem do pós-guerra, também ficam nos Estados Unidos.

● A CHEGADA DA GUERRA FRIA

4 a 11 de fevereiro de 1945	Roosevelt, Churchill e Stalin se encontram na Conferência de Ialta
12 de março de 1947	Anunciada a Doutrina Truman
5 de janeiro de 1949	Criado o Comecon
3 de abril de 1948	Começa o Plano Marshall
24 de junho de 1948	Começa o Bloqueio de Berlim
4 de abril de 1949	Criada a OTAN
25 de junho de 1950	Começa a Guerra da Coreia
18 de fevereiro de 1952	A Grécia e a Turquia entram na OTAN
14 de maio de 1955	Criado o Pacto de Varsóvia

144 CAPÍTULO 6

À ESQUERDA: *Cartaz que defende o Plano Marshall. O auxílio americano à Europa foi visto como um modo de resgatá-la da devastação da guerra e do comunismo, e essa reação ajudou a traçar as linhas da Guerra Fria.*

A GUERRA FRIA NA EUROPA

Enquanto isso, com boa parte da Europa deixada em ruínas pela guerra, a União Soviética aproveitou o domínio militar da Europa oriental conquistado em 1944-1945 para impor seu controle. Não haveria recuperação da independência para Estônia, Letônia e Lituânia; cerca de 48% da Polônia do pré-guerra se perdeu para a União Soviética, assim como o norte da Prússia Oriental e territórios da Tchecoslováquia e da Romênia. Além disso, criaram-se regimes comunistas em toda a Europa oriental. As forças guerrilheiras anticomunistas foram derrotadas e suprimidas com violência, sobretudo nas províncias bálticas, na Ucrânia e na Polônia. As prisões e torturas em massa foram amplamente usadas pelas autoridades comunistas, e os campos de concentração nazistas foram reabertos para receber os presos do domínio comunista. Esses passos confirmaram a afirmativa

de Churchill de 5 de março de 1946, em Fulton, no estado americano de Missouri, de que uma "Cortina de Ferro" descera do Báltico ao Adriático.

As exceções foram a Finlândia, forçada ao neutralismo pela União Soviética, e a Grécia, onde a tentativa comunista de tomar o poder foi derrotada em 1949. Os monarquistas de lá tiveram apoio britânico, que, a partir de 1947, sob a Doutrina Truman daquele mês de março para deter a disseminação do comunismo, foi substituído pelo dos Estados Unidos. Os americanos forneceram armamento e assessores.

Em termos mais gerais, o papel americano seria completamente diferente do que foi depois da Primeira Guerra Mundial, e houve destacado intervencionismo. As forças americanas estiveram presentes na ocupação da Alemanha e da Áustria. Também houve a preocupação de impedir o apoio aos comunistas, que crescia na Europa ocidental. A consciência, já demonstrada com a criação do FMI, do Banco Mundial e do GATT, de que o fracasso econômico, como no caso da Grande Depressão, era a principal causa do extremismo político levou os americanos, no Plano Marshall de

1947, a oferecer 13 bilhões de dólares em auxílio à reconstrução econômica, o que também possibilitou resolver o grande déficit comercial entre europeus e americanos. Por ver esse plano como um meio de influência americana, o que era mesmo, os comunistas rejeitaram a ajuda, que, contudo, foi aceita pela Europa ocidental. O resultado foi uma divisão da Europa em termos de vinculação econômica e financeira que acompanhou o cisma geopolítico e militar.

Em 1948-1949, a linha de frente se consolidou. O bloqueio de Berlim Ocidental, projetado para deixá-la sob controle comunista, foi frustrado pelo sucesso da ponte aérea anglo-americana para levar suprimentos em grande escala. No entanto, um golpe de Estado provocou o controle comunista da Tchecoslováquia em 1948, levando mais para oeste a presença comunista e ameaçando a segurança da zona de ocupação americana no vizinho sul da Alemanha.

Por sua vez, a preocupação americana levou os Estados Unidos a se tornarem, em 1949, membros fundadores da Organização do Tratado do Atlântico Norte (OTAN), que criou um arcabouço de segurança para a Europa ocidental que vinculava os Estados Unidos e o Canadá aos estados europeus ocidentais, menos a Espanha fascista. As bases na Grã-Bretanha com aviões americanos car-

PÁGINA AO LADO
A Ponte Aérea de Berlim, 1948-1949. O poder aéreo anglo-americano permitiu que Berlim sobrevivesse ao bloqueio soviético e serviu de limite ao avanço do poder soviético para oeste.

ABAIXO
A cidade preponderantemente alemã de Dantzig foi polonizada como Gdansk, como parte do redesenho étnico da Europa oriental depois da Segunda Guerra Mundial.

regados de bombas nucleares fortaleceu o poderio militar da OTAN, pois esses aviões eram capazes de atingir alvos na União Soviética. Em 1952, a aliança da OTAN, até então do norte do Atlântico e da Europa ocidental, foi ampliada para incluir a Grécia e a Turquia. Essa aliança, que ajudou a impedir ataques soviéticos, ofereceu uma base importante para a estabilização política da Europa ocidental e, portanto, para o seu crescimento econômico.

Movimentos da população

Ao lado da transferência de territórios, os movimentos populacionais foram um aspecto importante para cimentar o acordo de paz. Os colonos japoneses foram expulsos da China e da Coreia ou aprisionados pelos soviéticos e usados em trabalhos forçados. Em 1945-1946, bem mais de nove milhões de alemães fugiram ou foram levados da Europa oriental para o ocidente, inclusive quase três milhões da Tchecoslováquia. Esse foi um aspecto do deslocamento generalizado ou "limpeza étnica" provocado pela guerra e que prosseguiu depois que ela terminou. Portanto, os poloneses foram expulsos dos territórios conquistados pela União Soviética na Ucrânia ocidental e reinstalados em terras de onde os alemães tinham sido tirados. Depois do massacre alemão de judeus, cidades como Lvov se tornaram soviéticas. Por sua vez, os poloneses expulsaram os alemães das áreas conquistadas pela Polônia — Pomerânia oriental, Silésia, Dantzig e parte da Prússia Oriental, substituindo-os por poloneses trazidos de territórios ocupados pela União Soviética. As cidades foram polonizadas; Breslau se tornou Wroclaw e Dantzig passou a se chamar Gdansk. Viu-se mesmo processo

em termos mais gerais. Por exemplo, os italianos foram removidos de ex-territórios na Iugoslávia, notadamente a Ístria, assim como da Grécia e da África. O efeito a curto prazo foi miséria e detenção, muitas vezes prolongadas, em campos insalubres. A consequência a longo prazo foi a amargura, embora na Alemanha e na Itália as consequências políticas fossem limitadas.

Alemanha

A guerra terminou com zonas de ocupação por forças americanas, britânicas, francesas e soviéticas, embora o plano francês de desfazer a unificação da Alemanha de 1866-1871 com a transformação da Alemanha em Estados autônomos fosse rejeitado. Stalin buscou aumentar seu controle: as indenizações por danos de guerra se mostraram um elemento fundamental, com os soviéticos exigindo-as pelas zonas de ocupação das potências ocidentais, assim como a supervisão pelas quatro potências da importante região industrial do Ruhr, na zona britânica. Essas exigências, que foram recusadas, cristalizaram a preocupação crescente de limitar a penetração para oeste do poder e da influência soviéticos. A zona soviética se tornou a República Democrática Alemã, ou Alemanha Oriental; as outras se uniram como República Federal da Alemanha, ou Alemanha Ocidental. Eram dois Estados muito diferentes. O primeiro era uma ditadura comunista, o segundo, uma democracia ocidental baseada na economia de mercado. Do mesmo modo, haveria diferenças na Coreia e no Vietnã. A Alemanha Oriental tentava controlar a opinião pública e isolar seu Estado, reprimindo as dissidências com violência e bloqueando as transmissões de rádio americanas. Em

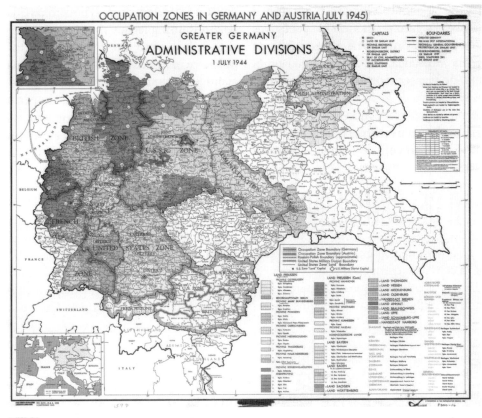

ACIMA
As zonas de ocupação de Berlim depois de 1945. A "Grande Alemanha" de Hitler foi dividida em consequência da devolução de territórios e da ocupação pelos vitoriosos.

contraste, a opinião era muito mais livre na Alemanha Ocidental.

A cultura e a herança cultural foram um elemento fundamental de diferença. Assim, na Alemanha Oriental, alguns palácios foram destruídos, notadamente o palácio real de Berlim, em 1950, e o de Potsdam, em 1960. Houve também a destruição de casas aristocráticas ou, em termos mais gerais, a destruição pela negligência, que duraria até depois da queda do comunismo.

Europa oriental

A derrubada das estruturas políticas anteriores pela Segunda Guerra Mundial, a "libertação" pelo Exército Vermelho (soviético) em 1944-1945 e o estabelecimento subsequente da hegemonia soviética e do governo comunista abriram caminho para o bloco econômico do Comecon (1949) e o bloco de segurança do Pacto de Varsóvia (1955). Embora fossem bem diferentes da Comunidade Econômica Europeia (CEE, 1957) e da OTAN (1949) na Europa ocidental, havia paralelos instrutivos. Ao mesmo tempo, o grau em que a hegemonia americana era bem menos abrangente e direta em seu bloco logo ficou visível.

Além da uniformidade política, a União Soviética buscou integrar as economias da Europa oriental. No entanto, isso foi atrapalhado pelas falhas inerentes da gestão econômica comunista e também sofreu resistência das tentativas dos governos nacionais, principalmente os da Iugoslávia, da Albânia e da Romênia, de manter e reafirmar seu controle. A Iugoslávia de Josip Tito e a Albânia de Enver Hoxha romperam com o bloco soviético respectivamente em 1948 e 1960-1961. A Romênia se tornou autônoma mais tarde, na mesma década.

A DESCOLONIZAÇÃO

A guerra deixou exaustas as potências coloniais europeias, e a experiência das tropas coloniais que nela lutaram ajudou a configurar os movimentos nacionalistas anticoloniais mais poderosos que se seguiram à guerra.

A Itália, como um dos países derrotados, perdeu seu império, como tinha acontecido com a Alemanha na guerra mundial anterior. O fim do império italiano não tende a chamar a atenção, mas foi importante para alguns estados. Os territórios africanos da Itália ficaram sob administração britânica ou francesa, mas a Líbia acabou se tornando independente, enquanto a Eritreia foi conquistada pela Etiópia, e a Somalilândia italiana se uniu à Somalilândia britânica para formar a Somália. Na Europa, a Albânia se tornou independente da Itália, as ilhas do Dodecaneso (principalmente Rodes) foram adquiridas pela Grécia (a

ABAIXO
Os indianos comemoram a independência em Bombaim (hoje, Mumbai) em 15 de agosto de 1947. O fim do domínio britânico no sul da Ásia resultou da pressão pela independência, combinada à falta de disposição britânica de manter o controle.

Turquia não conseguiu devido à sua neutralidade) e houve perdas territoriais italianas para a Iugoslávia.

A Grã-Bretanha e a França tiveram de reagir à nova situação internacional. A natureza específica da evolução durante a guerra levou a França a conceder a independência ao Líbano e à Síria. No pós-guerra, o governo trabalhista da Grã-Bretanha estava menos comprometido com o império do que o antecessor dominado pelos conservadores e, especificamente, apoiava a independência da Índia. Essa veio em 1947, com a Índia dividida em Paquistão, de maioria muçulmana e governado por Muhammad Jinnah, e Índia, de maioria hinduísta, partição acompanhada de muito derramamento de sangue entre as comunidades e pelo esmagamento indiano violento da oposição muçulmana em Hiderabade e em parte da Caxemira. No ano seguinte, a Birmânia e o Ceilão, hoje Mianmar e Sri Lanka, conquistaram a independência.

A Grã-Bretanha também enfrentou grande dificuldade na Palestina, com o aumento da violência entre árabes e judeus, acompanhado pela sensação britânica de que sua presença de pouco servia. O fim do domínio britânico em 1948 foi seguido pela primeira de uma série de

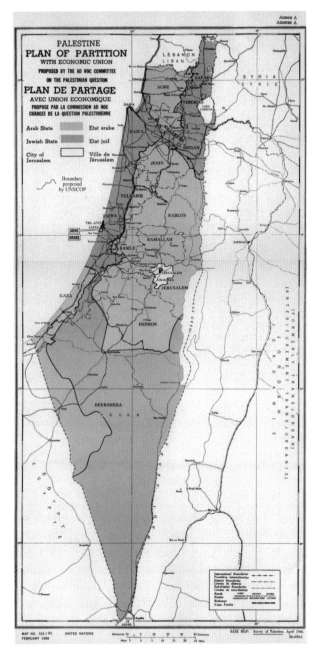

ACIMA
Mapa da ONU da proposta de partição de Israel e Palestina, aceita em 29 de novembro de 1947.

O NASCIMENTO DO MUNDO DO PÓS-GUERRA 151

ACIMA
A "ação policial" holandesa nas Índias Orientais. A pressão nacionalista levou a um conflito insolúvel que os holandeses abandonaram, resultando na independência da Indonésia.

guerras árabe-israelenses. O conflito de 1948-1949 deixou Israel independente, enquanto o Egito e a Jordânia, embora sem destruir Israel, anexavam o restante da Palestina: o Egito ficou com a Faixa de Gaza, e a Jordânia, com a Cisjordânia, inclusive a Cidade Velha de Jerusalém.

Também houve lutas pela descolonização em outras regiões no fim da década de 1940. Nas Índias Orientais holandesas, as "ações policiais" holandesas contra os nacionalistas se tornaram uma guerra que nenhum dos lados conseguiria vencer. A exaustão da Segunda Guerra Mundial, combinada à pressão americana, levou os holandeses a desistirem da luta, e a Indonésia se tornou independente em 1949. Os holandeses mantiveram o controle do oeste da Nova Guiné até ser ocupado pela Indonésia em 1962, ajudando a provocar lá um movimento de independência, como também no Timor Leste, ocupado depois do domínio português em 1975.

Na Indochina (Vietnã, Laos e Camboja), a França enfrentou, a partir de 1945, uma luta de descolonização a que resistiu com grande esforço. O Vietnã, onde Ho Chi Minh comandava a luta, era a principal área de conflito. A situação ficou mais difícil em 1949, quando os comunistas venceram a Guerra Civil chinesa

152 CAPÍTULO 6

■ A CRIAÇÃO DE NOVAS HISTÓRIAS NACIONAIS

Os países recém-independentes precisavam de novas histórias oficiais. Muitas duram até o presente. Em Hanói, no Dia Nacional, comemora-se a Declaração de Independência do domínio colonial francês por Ho Chi Minh em 1945, e seu corpo embalsamado pode ser reverenciado no seu mausoléu. Também é possível visitar a sua casa, assim como um museu dedicado a ele. A prisão de Hoa Lo, em Hanói, contém a guilhotina usada pelos franceses quando eram metrópole do Vietnã, assim como simulações das duras condições de vida, com prisioneiros algemados ao chão. Em contraste, o uso de Hoa Lo como prisão pelo Vietnã do Norte, depois que se tornou independente em 1954, não é destacado. Do mesmo modo, os comunistas da Alemanha Oriental utilizaram o campo de concentração de Sachsenhausen, antes usados pelos nazistas.

À ESQUERDA:
A prisão de Hoa Lo. Hoje, a ex-prisão francesa de Hanói é sombreada por prédios posteriores, num padrão comum nos antigos centros coloniais.

e puderam enviar suprimentos militares aos nacionalistas do vizinho Vietnã. Isso ajudou a internacionalizar a luta.

Lutas de descolonização

A preocupação americana resultou no oferecimento de assistência financeira aos franceses na Indochina, mas houve a recusa de comprometer infantaria ou aviões, em parte porque Grã-Bretanha, Austrália e Nova Zelândia se recusaram a ajudar. Em 1954, depois da derrota em Dien Bien Phu, a França abandonou a luta. Contra a vontade do Viet Minh, coalizão de grupos que lutavam pela independência, o Vietnã foi dividido em norte comunista e sul anticomunista. Nenhum era democrático.

Em outras regiões, o início da década de 1950 viu as insurreições nacionalistas terem menos sucesso. Com o desejo de manter a existência de seu império, os britânicos derrotaram insurreições na Malásia e no Quênia e resistiram a outra em Chipre. Os britânicos se beneficiaram nesses casos porque as insurreições foram enfraquecidas por se localizarem na oposição seccional (e não geral) ao domínio do império. Portanto, na Malásia, em 1948-1960, a oposição era da população chinesa e não dos malaios; no Quênia, em 1952-1956, era principalmente das tribos kikuiu, embu e meru; e em Chipre, em 1955-1959, vinha da EOKA, organização paramilitar cipriota grega. Além disso, os britânicos desenvolveram políticas eficazes contra insurgências, que variavam do uso do poder aéreo e de uma atitude ofensiva precoce de deslocamento de civis aparentemente hostis para longe das áreas de operação. Houve poucos indícios da política de força mínima que, mais tarde, se tornaria importante na doutrina militar britânica. A preocupação com a Guerra Fria e a tendência a ver o planejamento comunista por trás da pressão nacionalista, tendência em geral errônea, incentivou o recurso à força. Esse sentimento era compartilhado por outras potências, inclusive as comunistas; havia um grau marcante de paranoia na reação à oposição.

No início de 1956, não parecia impossível que os impérios europeus continuassem por muitas décadas. Grã-Bretanha, França, Portugal e Bélgica se viam como mandatários de povos que, supostamente, ainda não eram confiáveis para receber a independência. Os impérios eram considerados um modo de capacitar os Estados a "socar acima de seu peso". Eram vistos como fontes de recursos como matérias-primas e soldados. Em termos estratégicos, os impérios também ofereciam bases de operação. Embora pareçam claramente atrasados pelos padrões posteriores, eram em parte considerados um modo de obter mo-

ABAIXO
A insurreição no Quênia foi enfrentada com sucesso pelas autoridades coloniais britânicas, principalmente com a prisão dos rebeldes.

dernização e força. Os britânicos se viam sob essa luz, principalmente na África.

A RETOMADA DA GUERRA NA CHINA

A luta entre o comunismo e seus adversários se tornou rapidamente mundial, em consequência da determinação soviética de expandir a doutrina, combinada à tentativa de potências estrangeiras de derrubar o regime da Rússia. Isso incentivou esta última a tentar derrubar os impérios ocidentais. Essa luta começou na década de 1920, e a China foi um campo de batalha importantíssimo.

A partir de 1946, a luta entre o *Kuomintang* e os comunistas se reacendeu, e estes últimos foram muito auxiliados pela União Soviética. Em 1948-1949, as forças do Kuomintang foram derrotadas

ACIMA
Soldados do Exército Vermelho chinês em marcha em 21 de maio de 1949, durante o ataque bem-sucedido a Xangai.

e recuaram para Formosa (Taiwan), e os comunistas avançaram em 1950 para conquistar o Tibete e Hainan. O sucesso comunista foi mais completo do que o dos nacionalistas no fim da década de 1920, não só por incluir a Manchúria e o Tibete como por não depender de cooperação com os chefes militares.

A Guerra Civil chinesa foi a vitória comunista mais importante da Guerra Fria. Ela também marcou a centralidade da Ásia oriental na luta, uma centralidade que os europeus tendiam a ignorar, mas que os americanos entendiam, o que tornava a questão politicamente controversa. Em 1950, a China e a União Soviética assinaram um acordo de segurança mútua, enquanto a invasão da Coreia do Sul pela Coreia do Norte comunista, incentivada pelos soviéticos, fez essa luta avançar. O Japão tinha perdido a Coreia no acordo de paz depois da Segunda Guerra Mundial, assim como Taiwan, o sul de Sacalina, as ilhas Curilas e as ilhas do Pacífico recebidas depois da Primeira Guerra Mundial.

Em 1949, os EUA rejeitaram os termos de Mao Tsé-Tung para o reconhecimento diplomático e, até 1973, não houve representante americano na China continental. Em vez disso, os EUA reconheceram o Kuomintang de Taiwan como governo da China.

Mao considerava a política antiocidental importantíssima para legitimar o comunismo e argumentava que o imperialismo ocidental é que impedia o desenvolvimento chinês. Ele escreveu: "A história da transformação da China em semicolônia e colônia pelo imperialismo em conluio com o feudalismo chinês é, ao mesmo tempo, uma história da luta do povo chinês contra o imperialismo e seus lacaios".

AS INTERVENÇÕES AMERICANAS

Por procuração os americanos tiveram papel importante em várias conflitos. Nas Filipinas, colônia americana até 1946, o governo conservador não conseguiu, em 1946-1947, derrotar uma insurreição do movimento Hukbalahap, comandado pelos comunistas. No entanto, a partir de 1948 o Grupo Consultivo Militar Conjunto, organizado pelos EUA, começou a receber mais ajuda militar americana e, a partir de 1950, isso se acelerou em resposta aos acontecimentos na China e na Coreia. Os americanos financiaram e equiparam o exército filipino para que os huks pudesse guerrear, com grande apoio da política de reforma agrária. A rebelião terminou em 1954. Em consequência, as Filipinas, com suas bases militares, foi parte fundamental da presença americana na Ásia oriental. O Japão cumpriu a mesma função de apoio militar e econômico, e isso incentivou os Estados Unidos a encerrar a ocupação no pós-guerra.

As Filipinas, como a América Latina, fazia parte do que muitos elaboradores da política americana viam como o império americano informal, o que incentivou a intervenção. No caso da América Latina, o papel direto ou por procuração nos conflitos domésticos também foi prolongado. Durante a Guerra Fria, esse papel se acentuou com o medo da suposta tendência comunista dos regimes populistas. Assim, o governo de Jacobo Arbenz na Guatemala, com seu compromisso com a reforma agrária, foi considerado pró-comunista. Em 1954, isso levou à oposição, e tropas rebeldes foram organizadas, financiadas, armadas e treinadas pela CIA, culminando numa invasão dessas tropas que partiram de Honduras com apoio de aviões americanos. Sob essa pressão, o governo foi deposto pelo exército, e estabeleceu-se uma ditadura militar. Os americanos teriam muito menos sucesso no caso de Cuba, em 1961.

A Guerra da Coreia

Mais uma vez, foi na Ásia oriental que o conflito se destacou na década de 1950. Os Estados Unidos comandaram uma coalizão internacional, sob um mandado das Nações Unidas, para ajudar a Coreia do Sul, e os invasores norte-coreanos foram empurrados de volta rumo à fronteira chinesa em 1950. Por sua vez, os chineses intervieram a favor dos norte-

ACIMA
Combatentes do Huk capturados na guerra civil filipina. Faltava à insurreição nas Filipinas o apoio de algum país comunista vizinho, e ela foi suprimida pelas forças do governo apoiado pelos americanos.

ACIMA
Forças americanas na Guerra da Coreia, 1950-1953. A mobilização em grande escala de soldados da ONU, a maioria deles americana, impediu a invasão do sul pelo norte e frustrou o impacto da posterior intervenção chinesa.

-coreanos. Mao achava que o apoio da ONU à unificação da Coreia ameaçava a China e poderia causar o retorno do Kuomintang, via o apoio dos americanos a Taiwan como provocação e também queria apresentar a China como uma grande força. Stalin, a quem Mao pediu ajuda, queria ver a China comprometida com a luta contra os EUA. Foi esse o preço da ajuda dos soviéticos aos chineses na modernização militar. Nenhum dos lados venceu a guerra resultante, que continuou até 1953, com mais de três milhões de mortos, mas fez avançar a atividade militar de ambos os lados. Nos Estados Unidos, o complexo industrial militar passou a ter um papel maior na economia e na estrutura do governo.

A guerra aumentou muito a sensibilidade americana aos acontecimentos e ameaças na Ásia oriental. Isso levou à extensão de sua política de contenção das potências comunistas, à manutenção de bases americanas no Japão, à presença militar na Coreia do Sul e ao compromisso crescente com os chineses nacionalistas de Taiwan, reforçado pela localização próxima de navios de guerra americanos. Isso refletia a maior presença dos americanos na Europa.

Irã

Como parte do processo mais geral visto na Guerra Fria, os Estados Unidos substituíram a Grã-Bretanha como principal influência estrangeira no Irã, onde a Anglo-Iranian Oil Company foi nacionalizada em 1951. Em 1953, um golpe instigado pela CIA levou à queda do presidente iraniano Mohammad Mossadegh, nacionalista populista e secular. A remoção de Mossadegh estabilizou a posição do xá Mohammed Reza Pahlavi, impopular e pró-Ocidente, que retornou do exílio. Projetado para limitar o nacionalismo populista e para controlar o petróleo iraniano, o golpe aumentou a hostilidade iraniana popular pelo Ocidente e seria citado na época da Revolução Iraniana de 1978-1979 e depois dela.

AS NOVAS ALIANÇAS

Embora a Guerra Fria estivesse em seu ponto máximo no fim da era dos impérios, essa também foi uma época em que houve a formação de impérios informais sob o disfarce de sistemas de aliança que refletiam a mudança da situação internacional. Em 1955, duas dessas alianças foram criadas para tentar limitar a expansão comunista na Eurásia. A Grã-Bretanha organizou o Pacto de Bagdá com a Turquia, o Iraque, o Paquistão e o Irã. A ele se equiparou a Organização do Tratado do Sudeste da Ásia, criado por Austrália,

À ESQUERDA
O golpe iraniano de 1953. As pressões nacionalistas, a intervenção da Guerra Fria, a importância geopolítica e a importância do petróleo interagiram para transformar o Irã numa área volátil nos anos após a Segunda Guerra Mundial.

Grã-Bretanha, França, Nova Zelândia, Paquistão, Filipinas, Tailândia e EUA. Essas organizações refletiam o interesse de Mackinder pela "periferia", em oposição ao "*heartland*" expansionista, assim como a reconceituação de Nicholas Spykman em *A geografia da paz* (1944) e sua teoria de Rimland. As duas alianças se baseavam na ideia de "contenção".

Essas organizações contradisseram o internacionalismo afro-asiático antiocidental visto na Conferência de Bandung, realizada na Indonésia em 1955, que atraiu 29 estados, como China, Egito, Índia e Indonésia. O Movimento dos Não Alinhados foi criado nessa conferência.

■ A ERA ATÔMICA

O monopólio americano do poder atômico só durou até 1949, quando ficou claro que os soviéticos também tinham adquirido capacidade nuclear em consequência de um enorme esforço e da espionagem voltada contra os Estados Unidos e a Grã-Bretanha. Os americanos, por sua vez, avançaram com a bomba de hidrogênio, muito mais potente, testada pela primeira vez em 1952 e que destruiu a ilha de Elugelab, no Pacífico. Esse uso do Pacífico era muito típico das potências ocidentais. Os soviéticos reagiram rapidamente à criação americana da bomba de hidrogênio e desenvolveram, por exemplo, bombardeiros de longo alcance capazes de chegar aos Estados Unidos.

Em resposta à superioridade soviética nas forças em terra, os americanos divulgaram a disposição de usar o armamento atômico primeiro. Em 1953, o presidente Dwight Eisenhower ameaçou usar bombas atômicas para encerrar a Guerra da Coreia. Gueorgui Malenkov, presidente do Conselho Soviético de Ministros de 1953 a 1955, alertou para o possível fim da civilização mundial que se seguiria. O próprio Eisenhower observou em 1955 que, devido à disseminação da radioatividade pelo vento, qualquer guerra nuclear daria fim à vida só no hemisfério norte. Em 1961, Andrei Sakharov, projetista das armas nucleares soviéticas, temeu que as novas ogivas aprimoradas pusessem fogo na atmosfera da Terra.

Essa corrida armamentista representava uma forma nova e sem precedentes de globalização e gerou muito esforço internacional pelo desarmamento. Muita energia diplomática foi consumida, e isso acabou tendo papel importante na Guerra Fria, mas foi perturbado pela animosidade constante entre as duas grandes potências.

A capacidade nuclear aumentou com o desenvolvimento de uma série de máquinas aéreas, marítimas e terrestres capazes de portar armas. A mobilização dos bombardeiros pesados B-52 Stratofortress, em 1955, aumentou o alcance americano. Equipados com oito turbojatos J57-P-1W Pratt and Whitney, a velocidade de cruzeiro do B-52 chegava a 845 km/h, com alcance de combate sem reabastecimento de 5.800 km, carga de trinta toneladas de bombas e teto prático de 14.325 metros.

O USS *Nautilus*, primeiro submarino nuclear, foi lançado em 1954. Os americanos também desenvolveram a capacidade de lançar mísseis balísticos a partir de submarinos.

■ OS ESTADOS UNIDOS

Os Estados Unidos avançaram numa direção mais conservadora na década de 1950. O sucessor de Roosevelt na presidência, o vice democrata Harry

Truman, que assumiu o cargo quando Roosevelt morreu em 1945, quase não conseguiu se reeleger em 1948. No entanto, a eleição de 1952 deu fim aos vinte anos de domínio democrata na presidência. O anticomunismo contribuiu para o éthos conservador. Acusados de ter supostamente perdido a China por não ajudar os nacionalistas contra os comunistas, os democratas foram retratados como frouxos com o comunismo. Essa era uma acusação perigosa devido às alegações sensacionalistas de influência comunista feitas pelo senador Joseph McCarthy, presidente, de 1953 a 1955, do Subcomitê Permanente de Investigação do Comitê do Senado de Operações do Governo. Em 1950, ele anunciou que tinha uma lista de "comunistas de carteirinha" do Departamento de Estado e, em 1952, se referiu a "vinte anos de traição" sob o Partido Democrata. Ele deu seu nome a um processo de inquérito legislativo público chamado de macartismo, que aproveitou o potencial da televisão. O papel indubitável da espionagem na conquista soviética da capacidade de produzir bombas atômicas contribuiu para essa sensação de crise.

Eleito em 1952, Dwight Eisenhower foi reeleito em 1956, vencendo o democrata Adlai Stevenson em ambas as ocasiões, na segunda com uma margem de nove milhões de votos. O resultado demonstrou a satisfação generalizada com a expansão econômica e o conservadorismo social daqueles anos. Houve um salto da religiosidade, com o aumento da participação e da frequência nas igrejas, e Eisenhower incentivou o acréscimo de "*under God*" ("sob Deus") ao Juramento de Lealdade e "*In God We Trust*" ("em Deus confiamos") às notas de dinheiro. Ao mesmo tempo, o legado da Grande Depressão foi tal que Eisenhower deixou o New Deal intacto.

Os anos de Eisenhower seriam o pano de fundo dos Estados Unidos modernos. Em muitos aspectos, as novas correntes sociais e políticas da década de 1960 seriam uma reação a esse conservadorismo, mas muitas mudanças da década de 1950 tiveram impacto duradouro, como a criação dos subúrbios e a cultura do carro.

ABAIXO
O B-52 Stratofortress. O poder aéreo, acessório-chave do poder americano, assegurou que a localização de bases aéreas tivesse grande importância estratégica.

A ECONOMIA MUNDIAL, 1945-1956

As economias europeia e da Ásia oriental foram muito atingidas, para não dizer arrasadas, pela Segunda Guerra Mundial, e a Grã-Bretanha contraiu dívidas imensas, para as quais teve de buscar ajuda americana. A economia americana dominou o mundo mais ainda do que no início da guerra. Foram os Estados Unidos que estabeleceram a nova ordem mundial, e essa ordem refletia as metas globais que o país buscava. O livre-comércio internacional e o mercado de capitais que caracterizaram a economia global dos anos 1900 se restabeleceu devagar no mundo não comunista. A disponibilidade de crédito e investimentos americanos foi fundamental nesse processo, pois, entre as grandes potências, só os Estados Unidos gozavam de liquidez real em 1945.

O papel do dólar como moeda de reserva global num sistema de câmbio fixo assegurou que boa parte do comércio internacional, da liquidez do câmbio e dos ativos financeiros fosse calculada na moeda americana.

O modelo americano teve um papel fundamental no Ocidente. O Plano Marshall capacitou as economias da Europa ocidental a superar a escassez de dólares e, portanto, financiar o comércio e o investimento, assegurando que a tecnologia de estilo americano fosse adotada. Em parte graças a isso, o período de 1945 a 1973 foi de rápido desenvolvimento econômico e, mais tarde, foi chamado de Long Boom. Em particular, essa evolução contrastaria com a década de 1970 e início da de 1980, que foram mais difíceis. Tanto o boom quando os anos difíceis posteriores, que chegaram à recessão em grande escala com o choque do preço do petróleo de 1973, foram importantes para as atitudes do período. Na verdade, o boom pode ser ligado tanto à complacência confortável da década de 1950 quanto à reação hedonista do fim da década de 1960. Por sua vez, os anos difíceis produziram uma política mais contenciosa.

Durante o Long Boom, a economia americana produziu bens de consumo durável em grande quantidade, como carros e geladeiras ao alcance de muitos. Ligado a isso, os Estados Unidos se tornaram uma sociedade de riqueza em massa, o que ajudou a torná-la mais atraente em termos gerais. Nisso, houve o auxílio de Hollywood e da TV, com séries como I Love Lucy (1951-1957), que disseminavam imagens positivas da vida americana. O país parecia rico, feliz e baseado em famílias estáveis e seguras.

Em contraste, o mundo comunista procurava modelos diferentes de esforço público e engajamento comunitário. Os bens materiais para o indivíduo e a família eram subestimados, notadamente sob Stalin e Mao.

À DIREITA
O Fusca. O consumismo foi um elemento-chave do crescimento econômico ocidental, e o aumento da propriedade de automóveis exemplificou esse processo.

O cinema americano e a Guerra Fria

A disposição de Hollywood de enfrentar problemas sociais, como em *As vinhas da ira* (1940), filme baseado no livro amargo de John Steinbeck sobre fazendeiros despossuídos pela seca (1939), afrouxou depois da Segunda Guerra Mundial, refletindo a pressão política para não criticar os Estados Unidos e resistir à "subversão" comunista. Orquestrado pelo Comitê de Atividades Antiamericanas da Câmara dos Deputados, como parte de uma batalha sobre a identidade e os interesses nacionais, essa campanha pôs na lista negra os profissionais de Hollywood que tivessem ligações com comunistas. Além disso, foram produzidos filmes anticomunistas, como *A ameaça vermelha* (1949) e *I Was a Communist for the FBI* (Fui comunista para o FBI, 1951). Também havia uma dimensão anticomunista em muitos filmes de ficção científica, com sua hostilidade aos alienígenas.

As visões alternativas a um país mais igualitário foram, em vez disso, apresentadas como causa e reflexo da divisão interna, sob a forma dos indesejáveis radicalismo e conflito de classe. Eric Johnston, presidente da Motion Picture Association, anticomunista ferrenho, disse aos roteiristas que assim agissem e teve o apoio de Ronald Reagan, presidente da Screen Actors Guild, a guilda dos atores de cinema, que ligava radicais e grevistas a comunistas estrangeiros. Mais tarde, Reagan se tornou presidente dos Estados Unidos.

Transporte e sociedade

Na década de 1950, a restrição das distâncias foi superada nos Estados Unidos, principalmente pelo extenso sistema de

ABAIXO
O medo da infiltração comunista provocou a investigação de McCarthy, como parte da imposição das normas da Guerra Fria dentro dos EUA.

À DIREITA
Presidente de 1953 a 1961, Eisenhower foi um consolidador que ajudou a implantar a estabilidade dentro do país e nas relações internacionais.

estradas interestaduais promovido pelo governo Eisenhower, em parte para acelerar a reação militar a qualquer guerra importante, e também pelo desenvolvimento da aviação civil. A Lei Federal de Auxílio às Estradas, de 1956, autorizou a construção de uma rede de 66.000 km de estradas e reservou 26 bilhões de dólares para pagá-la com um aumento do imposto sobre a gasolina. Foi uma reação federal que tirou a influência dos estados individuais que, até então, tinham controlado a construção de estradas, como nas vias pedagiadas de estados específicos. Finalmente, mais de 74.000 km de estradas foram construídos, embora parte deles fosse localmente destrutiva. Por exemplo, a construção da I-95, principal estrada da costa leste, exigiu a demolição de bairros de Filadélfia.

A rede de estradas ajudou a disseminar marcas nacionais. Isso ficou óbvio para os viajantes, porque cadeias de lojas que vendiam produtos homogêneos substituíram os hotéis e restaurantes locais, mas também foi importante para empresas que buscavam criar um mercado nacional para produtos como os cigarros. O processo foi auxiliado pela propaganda na televisão. A televisão, o cinema, a música popular e os times esportivos que jogavam para o público nacional, tudo isso contribuiu, não exatamente para a homogeneização, mas, pelo menos, para a consciência crescente de tendências que se tornaram nacionais.

A aviação civil também se tornou cada vez mais influente como modo de interligar os Estados Unidos. Como aspecto de um estado de livre-mercado, não havia empresa aérea nacional nos Estados Unidos, situação que permanece até o presente. Em contraste, as viagens de trem, até então o principal meio de viagem de longa distância, murcharam rapidamente. A substituição do trem pelo automóvel foi muito ligado ao movimento da população do centro das cidades para os subúrbios.

MODELOS SOCIAIS

Modelos bem diferentes de estados do bem-estar social foram apresentados no mundo comunista, na Europa ocidental e nos Estados Unidos. Neste último, a autossuficiência estava no centro do palco e não houve extensão do New Deal. Nos estados comunistas, notadamente no 4º e no 5º Planos Quinquenais soviéticos, em 1945-1955, a indústria pesada foi considerada a rota para a força e o progresso. Em contraste, houve pouco interesse em criar bens de consumo para os trabalhadores, embora houvesse tentativas de oferecer assistência médica, educação e moradia. Também se considerava que o estado de bem-estar social deveria suprimir com rudeza as práticas sociais e econômicas tidas como inaceitáveis, além do policiamento de todas as opiniões. Na Europa ocidental, as correntes que tendiam ao socialismo e à democracia cristã buscaram apoiar a classe trabalhadora e afastá-la da tentação do comunismo.

Assim, as políticas do bem-estar social fizeram parte da Guerra Fria. Realmente, não deveriam ser entendidas separadamente desse contexto, porque ele ajuda a explicar porque se gastou capital político para impor essas políticas.

ABAIXO
Mapa de 1958 do sistema de estradas interestaduais criado por Eisenhower dois anos antes.

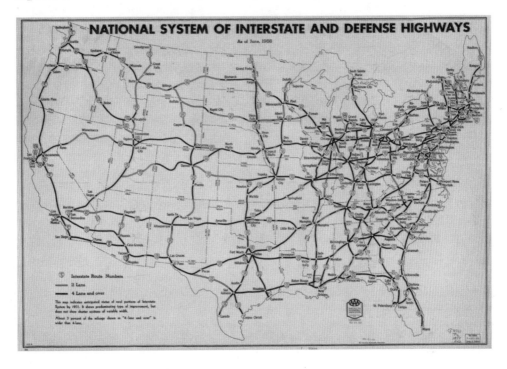

O NASCIMENTO DO MUNDO DO PÓS-GUERRA 165

CAPÍTULO 7
DECLÍNIO DA PREDOMINÂNCIA OCIDENTAL

1956-74

A combinação do poder americano com a resiliência contínua dos impérios coloniais europeus ocidentais assegurou que a década após a Segunda Guerra Mundial fosse muito diferente do período que veio depois. Os Estados Unidos foram muito atingidos pelo fracasso no Vietnã, e a ordem econômica dominada pelos americanos foi muito prejudicada por crises financeiras que culminaram no aumento do preço do petróleo em 1973. Os impérios europeus se foram, e a revolução de 1974 em Portugal prefigurou o fim do último dos grandes impérios quando Angola, Moçambique,

Cabo Verde e a Guiné portuguesa (Guiné-Bissau) conquistaram a independência, enquanto o Timor Leste era ocupado pela Indonésia.

▌A CORRIDA ESPACIAL

Abrangente nisso tudo estava a mudança ambiental, um exemplo poderoso do que veio com a aurora da Era Espacial. Isso pode ser prontamente minimizado e tratado como um beco sem saída; na prática, foi o maior drama do século.

O pano de fundo foi a Segunda Guerra Mundial, e o contexto era a Guerra Fria. Em 1945, os americanos e soviéticos tomaram cientistas e peças do programa de foguetes criado com grande crueldade pelos alemães e usado para disparar foguetes V-2 em alvos na Grã-Bretanha e na Bélgica. Os soviéticos, que demonstraram interesse bem anterior pelos foguetes, desenvolveram mísseis balísticos e motores de foguetes. Em 1957, lançaram o *Sputnik*, um satélite não tripulado, dando início a um novo período de desenvolvimento de foguetes que expôs os EUA à ameaça de um ataque nuclear soviético. O *Sputnik* passava com frequência sobre os Estados Unidos. O *New York Times* se referiu à "reconfiguração" do mundo. Lyndon Johnson, importante político democrata, previu que os soviéticos lançariam "do espaço bombas em nós, como crianças que jogam pedras nos carros de cima dos viadutos". Em 1961, os soviéticos puseram no espaço o primeiro homem, Iuri Gagárin, embora ele não completasse a órbita que declararam porque lhe deram informações

PÁGINAS ANTERIORES
A Primavera de Praga. Os movimentos de reforma comunista foram repetidamente derrotados, como na Tchecoslováquia, em 1968, principalmente devido à intervenção soviética, até que, no fim da década de 1980, a política da União Soviética mudou.

À DIREITA
O Sputnik. O selo do décimo aniversário do primeiro voo do Sputnik em torno da Terra promete novas explorações soviéticas do Sistema Solar.

PÁGINA AO LADO
O pouso na Lua em 1969. O pouso americano na Lua foi considerado, por boa parte do público, o ápice do programa espacial, embora se pretendesse que fosse apenas um estágio.

erradas sobre os locais de decolagem e pouso. Seguiu-se, em 1965, o primeiro passeio no espaço de Alexei Leonov, embora a missão quase terminasse em desastre. Esses eventos atraíram grande atenção no mundo e foram vistos como um grande sinal de sucesso e prestígio.

Em resposta, a Administração Nacional de Espaço e Aeronáutica (NASA) foi fundada em 1958. John F. Kennedy, presidente de 1961 a 1963, prometeu envidar todos os esforços em nome de um impulso espacial americano, visto como um modo de renovar a grandeza do país. Gastou-se muito dinheiro. Na verdade, em 1996 a NASA recebeu 4, 4% do orçamento federal. Claramente, os americanos foram vistos como vencedores da corrida espacial quando levaram homens à Lua em 1969. Esse sucesso foi transmitido para o mundo todo em outro triunfo da tecnologia americana, que assim trouxe uma noção nova de imediatismo. As missões Apollo à Lua também deixaram como legado fotografias da Terra. Embora fosse uma imagem potente de um só mundo, era muito baseada nos Estados Unidos.

Sob grande pressão fiscal, no entanto, o presidente Nixon encerrou as missões

Apollo tripuladas, a última acontecendo em 1972, e reduziu bastante o orçamento da NASA. Isso deixou incerta a realização. Muito conhecimento se obteve sobre a Lua, mas também houve dúvidas sobre o valor do projeto, dúvidas que parecem destacadas pelo custo ambiental.

A ASCENSÃO DO CONSUMISMO

O aumento populacional foi um problema importantíssimo que muito

KHRUSCHOV SOBRE O CONSUMISMO E A GUERRA FRIA

"Uma corrida para ver quem prestaria o melhor serviço de fornecer uma bebida gelada ao homem comum na praia [...] Os americanos conseguiram. Entenderam que, se o povo comum queria viver como os reis e mercadores de antigamente, seria necessário um novo tipo de luxo, um luxo ordinário construído com mercadorias produzidas aos milhões, que todos pudessem ter."

cresceu: de cerca de 3 bilhões de pessoas em 1960 para uns 6 bilhões em 2000, um aumento sem precedentes que atraiu atenção insuficiente. Uma consequência clara pode ter sido que o dano ambiental se deveu às "pessoas comuns" que tiveram muitos filhos, andavam de carro, consumiam mercadorias e recursos e produziam lixo. Sem dúvida, foi um problema importante, e o fulcro de boa parte da pressão e da poluição foram as cidades em rápido crescimento, com a população aumentada pelo deslocamento de pessoas do campo quando o uso de mão de obra pela agricultura se tornou menos intensivo. Mas também era e continua sendo necessário olhar o modo como se usam os recursos. Aqui, o padrão era muito desigual. Os mais ricos usavam seu dinheiro para consumir um quinhão muito desproporcional dos recursos nacionais e internacionais, e sua riqueza, em parte, era medida por esse consumo e exibida e gozada por meio dele.

No fim da década de 1950, a dimensão propagandística da Guerra Fria se concentrou cada vez mais no padrão de vida dos consumidores, com Nikita Khruschov, o líder soviético, e Richard Nixon, então vice-presidente de Eisenhower, debatendo publicamente as virtudes dos dois sistemas em 1959. Se o sistema soviético conseguisse oferecer um resultado melhor, acreditava-se/temia-se que os trabalhadores do mundo optariam por ele, assim como os estados recém-independentes do Terceiro Mundo. Essa abordagem foi um desafio, não só para o capitalismo como para os partidos socialistas, como os da França e da Itália,

PÁGINA AO LADO
Apollo 17. O lançamento de foguetes espaciais tinha uma dramaticidade que chamava a atenção e oferecia imagens novas.

À DIREITA
Cartaz soviético de propagandade 1954 intitulado O parlamento burguês, que satirizava a democracia capitalista. A partir da década de 1950, tanto a União Soviética quanto os Estados Unidos fizeram um esforço considerável para convencer a população de que seu modo de vida era superior.

ACIMA
Novos subúrbios em 1975. A disseminação dos subúrbios, aqui perto de Los Angeles, alterou muito a paisagem e aumentou o uso dos carros. A habitação com baixa densidade se tornou um aspecto da prosperidade.

o Partido Trabalhista da Grã-Bretanha e os social-democratas alemães. Os comunistas apresentavam todos eles como manchados pela disposição de ceder ao capitalismo. Como aspecto da tentativa de atrair os trabalhadores, a Alemanha Oriental produziu os automóveis Trabant a partir de 1957.

No entanto, a falta de capacidade da economia era tal que, em geral, o atendimento aos pedidos de Trabants demorava doze anos. Em termos mais gerais, a Alemanha Oriental, como os outros estados comunistas, era sem graça e cinzenta. Era assim nas roupas, nos prédios e na iluminação das ruas. Também havia falta de flores, em contraste com os lares europeus ocidentais.

Suburbanização

A rejeição do centro da cidade como populoso, sujo e perigoso demais teve seu papel na suburbanização, mas o principal promotor no Ocidente durante a década de 1950 foi a ascensão da cultura do carro, o preço baixo da terra, a produção em massa de habitações, o aumento da riqueza e a disponibilidade fácil de empréstimos a juros baixos para a compra da casa própria.

Nas sociedades socialistas e comunistas, muito planejadas e com metas de políticas públicas, o movimento das novas moradias para a periferia das cidades se deveu mais à crença no valor desses locais e dessas moradias. Especificamente, havia o desejo de separar a habitação da indústria. Nessas sociedades, as novas moradias tinham densidade mais alta do que no Ocidente, principalmente nos EUA, e em geral assumiam a forma de prédios de apartamentos.

As consequências culturais da expansão suburbana incluíram uma medida importante de homogeneização, encontrada, por exemplo, no uso de padrões nacionais de layout urbano e tipo de habitação, assim como nos estabelecimentos comerciais e de lazer, a maioria deles pertencente a cadeias nacionais. Os supermercados se tornaram um acessório das novas moradias.

Nos Estados Unidos, a demanda privada era o elemento mais importante do setor, não uma iniciativa pública; essa demanda reagia ao grande crescimento do PIB desde a década de 1940 e, na medida em que o estilo de vida dos ricos passava para a classe média, um elemento-chave da política da década de 1950. As cozinhas e banheiros das casas comuns refletiam essa mudança. O comprador médio de um imóvel se aproximou de realizar o sonho-padrão de uma casa isolada numa área de baixa densidade. Isso foi fundamental para a "atração", sob a forma de aspiração a um estilo de vida específico, em relação à "expulsão", sob a forma do medo da cidade grande, notadamente do crime. A tensão racial teve seu papel, pois cada vez mais a *inner city* — a cidade interna ou central —, conceito com significado novo e negativo em si, se associava, nos Estados Unidos, aos habitantes negros.

■ A DESCOLONIZAÇÃO

A Guerra Fria foi empurrada para o centro do palco pela aceleração marcante do ritmo da descolonização. A Grã-Bretanha, a França e Portugal fizeram muito esforço para manter sua posição imperial, mas acabaram fracassando. Embora o nacionalismo fosse fundamental para as "lutas de libertação" anticoloniais, essas lutas também se caracterizaram pelo aproveitamento comunista, pois a União Soviética e a China tentaram desafiar indiretamente os Estados Unidos incentivando os seus partidários a atacar

ABAIXO
A partir da Segunda Guerra Mundial, muitos países se tornaram independentes das antigas metrópoles coloniais.

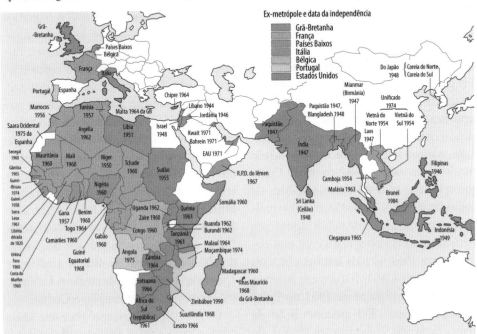

DECLÍNIO DA PREDOMINÂNCIA OCIDENTAL, 1956-74

os aliados americanos. Esses ataques reuniam noções de guerra popular, nacionalismo e comunismo revolucionário. Com esse fim, a União Soviética oferecia treinamento e armamento.

Na prática, a tentativa de configurar a política mundial em termos de uma competição ideológica e geopolítica dirigida pelas grandes potências foi questionada por iniciativas independentes. Algumas estavam, real ou ostensivamente, ligadas à dinâmica ideológica da Guerra Fria, mas muitas não, ou não do modo buscado pelos EUA e pela União Soviética. As contracorrentes de outras opiniões e interesses tiveram seu papel, do Movimento dos Não Alinhados anti-imperialista a elementos nacionais mais específicos. Os aliados também relutavam em aceitar orientação, quem dirá liderança. Esse seria um grande problema dos Estados Unidos em seu trato com a França e com Israel, mas também com a Grã-Bretanha, que reconheceu a China comunista, atacou o Egito em 1956 e se recusou, apesar de considerável pressão, a enviar soldados para a Guerra do Vietnã.

O Egito e a realidade do poder

Em geral, o foco é a iniquidade das potências imperiais ocidentais, mas essa é uma descrição bastante parcial, embora característica de muitos textos. Na verdade, o imperialismo também existia em estados não ocidentais, como o Egito, que retomou as tentativas anteriores de dominar a Líbia, o Sudão e, principalmente, o Iêmen, onde, com apoio soviético, interveio na guerra civil que começou em 1962. O país também buscou derrubar a posição britânica em Aden.

Além disso, o golpe de 1952 no Egito foi seguido, em 1953, pela abolição da democracia da constituição liberal de 1923 e dos partidos políticos, notadamente o Wafd, partido nacionalista liberal. Com a Lei de Traição de dezembro de 1952, os adversários do novo regime foram submetidos a duro tratamento pelos tribunais especiais que atuavam de maneira muito tendenciosa. Mais do que isso, a Irmandade Muçulmana, acusada de instigar a guerra civil, foi considerada ilegal em 1954 e perseguida. As forças armadas assumiram o controle total e o usaram em proveito próprio. O coronel Nasser se tornou ditador. A partir daí, o socialismo de estado seguido pelo governo egípcio não conseguiu produzir melhora econômica significativa.

A Crise de Suez, 1956

O maior esforço britânico para resistir ao colapso do império ocorreu no Egito em 1956, quando o coronel Nasser nacionalizou o Canal de Suez, eixo fundamental do poder imperial britânico. Nasser também questionou os interesses britânicos e franceses no mundo árabe, notadamente a tentativa francesa de manter a Argélia e o apoio da Grã-Bretanha às monarquias amigas, como o Iraque e a Jordânia. Em resposta, a Grã-Bretanha e a França tentaram derrubar Nasser. No entanto, sua invasão da zona do Canal de Suez em outubro de 1956, embora a princípio tivesse sucesso em terra, sofreu condenação internacional, notadamente a oposição ativa dos Estados Unidos, que não foram consultados e sentiram que a política britânica corria o risco de levar o Terceiro Mundo para as mãos soviéticas. Além disso, a Grã-Bretanha viu que boa parte do ex-império não se dispôs a oferecer apoio diplomático, sobretudo o Canadá, mas também, por exemplo, o Ceilão.

O governo americano recusou mais crédito para apoiar Sterling, bloqueou o

174 CAPÍTULO 7

ACIMA
A Crise de Suez de 1956. A intervenção militar anglo-francesa para impedir a nacionalização egípcia do Canal de Suez foi bem-sucedida militarmente a curto prazo, com os paraquedistas britânicos ocupando o campo de pouso de El Gamil, mas a hostilidade política internacional a frustrou.

acesso britânico ao Fundo Monetário Internacional até que o país saísse de Suez e não se dispôs a oferecer petróleo para compensar a interrupção do suprimento do Oriente Médio. Sob essa pressão, a Grã-Bretanha e a França retiraram suas forças.

O fim do império

A desistência humilhante provocou a queda do gabinete britânico, e o novo governo de Harold Macmillan, primeiro-ministro conservador de 1957 a 1963, decidiu se livrar do império. A partir da independência da Costa do Ouro em 1957, essa política foi seguida com rapidez crescente — até para algumas colônias, como Chipre em 1960, que a Grã-Bretanha afirmara serem inadequadas para a independência. O processo continuaria com os governos britânicos subsequentes.

Os regimes aliados também sofreram. A monarquia pró-ocidental do Iraque foi vítima de um golpe militar de esquerda em 1958, embora os britânicos conseguissem intervir em apoio à Jordânia naquele ano e no Kwait em 1961. Em 1960, a Bélgica abandonou o Congo Belga, e a França saiu de todas as suas colônias subsaarianas, menos da Somalilândia Francesa (Djibouti), que finalmente se libertou em 1977. O país já concedera independência ao Marrocos e à Tunísia em 1956 e à Guiné em 1958.

No entanto, a França tentou manter

ACIMA
A Guerra da Argélia. A oposição nacionalista da Argélia corroeu o domínio francês, mas o fundamental para a independência em 1962 foi a mudança da política do governo francês de Charles de Gaulle. Os soldados franceses e seus prisioneiros foram fotografados em 1956, no início da guerra.

a Argélia, tratada não como colônia, mas como parte da própria França. Era mais fácil dizer do que fazer, e o fardo da guerra dos argelinos pela independência era pesado. O novo governo francês de Charles de Gaulle abandonou o compromisso de manter a Argélia em 1962, apesar das demandas dos numerosos colonos brancos de lá. Em vez disso, De Gaulle se concentrou na identidade europeia da França, enquanto o desenvolvimento da bomba atômica francesa levava à redução da necessidade de soldados do norte da África.

Portugal continuava diante de grande insurgência em suas colônias africanas, que começou em Angola, em 1961, e se espalhou para Moçambique e para a Guiné Portuguesa. Essa insurgência era apoiada pela União Soviética e pela China. Como no caso da França na Argélia, havia um impasse militar e também um pesado fardo para Portugal, notadamente o alistamento militar — um problema também para a França na Argélia e para os Estados Unidos no Vietnã. A derrubada do sistema autoritário de direita de Portugal em 1974 foi seguida pelo rápido abandono do império. A morte de Franco em 1976 levou a Espanha a abandonar o Saara espanhol.

Identidade étnica

Um dos aspectos menos atraentes da descolonização foi a extensão em que as ex-colônias tentaram destruir a heterogeneidade étnica e religiosa. Os estados imperiais tendiam a apoiar essa varieda-

▪ IMAGENS DIVERGENTES

"Desta vez, os escravos não se acovardaram. Eles massacraram tudo."Holden Roberto, líder da Frente de Libertação Nacional de Angola, quando lançou a primeira invasão guerrilheira da colônia portuguesa e massacrou os colonos em 1961.

Em 1962, uma grande parede de mosaico foi inaugurada no banco de Lisboa que lidava com a moeda das colônias de Portugal. Ela representava a colonização portuguesa da África em termos benignos de harmonia étnica, progresso e proselitismo cristão. Atraente, conveniente e enganoso.

de e oferecer direitos iguais a todos, mas isso foi menos verdadeiro com muitos sucessores, que tendiam a tratar nação e raça como sinônimos. Portanto, os cristãos e, especificamente, os judeus foram maltratados em todo o Oriente Médio árabe, enquanto os de ascendência indiana enfrentavam discriminação, por exemplo, em Fidji e Uganda, assim como os chineses na Indonésia e na Malásia. Em 1962, os cristãos e judeus fugiram da Argélia. Em 1967, o Quênia recém-independente aprovou leis de africanização que atingiram os interesses econômicos da população indiana e levaram 33.000 a emigrar para a Grã-Bretanha, embora um número maior ficasse. Às vezes, como na Indonésia, a discriminação se mostrou homicida. Além disso, houve limpeza étnica quando 60.000 ugandenses de ascendência asiática foram expulsos do país em 1972.

Em termos mais gerais, a tensão racial foi generalizada, e a existente entre habitantes de ascendência africana e indiana também ocorreu em outros locais, como em Trinidad. A defesa dos interesses da minoria branca na África não se separava dessa tensão racial generalizada e foi um importante aspecto dela. Na verdade, o discurso sobre globalização deveria dar atenção a esse preconceito em boa parte do mundo. Como aspecto da tensão racial, houve a tendência generalizada de negligenciar a extensão e o papel dos que tinham ascendência mista, como, por exemplo, na África do Sul.

A identidade imperial

Em boa parte do império, as comunidades de colonos britânicos eram de tamanho relativamente pequeno e se tornaram menos importantes depois da independência, notadamente na Índia. No entanto, as comunidades de colonos continuaram a ser uma presença em algumas ex-colônias, como o Quênia. Os domínios continuaram a ter uma forte noção de identidade britânica. Quase 1, 5 milhão de britânicos emigrou para a Austrália de 1947 a 1981, e Robert Menzies, nascido na Austrália e primeiro-ministro de 1939 a 1941 e de 1949 a 1966, afirmou:"Quem migra da Grã-Bretanha para a Austrália não se perde para a Grã-Bretanha; ele meramente serve ao verdadeiro interesse da Grã-Bretanha em outra parte do Império". A partir da década de 1980, a migração para a Austrália não foi mais dominada pelos britânicos, e sim, cada vez mais, pelos asiáticos.

Novas identidades

A criação de novos estados assegurou a necessidade de ideologias unificantes.

DECLÍNIO DA PREDOMINÂNCIA OCIDENTAL, 1956-74 **177**

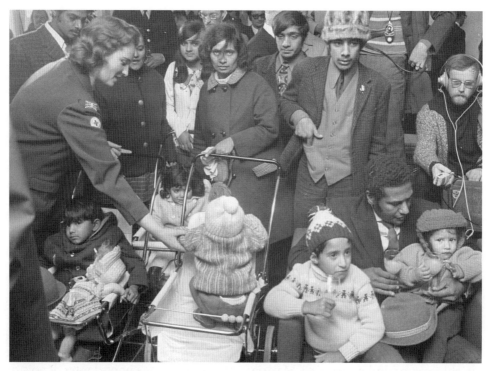

ACIMA
Refugiados asiáticos ugandenses chegam aos Países Baixos em 1972. As políticas racistas causaram a fuga de refugiados asiáticos que tinham se instalado em Uganda no período do domínio imperial britânico.

Em parte, isso envolveu a ênfase na escala nacional e não na regional. Assim, na Indonésia, que em parte era/é uma Grande Java que adotou uma identidade conveniente, houve a minimização do ponto de vista de Sumatra, Sulawesi, Bornéu indonésio e Nova Guiné Ocidental. Também foi o caso da Malásia em Sarawak e Bornéu do Norte. Nos dois países, havia o temor das consequências políticas do caráter multiétnico e multirreligioso desses estados distantes, que levou a desenfatizar outros vínculos, notadamente entre as partes indonésia e malaia de Bornéu e entre o norte malaio e a Tailândia.

■ NOVOS NOMES

Com a independência em 1964, a Niasalândia foi chamada de Malauí e a Rodésia do Norte se tornou Zâmbia, com a Rodésia do Sul virando Zimbábue em 1980. Sua capital Salisbury, com o nome de Robert, 3º marquês de Salisbury, estadista e primeiro-ministro britânico do ápice imperial, passou a ser Harare. Algumas mudanças vieram bem depois da independência: o Ceilão virou Sri Lanka em 1972, a Birmânia, Mianmar em 1989 e Bombaim, Mumbai em 1995. Isso também aconteceu com outros impérios. A colônia francesa de Alto Volta se tornou Burkina Faso em 1983. Saigon, capital do Vietnã do Sul, virou Ho Chi Minh em 1975.

Congo

Em 1960, quando o Congo se tornou independente da Bélgica, o ritmo crescente do colapso imperial ofereceu novo combustível para a rivalidade da Guerra Fria. Por considerar o país pró-soviético, os EUA tentaram, sem sucesso, impedir a eleição de Patrice Lumumba, chefe do Movimento Nacional Congolês. Com muitos grupos étnicos e sem prática de governo central unidos sob controle africano, o Congo se fragmentou. Lumumba buscou o apoio da ONU, mas o medo de que ele recorresse aos soviéticos levou os EUA a apoiarem a tomada do poder pelas forças armadas congolesas sob o comando do general Joseph Mobutu, em setembro de 1960. Lumumba foi assassinado em janeiro de 1961, e a CIA ajudou a financiar Mobutu para conquistar o controle do país às custas de adversários e separatistas.

Alguns destes últimos tentaram transformar a província de Catanga, rica em

ACIMA
Mobutu Sese Seko, ditador do Zaire (Congo), com o príncipe Bernhard dos Países Baixos. Mobutu foi mantido no poder pelos EUA e pela França, como parte da guerra fria e para defender seus interesse.

ABAIXO
Prisão de Patrice Lumumba, líder do Movimento Nacional Congolês, pelas forças de Mobutu depois do golpe em dezembro de 1960. No mês seguinte, Lumumba foi executado por um pelotão de fuzilamento catanga, com a conivência belga.

DECLÍNIO DA PREDOMINÂNCIA OCIDENTAL, 1956-74   **179**

ACIMA
A guerra de Biafra, 1967-1970. O separatismo do sudeste da Nigéria foi destruído num conflito em que o bloqueio causou fome.

minérios, em estado independente. Não conseguiram, mas a tentativa mostrou que o padrão geral em que as ex-colônias, quando independentes, mantinham as fronteiras territoriais do período colonial muitas vezes se desfazia diante de identidades étnicas e visões regionais. Também foi esse o caso da Nigéria (que se tornou independente da Grã-Bretanha em 1960), onde, num conflito acirrado em que a fome em massa teve seu papel, a região de maioria ibo não conseguiu, em 1967-1970, manter um estado independente chamado Biafra diante do grande esforço das forças armadas muito maiores da Nigéria.

Houve uma história semelhante nas tentativas prolongadas e, finalmente, bem-sucedidas da Eritreia e do Sudão do Sul de conquistar a independência da Etiópia e do Sudão, respectivamente em 1991 e 2011. Até certo ponto, um processo semelhante ocorreu na Tchecoslováquia, na Iugoslávia e na União Soviética na década de 1990. Muitos estados foram criações do imperialismo ocidental, como Indonésia, Sri Lanka, Índia, Paquistão, Malásia, Nigéria, Quênia, África do Sul e Congo. Em cada caso, sua extensão territorial reflete esse imperialismo.

A GUERRA FRIA

As pressões ambientais estavam envolvidas na Guerra Fria, mas dificil-

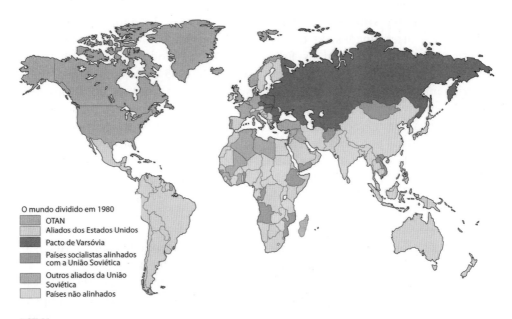

ACIMA
Mapa que mostra a aliança das nações do mundo durante a Guerra Fria, assim como os principais conflitos que ocorreram.

mente na frente do palco. Em vez disso, o que estava em questão eram os recursos a serem usados, em vez de conservados — principalmente o petróleo, tema importante da luta pelo Oriente Médio. Para os Estados Unidos, era importante manter a Arábia Saudita longe das mãos comunistas por causa da sua imensa reserva petrolífera.

Mas, por trás de tudo, estava a determinação de controlar povos e territórios. Nem os Estados Unidos nem a União Soviética viam a sua ideologia como apropriada só para si ou para as regiões vizinhas. Essas ideologias rivais achavam que tinham validade mundial. Isso ajudou a tornar a Guerra Fria especialmente desestabilizadora.

As ideologias e opiniões totalmente incompatíveis sobre o futuro necessário para a humanidade estavam por trás da guerra fria e lhe deram grande energia. Os comentaristas comunistas apresentavam uma imagem de igualdade liderada pelos soviéticos como meio e garantia de progresso, enquanto os anticomunistas argumentavam que o comunismo era inerentemente totalitário e destruidor da liberdade. A modernização era apresentada sob vários pontos de vista. Era considerada pelos americanos uma forma de New Deal global: uma tentativa de criar estados independentes, capitalistas, democráticos e liberais. Havia uma preferência inerente pela democracia, mas, em boa parte do mundo, a desconfiança dos americanos diante do populismo e dos políticos de esquerda promoveu alianças com as elites autoritárias. Desse modo, a contenção no Irã, na África portuguesa, no Vietnã do Sul, na África do Sul e na América Latina significou apoiar a resistência desses regimes à tendência liberal, embora a oposição a esses regimes incluísse, em cada caso, movimentos marcadamente antiliberais.

A Guerra Fria na América Latina

Mais ricos e determinados do que os impérios europeus, em geral os Estados Unidos se mostraram uma potência imperial mais bem-sucedida. Isso foi especialmente verdadeiro na América Latina, onde a dominação econômica e militar foi exercida por meio de aliados locais, muitos deles militares, como no Brasil e no Chile. Na Argentina, Juan Péron, presidente de 1946 a 1955 e de 1973 a 1974, era um ditador populista e um personagem militar que, em geral, os americanos foram capazes de aceitar. No Paraguai, Alfredo Stroessner tomou o poder com um golpe em 1954 e permaneceu presidente até 1989, com sua ditadura apoiada pelos EUA. No Brasil, a instabilidade e o temor do comunismo levaram o exército, ansioso para impor ordem e progresso, a tomar o poder em 1964, passo apoiado pelos Estados Unidos. O golpe produziu uma ditadura que durou até 1985 e que, a princípio, trouxe, ao lado da matança de dissidentes, o crescimento econômico da década de 1970, que terminou na década de 1980 diante de graves problemas econômicos e grande impopularidade. No Chile, em 1973, o governo esquerdista de Salvador Allende foi derrubado por um golpe militar de direita que resultou em violenta ditadura militar apoiada pelos americanos, sob o comando do general Augusto Pinochet, que durou até 1990.

No Uruguai, onde fora declarado o estado de emergência em 1968 em resposta à agitação e, notadamente, aos guerrilheiros tupamaros, os militares tomaram o poder em 1973 e o mantiveram até

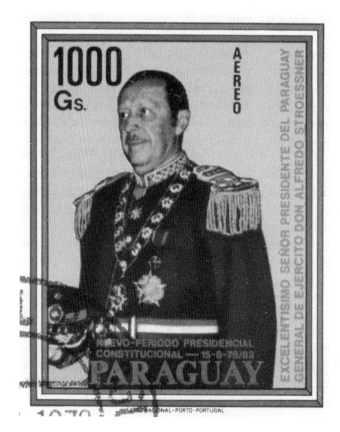

À ESQUERDA
Alfredo Stroessner, comandante em chefe das forças armadas do Paraguai, tomou o poder num golpe em 1954 e se manteve como ditador até ser derrubado com o golpe de outro general em 1989. Apoiado pelos americanos, o anticomunista Stroessner governou pelo terror e pela intimidação.

● A AMÉRICA LATINA DURANTE A GUERRA FRIA

4 de junho de 1946	Juan Perón começa o primeiro mandato como presidente da Argentina
4 a 7 de maio de 1954	Alfredo Stroessner assume o controle do Paraguai com um golpe
1º de janeiro de 1959	O governo de Batista cai em Cuba
17 a 20 de abril de 1961	Exilados cubanos comandam a malsucedida invasão da Baía dos Porcos, com apoio da CIA
31 de março a 1º de abril de 1964	O exército assume o poder no Brasil
28 de abril de 1965	Soldados americanos invadem a República Dominicana para pôr Joaquín Balaguer no poder
9 de outubro de 1967	Che Guevara é executado na Bolívia
13 de junho de 1968	O Uruguai declara estado de emergência
11 de setembro de 1973	Salvador Allende é derrubado por um golpe militar comandado pelo general Pinochet
17 de julho de 1979	Os sandinistas chegam ao poder na Nicarágua
14 de outubro de 1983	Os americanos intervêm em Granada
27 de junho de 1985	O Tribunal de Justiça Internacional condena o apoio americano aos contras nicaraguenses

1985. Mais uma vez, os direitos humanos foram violados, notadamente com tortura e assassinatos. Os adversários "desapareciam".

A relação entre os Estados Unidos e os militares latino-americanos desmoronou em Cuba, onde o regime de Fulgencio Batista, uma ditadura militar reacionária, foi derrubado em 1959 pelos radicais de esquerda sob o comando de Fidel Castro, que pediu ajuda à União Soviética. Isso levou a uma malfadada invasão, apoiada pela CIA, de emigrados cubanos em 1961, o episódio da Baía dos Porcos.

Em troca, a União Soviética tentou transportar mísseis nucleares para Cuba. Sua mobilização, que ameaçava os Estados Unidos, deixou o mundo próximo de uma guerra nuclear em 1962 (embora, na prática, essa mesma possibilidade possa ter ajudado a prevenir as operações militares convencionais que teriam começado com um ataque aéreo às bases soviéticas em Cuba). No caso, com o argumento de que o apaziguamento da Alemanha na década de 1930 não deveria se repetir, impôs-se o bloqueio aéreo e naval americano para impedir o envio de mais suprimentos soviéticos.

A União Soviética concordou em remover os mísseis, enquanto os Estados Unidos se comprometeram a não invadir Cuba e a retirar mísseis da Turquia. Hoje, o bloqueio econômico americano contra Cuba continua em vigor, e isso é usado por Cuba para justificar seu regime autoritário e explicar o grave fracasso econômico. Enquanto isso, Khruschov foi prejudicado pela crise e considerado instável pelos colegas, enquanto Castro e

DECLÍNIO DA PREDOM NÂNCIA OCIDENTAL, 1956-74 **183**

ACIMA
Depois de bombardeado, La Moneda, o palácio presidencial chileno, arde durante o golpe militar de 11 de setembro de 1973.

PÁGINA AO LADO
A Crise dos Mísseis em Cuba, 1962. A vigilância aérea americana revelou o desenvolvimento de bases de foguetes soviéticos e levou ao bloqueio americano, mas a guerra foi evitada.

UMA HISTÓRIA REVOLUCIONÁRIA

Em Cuba, o Museu da Revolução, no palácio presidencial usado por Batista, dá detalhes sobre a Revolução Cubana. Depois a história é levada adiante com exposições sobre a "construção do socialismo". Ao lado do museu fica o barco que levou Fidel a Cuba em 1956 para começar a revolução, veículos militares da invasão da Baía dos Porcos em 1961 e um monumento aos que morreram na luta revolucionária. O museu do Ministério do Interior tem exposições relativas às numerosas tentativas de assassinato contra Castro, além de detalhes de outras operações da CIA e de exilados cubanos.

Mao o viam como fraco por ter piscado primeiro. O manejo da crise por Khruschov foi citado como razão para sua dispensa em 1964.

Apesar do persistente temor americano, Cuba não foi um precursor do resto da América Latina. Che Guevara, o lugar-tenente de Castro, tentou sem sucesso iniciar a revolução social na América do Sul e foi morto na Bolívia em 1967.

Em 1965, os americanos mandaram soldados à República Dominicana para impedir que um movimento de esquerda ocupasse o poder para reverter um golpe de dois anos antes. Eles fizeram o mesmo em Granada em 1983. No entanto, os americanos acharam a situação menos favorável na Nicarágua na década de 1980, quanto tentaram coagir o regime sandinista de esquerda.

A Guerra Fria na Europa

A sombra nuclear contribuiu para a estabilização das fronteiras da guerra fria na Europa. Ficou arriscado demais para os Estados Unidos patrocinar o recuo da esfera soviética. Essa estabilização incentivou a busca de vantagens no Terceiro Mundo.

Com apoio militar americano, Berlim ocidental se manteve fora do bloco soviético na Crise de Berlim de 1961, mas a política do Ocidente era de contenção e não de tentar reduzir o poder soviético na Europa oriental. Na verdade, o Muro de Berlim, construído pelos alemães orientais em 1961, transformou a cidade

À ESQUERDA
Mural em Havana, Cuba, a favor de Che Guevara, aliado de Fidel Castro que buscou disseminar a Revolução Cubana e foi morto em 1967 numa tentativa malsucedida na Bolívia

guardas de fronteira se deslocar rapidamente. Tinha torres de vigia e campos minados, e muitos morreram tentando atravessá-lo.

Além disso, os movimentos reformistas dos regimes comunistas foram esmagados pelo exército soviético na Hungria, em 1956, e na Tchecoslováquia, em 1968, sem que os Estados Unidos interferissem. Esse resultado refletiu a dificuldade de adversários internos e externos de se envolver com o autoritarismo e os métodos soviéticos. Nos dois casos, os soviéticos não se dispuseram a enfrentar o risco de que a reforma do comunismo levasse à erosão da coerência do bloco soviético. O princípio da coexistência pacífica entre os estados comunistas foi espetacularmente rompido pela ação soviética, mas os soviéticos argumentaram que a "assistência fraterna" pela causa da "solidariedade socialista" estava em jogo. Nos dois casos, a supressão da reforma foi seguida pela reimposição dos estados policiais.

A exposição das políticas comunistas tornou um tanto sinistra a aceitação internacional do bloco comunista pela *détente* ou "normalização". Além disso, era frequente haver muito mais esforço para criticar os Estados Unidos do que para observar que havia um contraste claro entre a democracia da Europa ocidental, que se espalhava com as mudanças em

numa forte prova da hostilidade que durou até 1989. Apresentado como estrutura defensiva, um "Muro de Proteção Antifascista", na verdade o Muro de Berlim foi construído para interromper o êxodo da população da Alemanha Oriental. O muro era complementado por corredores subterrâneos, que permitiam aos

ALBÂNIA: UM ESTADO DISSIDENTE

O impiedoso líder comunista Enver Hoxha governou como ditador de 1944 até sua morte em 1985 e se tornou aliado da China em 1961. Devido à paranoia de Hoxha, ao modelo comunista estabelecido de controle totalitário do estado, ao culto à personalidade, à coletivização e ao ateísmo estatal, o país permaneceu isolado das pressões reformistas do resto da Europa oriental, mantendo-se à distância por medo de contaminação ideológica.

À ESQUERDA
Enver Hoxha, ditador albanês, se encontra com Chu-en-lai, ministro do Exterior chinês, quando os dois estados isolados se aliaram.

Portugal e na Espanha, e a opressão na Europa oriental.

Os soviéticos não mandaram soldados à Iugoslávia, que rompeu o controle em 1948, nem à Albânia em 1961. As duas eram mais tangenciais nas preocupações estratégicas soviéticas, concentradas principalmente na Alemanha. Além disso, ofereciam dificuldades militares mais graves.

A Guerra Fria no Oriente Médio

Os americanos tentaram limitar o avanço soviético por meio da "contenção", um sistema de alianças entre estados fronteiriços. Em consequência, foram criadas várias alianças — OTAN, OTC, OTSA — além de acordos bilaterais. Por sua vez, os soviéticos tentaram escapar da contenção encontrando aliados mais distantes, como Cuba, Etiópia e Angola, e explorando rivalidades no mundo recém-descolonizado, como, por exemplo, entre a Índia e o Paquistão. Isso foi feito com muito sucesso no Oriente Médio, onde Egito, Síria e Iraque se tornaram aliados soviéticos e foram armados de acordo.

Em termos de guerra, fria ou não, o Egito era o mais expansionista deles. Nasser buscou uma ideia de unidade pan-arabista e, notadamente, aproveitou a união federativa com a Síria, o Sudão e a Líbia. Nesta última, um grupo militar radical comandado pelo coronel Kadafi derrubou a monarquia em 1969 e se manteve no poder até 2011. O Egito também competia com a conservadora monarquia saudita e, em 1962, interveio no lado antimonarquista de uma guer-

ACIMA
A Guerra dos Seis Dias. A captura da Cidade Velha de Jerusalém pelas forças de Israel em 1967 foi um episódio importante de sua identificação como país.

ra civil no Iêmen. Em troca, os sauditas apoiaram o outro lado. Foi o que aconteceu na guerra civil da província ocidental de Dhofar, em Omã.

No entanto, a ira específica do Egito se concentrava em Israel, que o derrotara em 1948-1949 e em 1956. Opor-se a Israel ofereceu a Nasser a oportunidade de reivindicar a liderança do mundo árabe. Em 1967, na Guerra dos Seis Dias, a beligerância de Nasser foi contraposta pelo bem-sucedido ataque de surpresa dos israelenses, que pressionaram até derrotar a Jordânia e a Síria, que acorreram para ajudar o Egito. Israel terminou a guerra com a conquista da Faixa de Gaza, da Cisjordânia e das Colinas de Golan do Egito, da Jordânia e da Síria.

Ainda assim, os soviéticos rearmaram totalmente o Egito e a Síria, que, por sua vez, lançaram um ataque de surpresa a Israel em 1973. Conhecida como Guerra de Outubro, Guerra do Yom Kippur e Guerra do Ramadã, o que nos lembra que as guerras e, na verdade, a história mundial podem ser vistas e descritas de formas diferentes, nesse conflito os israelenses sofreram pesadas baixas antes de finalmente triunfar sobre os dois atacantes. Houve o risco de a União Soviética e os Estados Unidos tomarem o partido de seus respectivos aliados, mas, no fim, esse perigo ajudou a conter a luta. Os Estados Unidos pressionaram Israel para parar de lutar com os adversários finalmente derrotados.

ACIMA
Mural sobre o desenvolvimento agrícola no processo da modernização chinês que, na prática, foi mais difícil e violento.

A UNIÃO SOVIÉTICA

Enquanto isso, a cisão sino-soviética foi um desafio para a dominação soviética do bloco comunista, muito mais grave do que a deserção da Iugoslávia em 1948. A origem diferente do partido comunista chinês e soviético era uma questão, assim como os fatores ideológicos, as diferenças culturais, o temperamento dos líderes, a competição militar e a preocupação com o *status*. Em termos mais gerais, os soviéticos acharam difícil influenciar, quem dirá dirigir, os estados não ocidentais por períodos mais longos: ao lado das rixas ideológicas, o nacionalismo pisoteava a ideologia.

Os chineses rejeitaram tanto o que viam corretamente como paternalismo soviético quanto a liderança ideológica soviética que, a partir de meados da década de 1950 com Nikita Khruschov, se tornara a rejeição do legado de Josef Stalin e o avanço para um certo grau de liberalização. Em contraste, a China de Mao Tsé-Tung se opunha a qualquer concessão e, no "Grande Salto Adiante" de 1958-1962, um mau uso da linguagem do qual é preciso sempre se proteger, buscou forçar um avanço radical de sua economia. Faltava essa brutalidade na União Soviética de Khruschov. Nenhum dos países viu o controle do estado trazer a transformação econômica que buscavam, mas o comunismo impossibilitou abandonar esse controle e as aspirações ousadas que o acompanhavam.

O fracasso de Khruschov, inclusive na solução do problema da produção de alimentos, levou à sua derrubada por um grupo de ministros comandados pelo cauteloso Leonid Brejnev, que governou a União Soviética até sua morte em 1982. Decidido a evitar a guerra, Brejnev estava disposto a pensar na coexistência com o Ocidente. Isso ajudou a levar à concentração na política chinesa e na situação da Ásia.

Mais profundamente, os regimes comunistas enfrentaram graves problemas em sua própria capacidade de governar, principalmente porque boa parte da população se dispunha a subverter as exigências do estado, enquanto as instituições faziam o mesmo. Portanto, a manipulação regular das metas de produção e o desvio pelos indivíduos de passaportes internos e da regulamentação da moradia se tornaram endêmicos na década de 1960. O estado soviético, que, sob Stalin, tentara forçar a produtividade pelo terror e depois, com seus sucessores, com admoestações e controle, se tornou muito ineficiente.

▌OS ESTADOS UNIDOS

A maior potência mundial tinha uma economia dinâmica e manteve seu sistema democrático. Ao mesmo tempo, os Estados Unidos mudavam com o aumento da importância do Texas e da Califórnia e as medidas contra a segregação racial no Sul. A décadade 1960 e o início da de 1970 se mostraram anos de sobe e desce no país. À confiança dos anos 50, uma década de prosperidade e crescimento econômico, se seguiu, no início dos anos 60, o otimismo do governo Kennedy. Esse otimismo logo se estilhaçou. Kennedy foi assassinado em 1963, o programa da Grande Sociedade e a aprovação de leis garantindo os direitos civis dos negros não conseguiram dar fim à discriminação racial e atentativa de conter o comunismo no exterior resultou no fracasso desastroso da Guerra do Vietnã. A falta de unidade entre os democratas levou, em 1968, à eleição do republicano Richard Nixon, que seguiu um caminho de *Realpolitik* por instância de seu assessor de segurança nacional Henry Kissinger. A tentativa subsequente de Nixon de aniquilar os adversários domésticos causou problemas com a lei no Caso Watergate, que resultou numa crise de legitimidade de seu regime e, finalmente, à sua renúncia.

O assassinato de Kennedy

Vários presidentes americanos foram assassinados no século XIX, mas só um, John F. Kennedy, no XX, embora houvesse ataques malsucedidos a Harry Truman e Ronald Reagan. A Comissão Warren concluiu que o assassinato em Dallas, em 22 de novembro de 1963, foi obra de um único indivíduo, mas as vá-

ACIMA
Dallas, 1963. O assassinato do presidente Kennedy foi um momento traumático para os Estados Unidos, mas também mostrou a resiliência de seu sistema político.

rias teorias da conspiração que circularam a partir do momento da morte de Kennedy confirmaram não só a força da paranoia como a noção de que a barreira de um mundo alternativo no qual a violência tinha papel importante fora superada. Em parte, foi uma questão de transpor a divisão entre o conflito internacional e a política doméstica, mais obviamente com histórias de que a KGB, o governo cubano ou os exilados cubanos anti-Fidel, desiludidos com a falta de apoio, tinham sido os responsáveis.

Houve também relatos de que Kennedy fora vítima do crime organizado ou de elementos políticos que queriam uma postura anticomunista mais dura.

Na prática, é muito mais difícil organizar conspirações do que alegar sua existência. No entanto, o assassinato deu início a uma década em que homicídios ou tentativas de homicídio (Malcolm X, em 1965; Martin Luther King e Robert Kennedy, em 1968; George Wallace, em 1972) tiveram papel importante na política. Talvez em consequência disso, ficou

▪ "EU TENHO UM SONHO"

Num potente discurso pelos direitos civis dos negros, feito simbolicamente nos degraus do Memorial de Lincoln, em Washington, em 28 de agosto de 1963, Martin Luther King Jr. declarou que, apesar da Proclamação de Emancipação, "cem anos depois, a vida do negro ainda é tristemente aleijada pelas algemas da segregação e pelas correntes da discriminação".

ACIMA
A Marcha sobre Washington por Emprego e Liberdade, 28 de agosto de 1963, quando Martin Luther King fez o discurso "Eu tenho um sonho".

fácil pensar em termos de conspirações. Sem dúvida, os assassinatos indicaram a importância da prevalência das armas nos Estados Unidos.

A Grande Sociedade e os direitos civis

O sucessor de Kennedy, seu vice-presidente Lyndon Johnson (governou de 1963 a 1968), político texano e líder experiente no Congresso, teve uma vitória retumbante sobre o estridente republicano Barry Goldwater na eleição presidencial de 1964. A reputação subsequente de Johnson foi prejudicada pela Guerra do Vietnã, mas, na política interna, o democrata se dispôs e conseguiu enfrentar as profundas desigualdades sobre as quais Kennedy só falara. Johnson, que foi agente do New Deal no governo de Franklin Delano Roosevelt, com a poderosa linguagem simbólica de sua mensagem sobre fronteiras e sociedade, afirmou a possibilidade de grandeza nacional e expandiu programas sociais caros, além de apoiar a dessegregação. Ele declarou:' "Convoquei a guerra nacional à pobreza. O nosso objetivo: a vitória total." A lei dos direitos civis, aprovada em 1964 com o apoio enfático de Johnson, proibia a discriminação no emprego com base em raça, religião e gênero. A dessegregação das escolas foi ampliada. A Lei do Direito de Voto veio em seguida, em 1965. Essas medidas foram importantes para a extensão dos direitos civis e das oportunidades aos negros, embora tendessem a ser subestimadas devido ao foco com-

À DIREITA
O presidente Johnson assina a Lei de Oportunidades Econômicas. A legislação da "Grande Sociedade" da década de 1960 foi outra versão do New Deal, mas mais atenta aos problemas criados pela desigualdade racial.

PÁGINA AO LADO
A Guerra do Vietnã. A destrutividade da guerra foi registrada pelos fotógrafos, mas de modo concentrado nos danos causados pelos americanos, não pelos adversários comunistas.

preensível na ação corajosa dos próprios ativistas negros, notadamente Martin Luther King. Com base na dessegregação das forças armadas por Truman e nos passos de Eisenhower contra a discriminação, a lei dos direitos civis afetou a educação e o emprego público federal, mas teve menos impacto na saúde pública e na habitação privada.

A maioria dos líderes negros defendia o interesse da comunidade por meio da política tradicional. Por outro lado, o radicalismo e o separatismo negros defendidos por Malcolm X não conseguiram se desenvolver como movimentos de massa. Em 1965, ele declarou: "Uma das coisas que fizeram o movimento muçulmano negro crescer foi sua ênfase nas coisas da África. Esse foi o segredo do crescimento do movimento muçulmano negro. Sangue africano, origem africana, cultura africana, laços africanos... descobrimos que, no fundo do subconsciente, o negro deste país ainda é mais africano do que americano".

A Guerra do Vietnã

O sucesso de Kennedy no malabarismo da crise de Cuba de 1962 incentivou uma resposta americana firme em outras circunstâncias, com a crença errônea de que uma pressão semelhante poderia ser usada para forçar as potências comunistas a recuar. A crise também acentuou a noção de que os EUA enfrentavam o comunismo que avançava pelo mundo.

Essa sensação se concentraria no Vietnã do Sul, país que a maioria dos americanos e muitos políticos não conseguiriam encontrar no mapa em 1960. A criação em 1954 do Vietnã do Norte e do Sul como estados separados não produziu estabilidade. O governo americano temia que a falta de apoio ao governo de Ngo Dinh Diem no Vietnã do Sul contra a subversão comunista ativa do Vietnã do Norte levaria à disseminação do comunismo no sudeste da Ásia, opinião descrita como a teoria do dominó. Diem era um autocrata, mas seu

À ESQUERDA
Soldados do Khmer Vermelho durante a Guerra Civil do Camboja, em 1975.

anticomunismo o tornava aceitável para os americanos, e Kennedy gostava de seu catolicismo. Além disso, a atitude americana geralmente racista diante dos sul-vietnamitas assegurou que a falta de democracia parecesse razoável e também levou a menos preocupação com as baixas vietnamitas. O compromisso dos "assessores" americanos com o Vietnã do Sul no governo Kennedy se tornou, sob Johnson, uma escalada que pôs lá meio milhão de soldados em 1969.

No entanto, essa guerra se mostrou insolúvel; a estratégia americana supôs erradamente que os norte-vietnamitas capitulariam quando as baixas aumentassem. Na prática, as baixas americanas logo se mostraram inaceitáveis para a população em casa. A desilusão com os sinais contínuos de vitalidade norte-vietnamita, notadamente a inesperada Ofensiva do Tet em janeiro de 1965, combinada aos problemas econômicos domésticos, além da oposição política, levou Johnson, em março, a rejeitar a requisição de mais 206.000 soldados e decidir que não concorreria novamente à presidência.

Depois de eleito em 1968, Richard Nixon, seu sucessor republicano, que prometera dar fim à guerra, a princípio a manteve. Realmente, em 1970 ele aumentou seu alcance e invadiu o vizinho Camboja para destruir bases comunistas lá. Bem-sucedida em terra a curto prazo, essa "incursão" destrutiva, de legalidade duvidosa, reduziu ainda mais o apoio à guerra nos Estados Unidos e ajudou a criar a sensação de um governo indisposto a limitar suas metas e métodos. Ao mesmo tempo, os americanos retiraram tropas do Vietnã do Sul, aproveitando as más relações entre a China e a União Soviética.

Em 1972, a reaproximação sino-americana, com a visita de Nixon a Pequim naquele ano, tornou menos grave para os Estados Unidos abandonar o Vietnã do Sul. Além disso, na Indonésia a derrota do comunismo com o apoio da CIA e a derrubada do governo Sukarno pelas forças armadas indonésias em 1965-1966 tornou o destino do Vietnã menos importante em termos geopolíticos. Em 1973, depois de negociar um acordo de paz, as forças americanas se retiraram do Vietnã do Sul.

No entanto, o conflito continuou até que, em 1975, o Vietnã do Sul foi finalmente vencido. Naquele ano, os comunistas também triunfaram no Camboja e no Laos, e o paranoico Khmer Vermelho, que governou o Camboja de 1975 a 1979, praticou o homicídio em massa como parte de sua política de transformação social. A Guerra do Vietnã demonstrou que ser a maior potência mundial não significava necessariamente que estados menos poderosos pudessem ser derrotados. Também mostrou que o comunismo estava decidido a arregimentar a sociedade e disposto a estabelecer estados controladores.

O radicalismo dos anos 60

Na década de 1960, a visão WASP (White, Anglo-Saxon and Protestant, ou seja, branco, anglo-saxão e protestante) dos Estados Unidos foi questionada pelas pressões econômicas, sociais, culturais e políticas e pela reivindicação de um país mais diversificado. Esse desafio e sua reação foram a base das subsequentes "guerras culturais". O efeito líquido do foco do hedonismo no livre-arbítrio e na autorrealização foi uma construção pública de identidades individuais mais multifacetadas e de uma sociedade mais fluida disposta a questionar a autoridade.

Em geral, os anos 60 são lembrados em termos dos festivais de música pop e da cultura alternativa, com o consumo de drogas narcóticas. No entanto, o político mais importante a sair vitorioso da década foi Richard Nixon, o republicano que venceu a eleição presidencial de 1968. Do mesmo modo, Edward Heath, o candidato conservador, venceu as eleições gerais de 1970 na Grã-Bretanha, e, na França, o igualmente direitista Georges Pompidou ganhou a eleição presidencial francesa de 1969.

Esse paradoxo mostrou até que ponto as mudanças propostas e, em parte, executadas no período também provocaram oposição. Essas mudanças refletiram o deslocamento da religião como elemento-chave das normas culturais e sociais e a ênfase no livre-arbítrio que a substituiu. A cultura jovem, o feminismo, as drogas e a liberação sexual eram temas internacionais, assim como o questionamento muito público da autoridade, que foi um choque tremendo para a geração mais velha. Agora, a ênfase era a novidade, a liberdade e a autorrealização, ou melhor, e a distinção é importante, o que era apresentado sob essa luz.

Gerações em conflito

A "geração grandiosa", os americanos que chegaram à maioridade na década de 1940 e lutaram na Segunda Guerra Mundial, tiveram como contraponto a "geração anos 60", que teria abandonado seus valores com consequências sociais e culturais negativas para os EUA. A política teve seu papel nessa guerra cultural, com os republicanos especial-

À DIREITA
Policial alemão segura um cartaz de "procura--se" para a quadrilha de Baader-Meinhof, em 1976.

mente propensos a se apropriar da ideia da "geração grandiosa", irônica porque a Segunda Guerra Mundial, como a Guerra do Vietnã, foi travada por governos democratas. A princípio, a "geração anos 60" se apresentou em termos de harmonia, paz e amor, mas o otimismo ficou baixíssimo com a experiência do Vietnã e com uma sensação mais generalizada de mal-estar e decepção. Isso se refletiu na mudança da música popular para uma nova desolação e discordância, como no *White Album* dos Beatles (1968), em *Let it Bleed*, dos Rolling Stones (1969) e nos filmes *Easy Rider* (1969) e *El topo* (1970). A sensação de esperança estilhaçada veio à frente do palco no fim da década.

Foi uma desilusão bem diferente da que deu origem ao radicalismo antiliberal de extrema esquerda e extrema direita de 1917, mas havia em comum os elementos de uma sensação de crise cultural. No entanto, faltou aos terroristas do fim da década 1960 em diante, a Brigada Vermelha na Itália, o grupo Baader-Meinhof na Alemanha, o Weather Underground nos Estados Unidos, a Angry Brigade na Grã-Bretanha e seus correspondentes na Bélgica, no Japão, em Portugal e em outros países a capacidade de aproveitar a agitação social, política e militar da época e manter a sensação de crise revolucionária.

Henry Kissinger e a *Realpolitik*

Nomeado assessor de segurança nacional por Nixon em 1969, Henry Kissinger, especialista em relações internacionais de Harvard, considerava-se um realista decidido a limitar o caos. Fazer contato com a China para se contrapor à União Soviética era considerado um modo de pressionar os soviéticos a convencer o Vietnã do Norte a chegar a um acordo com o Vietnã do Sul. Em busca do "realismo", punha-se a geopolítica à frente da ideologia, e Kissinger se dispôs a isso. Assim, os republicanos deram fim à Guerra do Vietnã. No entanto, a oposição a essa política levou ao nascimento do futuro neoconservadorismo.

À DIREITA
O *Watergate Building*, em Washington. Local inicial da crise política que derrubou o governo Nixon e exemplo do estilo arquitetônico dominante em boa parte da cidade.

Também se viu a *Realpolitik* na União Soviética. Na Europa, a estabilidade era considerada pelo governo soviético capaz de assegurar uma posição mais forte para enfrentar a China, enquanto havia interesse em reduzir o custo da defesa e importar tecnologia ocidental. O interesse pela estabilidade estava no discurso de Leonid Brejnev ao Congresso do Partido de 1971, quando ele clamou pela segurança internacional e dedicou pouco espaço à causa da "libertação nacional", argumento geralmente usado para justificar o apoio às lutas antiocidentais do Terceiro Mundo. Houve, portanto, a rejeição do aventureirismo associado a Khruschov, e isso foi importante no histórico da *détente* (distensão). Esta última também deveu muito à cautela americana, em consequência do fracasso do Vietnã, e à capacidade de conter o conflito de 1973 no Oriente Médio.

O Caso Watergate

A descoberta da invasão, em 17 de junho de 1972, da sede do Comitê Democrata Nacional no Watergate Building, em Washington, expôs aos olhos do público os atos ilegais de Nixon. A ação foi irônica, porque os partidários de Nixon buscavam informações que fossem úteis para sua reeleição como presidente em 1972, mas, na prática, ele não teve dificuldade para vencer a eleição contra um adversário democrata fraquíssimo.

A política de terra arrasada de Nixon diante da investigação subsequente, primeiro pela imprensa e depois pela comissão de investigação do Senado, assumiu a forma de obstrução política e jurídica constante, mas, no fim, com as infrações múltiplas e visíveis da lei, ele foi forçado, em 9 de agosto de 1974, a renunciar por conspiração para obstruir a justiça. O escândalo causou uma crise de confiança nos líderes nacionais que deixou um legado poderoso e duradouro em termos do papel das teorias da conspiração na ficção e nas telas. Houve um paralelo aqui com a desilusão com o fracasso no Vietnã.

A CHINA

Na China, Mao sobreviveu ao fracasso do "Grande Salto Adiante" de 1958-1962, ao contrário dos estimados vinte a quarenta milhões que morreram, principalmente de fome, em consequência da tentativa mal concebida e malsucedida de industrializar rapidamente o país e transformar a economia rural por meio do coletivismo. Os rivais dentro do Partido Comunista caíram em desgraça como "desviacionistas de direita". Sabiamente, Mao não insistiu nos ganhos limitados da bem-sucedida guerra de fronteira com a Índia em 1962; os Estados Unidos supriam a Índia, mas a União Soviética se recusou a ajudar a China.

No entanto, a próxima grande tentativa de mudança de Mao, a Revolução Cultural iniciada em 1966 para imbuir a sociedade e o estado com a ideologia radical da mudança contínua, causou o caos em grande escala, com o terror usado pelos Guardas Vermelhos contra

ACIMA
Escrita de cartazes na Universidade de Pequim, em 1966. Os estudantes tiveram papel fundamental no radicalismo mundial do final da década de 1960 e foram importantíssimos na China e na França.

À ESQUERDA
Mao Tsé-Tung como exemplo universal. Os chineses exageraram o apelo global da Revolução Cultural e, dentro da China, ela deixou um legado complicado.

A ECONOMIA MUNDIAL, 1956-1974

Impelida pela demanda interna, pelo mercado de exportação e pelos aprimoramentos tecnológicos e organizacionais, a economia global manteve o crescimento da década de 1950 durante a de 1960, continuando o "Long Boom". No entanto, houve mudanças no sucesso de economias específicas. O desenvolvimento econômico rápido de alemães e japoneses, que se beneficiaram da indústria mais inovadora, do melhor controle da inflação e da falta de necessidade de investir pesadamente em capacidade militar assegurou o deslocamento da posição dos Estados Unidos e da Grã-Bretanha. Assim, a participação americana na produção total de automóveis por EUA, Japão, Grã-Bretanha, França e Alemanha caiu de 87, 1% em 1960 para 37, 7% em 1970. Também houve expansão econômica da Comunidade Econômica Europeia como um todo. Por sua vez, o crescimento industrial da América Latina e da África continuou modesto. Comparado à situação dos anos 2000 e 2010, foi baixo também na China e na Índia.

A pressão inflacionária dos EUA se deveu, em boa parte, à decisão de custear a Guerra do Vietnã e o programa "Grande Sociedade" de melhoria social com empréstimos e não com tributação. As políticas de dinheiro fácil que se seguiram levaram à disseminação da inflação, enquanto o déficit do balanço de pagamentos contribuiu para a queda das reservas de ouro americanas, que minou o sistema de taxas de juros fixas. Com a gestão keynesiana da demanda, os EUA sob Johnson e Nixon estavam mais preparados para tolerar a inflação do que a Alemanha e o Japão.

O nível de inflação diferente de economias específicas tornou dificílimo administrar o câmbio e a economia internacional e acabou derrubando o sistema de taxas de câmbio fixas de Bretton Woods, estabelecido em 1944. Em 1971, Nixon suspendeu a convertibilidade do dólar em ouro, permitindo que o dólar caísse, o que ajudou a desestabilizar o preço do petróleo.

As dificuldades se transformaram em crise em 1973, quando, em resposta à Guerra do Yom Kippur e para pressionar os Estados Unidos, os maiores produtores de petróleo do Oriente Médio, agrupados na Organização dos Países Exportadores de Petróleo (OPEP), elevou drasticamente o preço do barril. Seguiu-se a "estagflação", combinação de estagnação com inflação, tanto nos Estados Unidos quando em termos mais gerais.

À ESQUERDA
A escassez de petróleo em 1973. A guerra árabe-israelense do Yom Kippur, em 1973, causou o boicote das exportações de petróleo árabe para pressionar os EUA, que ajudou a empurrar a economia mundial para a crise.

elementos conservadores. Em busca de controlar a realidade imperfeita, houve a tentativa frenética de assegurar que todos os meios de informação, discussão e reflexão fossem empregados para legitimar e reiterar as panaceias do Partido Comunista. A Revolução Cultural recebeu algum apoio transitório no Ocidente, mas foi altamente destrutiva.

Finalmente, as forças armadas foram empregadas para restaurar a ordem. Mao permaneceu no cargo e destruiu a oposição dentro do regime, mas nos anos até sua morte, em 1976, ele teve menos controle da China do que até então. Em 2016, os jornais estatais se refeririam à época como "absolutamente errada, na teoria e na prática".

NOVAS TENDÊNCIAS

Tornada notável na década de 1950 e mais popular na de 1960, a Geração Beat, um grupo de poetas e escritores do *underground* americano, rejeitou o comercialismo e buscou novos ritmos e vocabulário, o que a levou ao jazz e à filosofia oriental, principalmente o budismo. Allen Ginsberg cunhou a expressão "*flower power*", e as drogas alucinógenas que ele e outros usavam tiveram influência em seus textos. Realmente, as drogas passaram a fazer parte da cultura jovem ocidental no fim da década de 1960. O modelo disciplinar de criar filhos foi questionado em *Meu filho, meu tesouro* (1946), livro muito influente do médico americano Benjamin Spock. O livro se concentrava em permitir que os desejos intrínsecos das crianças se desenvolvessem. Até certo ponto, as consequências seriam visíveis na década de 1960.

As opções da mulher

Na década de 1950, o lar e a família eram amplamente apresentados como a esfera das mulheres, e o grande número de mulheres que trabalhavam fora não era tratado com justiça. O movimento de

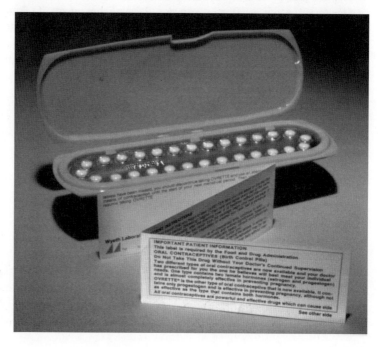

À DIREITA
A pílula anticoncepcional foi um capacitador ao separar o sexo da concepção e deu mais poder às mulheres.

ACIMA
Os Beatles. A música pop englobava muitas tendências da cultura jovem da época, inclusive a ênfase em estilos novos, como na roupa do grupo na capa do LP Sgt. Pepper's Lonely Hearts Club Band, e no comportamento que questionava a geração anterior.

libertação das mulheres foi importantíssimo para a sensação de mudança da década de 1960. O movimento era diversificado, como se vê em textos contrastantes como *A mística feminina* (1963), de Betty Friedan, e *Política sexual* (1970), de Kate Millett. Ainda assim, os pressupostos e práticas convencionais, como a família nuclear, a posição autoritária dos homens dentro da família e a subserviência sexual feminina, foram todos criticados, e houve insistência na "criação de consciência" nas mulheres.

As exigências de reconhecimento de uma sexualidade independente incluíam a afirmação do direito das mulheres de apreciar o sexo, de praticá-lo antes do casamento sem sofrer críticas e de controlar a concepção e, portanto, a própria fertilidade. Essas e outras questões relacionadas foram discutidas no cinema e na literatura. O lançamento e a rápida difusão da pílula anticoncepcional a partir do fim da década de 1950 promoveu a tendência à sexualidade independente e facilitou separar sexualidade de reprodução. A questão era ter a mesma liberdade sexual gozada pelos homens.

Enquanto isso, os aparelhos que poupavam trabalho em casa reduziram o serviço doméstico e incentivaram a maior participação feminina no mercado de trabalho. As mudanças culturais também foram significativas, pois as mulheres tiveram papel fundamental na defesa do direito ao aborto. Em termos mais gerais, o feminismo reivindicou estilos de vida e arranjos sociais que deixassem as necessidades e expectativas das mulheres em posição mais central.

A cultura jovem

A cultura jovem se tornou mais importante na época, e assim permaneceu. A disposição dos jovens de romper com o exemplo e as advertências dos pais e adotar novos sons e modas ajudou a provocar novas ondas culturais. Assim, na música, os jovens da Grã-Bretanha que puseram "*The Twist*" no primeiro lugar das paradas de sucesso de 1960 e 1961 voltaram-se, em 1964, para os Beatles, grupo britânico de música popular que conquistou

fama mundial. A cultura jovem subiu ao palco em ocasiões como o festival de Woodstock, em 1969, e foi homenageada na mídia com filmes como *Grease* (1978).

A tecnologia também aumentou a independência da juventude. A liberdade sexual, que devia algo à pílula anticoncepcional, foi importante para os valores e a experiência dessa geração. O transporte individual relativamente barato restringiu o monitoramento dos pais. O estilo de vida distinto dos jovens, notadamente sua independência, mobilidade e flexibilidade, destacou uma fluidez social mais geral e foi consequência da riqueza produzida pelo "Long Boom". Além disso, a memória recuperada do passado se tornou importante quando essa geração envelheceu. A cultura jovem da década de 1960, recém-energizada, exigente e distinta, aproveitou as novas tecnologias, e a produção em massa da sociedade industrial moderna ofereceu mais uma vez as mercadorias da cultura popular. Os tecidos artificiais foram mais ativamente empregados, com o uso de plásticos modernos, como o PVC (cloreto de polivinila).

A moda mudou rapidamente para refletir o marketing de massa da sociedade de consumo e a preocupação da cultura jovem com a novidade. Os estilos de cabelo e roupa mudavam depressa. Embora as onipresentes calças jeans, item muito americano, fossem duráveis e refletissem a disposição das mulheres de adotar e adaptar a moda masculina, o tema dominante era a atração da moda, não a durabilidade nem outras metas utilitárias. O consumismo se tornou o fim utilitário.

Essa não era uma questão da juventude. O aumento das possibilidades e da

À ESQUERDA
A moda de Carnaby Street. A rejeição resoluta da moda da geração anterior foi uma característica significativa da cultura jovem da década de 1960, e Londres foi um centro importante.

variedade de produtos por meio de novos aperfeiçoamentos estava aberto a todos os consumidores. A moda ficou mais insistente devido à disseminação da fotografia colorida em revistas e suplementos de jornais, além dos filmes e da televisão. Tornou-se comum substituir os produtos, mesmo quando ainda funcionavam.

O mundo de Bond

A franquia cinematográfica mais bem-sucedida do fim do século XX foi lançada no cinema com *007 contra o Satânico Dr. No* (1962). James Bond, criação do escritor britânico Ian Fleming (1908-1964), era um personagem de romance desde *Cassino Royale* (1953). Agente secreto britânico durante a Guerra Fria, Bond parecia digno de crédito quando a Grã-Bretanha era uma grande potência e John F. Kennedy, que hospedou Fleming na Casa Branca, era seu fã. No entanto, nos romances posteriores de Fleming, conforme o poder relativo da Grã-Bretanha se reduzia, o tom foi ficando mais sombrio.

Nos filmes, Bond se tornou importante para o mercado americano e foi várias vezes mobilizado para salvar de ataques os Estados Unidos e seus interesses, como em *007 contra o satânico Dr. No* (1962), *007 contra Goldfinger* (1964), *007 contra a chantagem atômica* (1965), *007 - Os diamantes são eternos* (1971) e *Com 007 viva e deixe morrer* (1973). Os temas de outros pontos deste capítulo tiveram seu papel, notadamente o espaço, como em *Os diamantes são eternos*.

ACIMA
Cartaz do filme O satânico Dr. No, primeiro longa-metragem de James Bond. Nesse estágio, a Grã-Bretanha ainda podia ser mostrada com um papel importante nas relações internacionais, e era aceitável que um astro fosse apresentado fumando.

DARIO FO E A SÁTIRA MODERNA

Laureado com o Prêmio Nobel de Literatura de 1997, Dario Fo (1926-2016) foi um dramaturgo italiano comunista e anticlerical que queria ser um provocador em nome do povo contra os poderosos, com seu conceito de Il Popolo Contro I Potenti (o povo contra os poderosos na Igreja e no Estado). As peças de Fo se concentravam na corrupção do poder, como *A morte acidental de um anarquista* (1970), que tratava da morte real de um preso nas mãos da polícia. *Ninguém paga, ninguém paga* (1974) falava de donas de casa que passam a furtar nas lojas em consequência do preço altíssimo dos alimentos. Fo também levava suas peças ao povo, apresentando-as em fábricas em vez de teatros convencionais.

Por sua vez, o mercado global mais amplo passou a ter importância, pois os espectadores que não tinham o inglês como língua materna se sentiam mais atraídos por um mundo cinematográfico com muitas lutas e perseguições. Os filmes também refletiram as mudanças da correção política, com as atitudes de gênero evoluindo bastante na década de 1990. "M", o controlador de Bond, foi representado por uma mulher, e Bond ficou menos sexista.

1968

A oposição à Guerra do Vietnã, nos Estados Unidos e em termos mais gerais, e a assertividade e o radicalismo recém-adotados e mais abrangentes em grandes setores da juventude, se concentraram num ano de descontentamento em que houve agitações em grande escala, notadamente em Paris, Chicago e Praga. No entanto, elas não tiveram o impacto político que seria de esperar, em parte porque era difícil sustentar a unidade radical e porque havia mais conservadorismo na sociedade do que muitos comentaristas percebiam. Isso era verdadeiro, tanto em geral quanto em particular. Assim, na França, a crise de 1968, os *événements de mai*, não prefiguraram a repetição da Revolução Francesa de 1789 e foram superados. Georges Pompidou,

sucessor conservador e ex-primeiro-ministro de De Gaulle, venceu a eleição presidencial seguinte em 1969. Na Tchecoslováquia, a reforma da "Primavera de Praga" foi cortada em botão pela intervenção militar soviética em 1968.

Os teóricos do poder cultural

A evolução da teoria linguística foi empregada para sondar questões de identidade, poder e significado. Entre os teóricos importantes, estavam Jacques Derrida, Michel Foucault, Clifford Geerz e Jürgen Habermas, da França, dos Estados Unidos e da Alemanha. A informação como ideal objetivo e prática progressista foi afetada pela problematização do significado e do poder, respectivamente por Derrida e Foucault. Cada um deles enfatizava a subjetividade de disciplinas e categorias, como as nações, e a extensão em que refletiam e sustentavam as normas sociais. Esse relativismo foi considerado subversivo dos costumes e da prática, pondo a ênfase no indivíduo.

A era do Valium

As drogas dominaram a atenção na década de 1960, principalmente os narcóticos alucinógenos e modificadores do humor amados por alguns jovens, como o LSD e a maconha. Na prática, outras drogas eram mais comuns. Aquela foi a

DECLÍNIO DA PREDOMINÂNCIA OCIDENTAL, 1956-74   207

ACIMA
Manifestação a favor de De Gaulle em 1968. Em oposição aos radicais, havia fortes tendências conservadoras, e na França estas venceram até a vitória socialista na eleição presidencial de 1981.

Era da Aspirina, não a de Aquário (como sugerido pelo musical *cult* de rock americano *Hair*). Em termos de danos, a demanda de tranquilizantes, que também viciavam, aumentou. Os efeitos colaterais dos barbitúricos levaram à produção, a partir de 1953, do Miltown, mais tarde considerado viciante; a partir de 1960, do Librium (clorodiazepóxido); e, a partir de 1963, de uma forma sintética deste último, o Valium, produto da abertura dos EUA ao talento imigrante, pois foi inventado por Leo Sternbach, cientista judeu que fugiu da Europa dominada pelo nazismo e que também desenvolveu o sonífero Mogadon.

De 1969 a 1982, o Valium foi o medicamento mais vendido nos Estados Unidos, e a venda chegou a quase 2, 3 bilhões de comprimidos em 1978, com lucro imenso dos fabricantes Hoffmann La Roche. O mau uso dos tranquilizantes, discutido no romance de sucesso *O vale das bonecas* (1966), de Jacqueline Susann, levou, na década de 1980, à substituição do Valium pelos inibidores seletivos da recaptação de serotonina. Por sua vez, o Prozac se tornou popularíssimo, levando Elizabeth Wurtzel a escrever *Nação Prozac* (1997).

As pressões ambientais

A preocupação com o meio ambiente não era nova: o National Trust da Grã--Bretanha e o Sierra Club dos Estados Unidos datam do fim do século XIX.

■ OLHAR O MUNDO: REPENSAR A GEOPOLÍTICA

Arno Peters, um marxista alemão, defendia uma projeção com áreas iguais nos mapas para deslocar a atenção para as regiões do mundo em desenvolvimento que, afirmava ele, até então não tinham cobertura adequada. Seu mapa-múndi de 1973 foi elogiado e usado como capa de *Norte-Sul: um programa de sobrevivência* (1980), às vezes chamado de Relatório Brandt, publicado pela Comissão Independente sobre os Problemas de Desenvolvimento Internacional.

A geopolítica foi questionada e reconceituada como parte do projeto pós-moderno, notadamente com a revista francesa *Hérodote*, lançada em 1976, cujo primeiro número trazia uma entrevista com o teórico radical da cultura Michel Foucault. A *Hérodote* rejeitava a geografia tradicional como serva do Estado e se engajou com uma variedade diferente de questões, como ecologia e pobreza global.

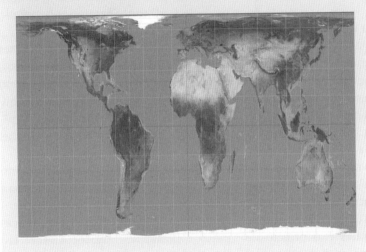

À ESQUERDA
A projeção de Peters direcionava mais atenção aos trópicos.

No entanto, a partir de 1960 houve uma unidade na sensação crescente de preocupação com a pressão ambiental, embora acompanhada pelas exigências desenvolvimentistas de transformação do meio ambiente em prol do progresso. Estas últimas encontravam-se principalmente nos estados comunistas, mas também, com o culto às represas e à energia hidrelétrica, no Terceiro Mundo. Nesses casos, a preocupação com o progresso econômico era aumentada pela pressão sobre os recursos oriunda do rápido crescimento populacional e da expectativa de uma vida melhor.

O ambientalismo, por sua vez, se baseou na noção da Terra como uma biosfera que funcionava de modo orgânico, com mecanismos de *feedback* natural para sustentar a vida. Essa noção foi destacada pela imagem da Terra vista do espaço.

A teoria do caos

Edward Lorenz, principal meteorologista americano, demonstrou, em seu trabalho da década de 1960 sobre a simulação computadorizada de dinâmicas climáticas, que uma mudança pequena dos dados provocava grandes consequências no resultado. Em 1972, ele deu uma palestra com o título "Previsibilidade: o bater das asas de uma borboleta no Brasil provoca um tornado no Texas?". Seu trabalho teve papel importante no interesse crescente, na década de 1970, por ocorrências irregulares, e a matemática resultante foi desenvolvida como teoria do caos por Mitchell Feigenbaum e outros. Essa teoria foi aplicada em vários campos, como ecologia, saúde pública e aerodinâmica. Também foi relevante na ficção.

O turismo na Era do Jato

A facilidade das viagens de longa distância aumentou com a construção do primeiro avião comercial a jato: o Comet britânico, que teve seu voo de estreia em 1949 e entrou no serviço comercial em 1952. Mas o Boeing 707 é que dominaria o transporte a jato e se tornaria o avião das frotas, não só nos EUA como em muitas empresas de todo o mundo não comunista. As especificações dos aviões melhoraram, e a década de 1960 trouxe motores mais potentes e o projeto de corpo largo que teve muito sucesso no Boeing 747.

Com o tempo, os aviões puderam carregar mais combustível e usá-lo com mais eficiência. Em consequência, se tornou possível programar viagens mais longas sem necessidade de reabastecer. Antigas escalas usadas para isso, como Gander, na Terra Nova, Bangor, no estado americano do Maine, Shannon, na Irlanda e os Açores deixaram de ter importância. Os aviões passaram a voar diretamente da Europa para o litoral leste dos Estados Unidos; depois, para o litoral oeste e, de lá, para Hong Kong.

O "Long Boom" econômico do fim da década de 1940 até o início da de 1970 assistiu ao grande aumento do turismo, que se estendeu pela escala social e atingiu não só a classe média como a classe trabalhadora. O processo foi impelido pela prosperidade e pelas férias mais longas e muito aprimorado por inovações, como os mecanismo de controle de voo dos aviões a jato, os hotéis em prédios altos com construção modular e o setor de embalagens. As cadeias de hotéis se tornaram importantes, com os hotéis Hilton Sheraton oferecendo aos turistas americanos acomodações e refeições previsíveis e confiáveis. Esses hotéis serviram de âncora para *resorts*, como o Hilton para os americanos perto de Honolulu, na ilha havaiana de Oahu. Por sua vez, a United Airways desenvolveu linhas aéreas para levar os turistas americanos ao balneário.

O controle frouxo do planejamento e o preço baixo da terra também foram fatores importantes do desenvolvimento de balneários turísticos, como Acapulco e Iucatã no México, Algarve em Portugal e Costa Brava e Costa del Sol na Espanha. Houve um aumento muito grande do turismo na década de 1960. O número de turistas internacionais na Espanha aumentou de 4 milhões em 1959 para 14 milhões em 1964. Eles vinham principalmente da França e do norte da Europa, notadamente da Grã-Bretanha. Os alemães dominaram cada vez mais o turismo na Itália. As viagens aéreas foram um catalisador fundamental. A abertura do aeroporto de Faro, em 1965, foi crucial para o desenvolvimento do turismo no Algarve. A Grécia também se tornou um importante destino turístico.

O equivalente na Europa oriental eram os operários alemães do leste que iam ao *resort* búlgaro de Varna, no Mar Negro, principalmente de trem.

O turismo doméstico também ficou mais importante; por exemplo, os russos iam a balneários no Mar Negro, como Sochi, que Stalin gostava de frequentar; os americanos, à Flórida e ao Havaí; e os franceses, ao litoral mediterrâneo. Mas quase não havia turismo indiano ou chinês.

ABAIXO
Protótipo do Boeing 747. O Jumbo ajudaria a reduzir o custo real das viagens aéreas e foi uma demonstração importante do poderio industrial americano.

À ESQUERDA
O Algarve. O desenvolvimento de resorts à beira-mar foi outro aspecto do consumismo de massa do período.

CAPÍTULO 8
OS ÚLTIMOS ESTÁGIOS DA GUERRA FRIA

1975-89

Com os Estados Unidos em graves dificuldades econômicas e políticas em 1974, a Grã-Bretanha cambaleando e a possibilidade de que a queda do império português e a fraqueza do Vietnã do Sul levassem a mais ganhos comunistas, não surpreende que não houvesse confiança em nenhuma vitória final do Ocidente na Guerra Fria. Na verdade e inesperadamente, a democracia triunfaria no bloco soviético, mas não na China.

RELAÇÕES INTERNACIONAIS, 1975-1979

Em 1975, o Projeto de Teste Apollo--Soyuz, uma missão conjunta americano-soviética, indicou o fim da corrida especial, e, em meados da década de 1970, houve vários acordos, principalmente o Tratado de Helsinque, de 1975, que, na prática, reconheciam os interesses do bloco oriental e, portanto, pareciam consolidar sua posição e estabilizar a Guerra Fria. Mas, embora a tensão se reduzisse na Europa, na realidade a Guerra Fria continuou, e parecia que Ocidente e Oriente ainda tinham muito a ganhar num mundo que se adaptava ao fim dos impérios europeus ocidentais.

Houve um foco específico no Oriente Médio, e lá os EUA tentaram aliviar as pressões regionais. O governo de Jimmy Carter (1977-1981) ajudou a conseguir um acordo de paz entre o Egito e Israel, com os acordos de Camp David de 1978

PÁGINA ANTERIOR
A retirada soviética do Afeganistão em 1989 foi um passo importante na redução das tensões da Guerra Fria, mas que não levou estabilidade àquele país conturbado.

ABAIXO
Tripulação da missão Apollo-Soyuz. Esse foi um caso importante de cooperação na Guerra Fria, mas foi seguido pela militarização crescente do espaço.

seguidos pelo tratado de 1979 entre os dois países.

No entanto, em janeiro de 1979, a derrubada do xá do Irã, principal aliado americano no sul da Ásia, e sua substituição por um estado teocrático hostil comandado pelo aiatolá Khomeini, extremamente antiamericano, combinada à invasão soviética do Afeganistão no fim daquele ano, indicaram que os Estados Unidos poderiam perder a luta pela hegemonia regional.

ACIMA
Anwar Sadat e Menahem Begin apertam as mãos nos acordos de Camp David, enquanto Jimmy Carter comemora o resultado. A redução da tensão no Oriente Médio foi um triunfo importante da diplomacia americana e assegurou que Israel não enfrentasse uma guerra em duas frentes.

À DIREITA
Haile Mengistu. O radical etíope que tomou o poder se mostrou um ditador sanguinário que mergulhou o país numa série de guerras civis que provocaram fome.

Por outro lado, no início de 1979, o ataque chinês ao Vietnã, que era aliado soviético, deu início a um longo conflito de fronteira e demonstrou a força da rivalidade dentro do bloco comunista. Essa rivalidade ajudou a manter as boas relações entre a China e os americanos. Também não houve mais "dominós" a cair para o comunismo no sudeste da Ásia.

Na África, Haile Mengistu, ditador da Etiópia de 1977 a 1991, pediu apoio aos soviéticos. Seu reinado do terror indicou o grau em que as atitudes e políticas associadas ao stalinismo se mantinham depois da morte do líder soviético. O enviado soviético Anatolii Ratanov viu similaridade entre as atividades violentas dos partidários de Mengistu e do Derg, a junta governante da Etiópia, e a experiência revolucionária no início da União Soviética. O sucesso na África na década de 1970, notadamente em Angola e na Etiópia, renovou em muitos soviéticos a sensação de orgulho pelas suas conquistas e a convicção de que a União Soviética poderia contribuir de forma decisiva para a passagem para o comunismo em outros locais.

ACELERANDO A REDE

Enquanto isso, a tecnologia mudava. Como em inovações anteriores, como os aviões e os antibióticos, não são só as invenções iniciais que chamam a atenção, mas também seu aprimoramento, disseminação e integração subsequentes. As fibras de carbono, os polímeros reforçados e ligas e cerâmicas avançadas tiveram seu papel. O microchip de silício permi-

ACIMA
Um Mac da Apple. Os primeiros computadores pessoais eram grandes e volumosos, mas também ofereciam capacidade analítica em nível individual.

À ESQUERDA
Um processador Intel C4004. A miniaturização dos componentes foi importante na nova onda de dispositivos que aumentavam a capacidade das máquinas e, portanto, a dos seres humanos no fim do século XX.

tiu a criação de métodos de comunicação mais eficazes. A princípio, sem a miniaturização, os computadores eram grandes e caros e tinham memória limitada. A partir do fim da década de 1970, quando ficaram muito menores e mais baratos, com circuitos mais eficientes, os computadores se tornaram amplamente disponíveis como ferramentas de escritório e, depois, domésticas. Os cabos de fibra óptica, outro avanço da década de 1970, aumentaram a capacidade dos sistemas cabeados e o volume de mensagens telefônicas e computadorizadas que se podia transmitir. Graças ao correio eletrônico, mais do que nunca se enviaram mensagens e se transmitiram informações.

Foram fundadas empresas que transformariam o setor, como, por exemplo, a Apple em 1976. Além disso, as especificações mudaram rapidamente. Em 1984, a Apple lançou o Macintosh, um computador com interface gráfica controlado por um mouse, novo dispositivo de entrada muito mais intuitivo do que os antecessores.

Em consequência, o equipamento do passado recente se tornou inútil ou, pelo menos, não mais usado, fossem as réguas de cálculo e tabelas de logaritmos para fazer contas, fossem os aparelhos de telex, as máquinas de escrever manuais e os telefones públicos para a comunicação. Embora tenham sido avanços anteriores impressionantes, o telégrafo e o telefone não ofereciam redes de comunicação global nem mensagens em tempo real comparáveis às possibilitadas trazidas pelos computadores com seus cabos ópticos.

O MEIO AMBIENTE

O meio ambiente continuou sob pressão, não só graças ao aumento da população mundial e ao impacto decorrente sobre os recursos como devido ao aquecimento global, que se acelerou a partir do fim da década de 1970. Isso afetou o habitat e o padrão de acasalamento dos animais, com alguns indo para o norte, como as morsas e o besouro-do--abeto. No entanto, a diminuição do gelo no Ártico dificultou a caça para os ursos polares. Em nível mais local, a emissão de águas servidas das fábricas e usinas elétricas elevou a temperatura da água e causou mais atividade de animais e plantas nas proximidades.

O aumento do lixo também deu oportunidades aos animais, dos ursos aos camundongos. A preocupação com a competição assumiu várias formas. A ideia dos animais como parte da criação

À ESQUERDA
DDT. Os inseticidas tiveram papel importante na "Revolução Verde" que aumentou a produtividade agrícola no fim do século XX, mas também causaram um risco grave à saúde.

ACIMA
Navio-fábrica. A pesca, cada vez mais, foi um processo industrial, o que ajudou a manter o preço baixo, mas causou grandes danos aos cardumes e atingiu muitas comunidades pesqueiras tradicionais.

divina era culturalmente muito seletiva. O filme *Tubarão* (1975), de grande sucesso, foi a demonstração mais viva da competição, nesse caso com tubarões, e provocou continuações. A retórica insistente de exterminar inimigos naturais foi sustentada pela descrição cinematográfica de parasitas e insetos sinistros, como em *Calafrios* (1975) e a refilmagem de *A mosca* (1986).

A "guerra" resultante aos insetos e a outras espécies teve efeitos colaterais indesejados. Em alguns casos, como na batalha contra os ratos, os sinais de sucesso foram cada vez mais limitados, pois os animais começaram a desenvolver imunidade aos produtos químicos. Além disso, embora gerasse bons resultados contra os mosquitos na longa batalha com a malária, o uso do DDT também afetou a população animal e humana. Enquanto isso, a própria malária ficou mais resistente aos medicamentos.

Os animais também foram afetados pela atividade humana que removeu outros predadores. Por exemplo, o declínio do número de lobos e grandes felinos ajudou a multiplicar os veados e antílopes, que se tornaram um problema grave em ambientes frágeis. Em 2000, provavelmente havia mais veados nos Estados Unidos do que no século XVI. Ainda assim, havia pouca proteção à fauna selvagem, como a que faria os lobos retornarem à França e à Alemanha nos anos 2000. No entanto, nos Estados Unidos a Lei de Espécies Ameaçadas (1973) ajudou a proteger plantas e animais, como a águia-de-cabeça-branca.

A pressão sobre o meio ambiente também se viu na agricultura, principalmente com uma ofensiva química que trouxe um nível sem precedentes de fertilizantes, herbicidas e pesticidas. A monocultura que vinha da ênfase em poucos cultivos de alta produção reduziu a biodiversidade e também ofereceu uma fonte de alimento para predadores específicos. Além disso, a matéria orgânica do solo foi muito degradada, enquanto a terra cultivada, notadamente pelo milho, sem a cobertura protetora da vegetação, sofreu com a erosão do solo em grande escala pelo vento e pela água. Esse foi um problema maior onde o solo tinha pouca espessura.

Também houve grande impacto sobre os recursos hídricos, porque os fertilizantes que ajudaram a aumentar a produção agrícola corriam para os rios com a água do solo. Ou então os fertilizantes eram transferidos para o sistema hídrico por infiltração ou por evaporação e condensação, caindo assim como chuva.

A mudança da pesca nesse período foi maior do que nunca, graças ao uso dos grandes "navios-fábrica", equipados com dispositivos sofisticados de busca. Essas frotas industriais afetaram muito os cardumes, notadamente no norte do Atlântico, onde a lula se esgotou na década de 1980, e no Pacífico, onde a pesca em excesso atingiu as principais espécies, como a anchoveta na década de 1970 e a cavala-japonesa na de 1980. A pesca industrial passou a ser um problema crescente em outras águas, como no Oceano Índico, onde empurrou para a pirataria os pescadores somalis atingidos, e no sul do Atlântico, como ao largo da Namíbia.

Em resposta, tomou-se a iniciativa de desenvolver a criação de peixes em muitas áreas, como na Indonésia e na Escócia. No Vietnã, o delta do Mekong assistiu ao desenvolvimento de fazendas de criação de camarão, bagre e mariscos. No entanto, esse setor consumia recursos, principalmente farinha de peixe, e causou um acúmulo grave de resíduos e toxinas.

O ambientalismo ficou mais ativo na década de 1980, notadamente com as atividades do Greenpeace. Em 1985, seu navio *Rainbow Warrior*, que tentava chamar a atenção para os danos causados pelos testes nucleares franceses no Pacífico, foi afundado no porto de Auckland, na Austrália, por minas instaladas por agentes franceses. Isso concentrou a atenção na entidade, que continuou pressionando até obter um tratado, assinado por 37 países, que acabou com o lançamento ao mar de resíduos radiativos. Outros acordos se seguiram, como o protocolo de Montreal para limitar a emissão de gases que destroem a camada de ozônio e o protocolo ambiental antártico de 1991 que proibiu escavações no

ABAIXO
A limpeza do Exxon Valdez. Os desastres ambientais destacaram a fragilidade da vida humana e animal diante do desenvolvimento da economia mundial.

ACIMA
A usina de Tchernobyl depois da explosão. O desastre do reator nuclear soviético de Tchernobyl resultou dos maus processos de gestão e segurança e serviu de símbolo do declínio do estado soviético.

continente durante cinquenta anos. Um novo *Rainbow Warrior* foi lançado em 1989, ano em que o derramamento de 37.000 toneladas de petróleo do navio-tanque *Exxon Valdez* ancorado na enseada do Príncipe Guilherme, no Alasca, provocou um desastre ambiental.

Tchernobyl, 1986

A desastrosa explosão da usina nuclear de Tchernobyl, na Ucrânia moderna, e a reação desleal e ineficaz do governo soviético ajudaram a indicar que todo o sistema soviético estava fraco e negligente. Os diretores da usina decidiram fazer um teste de manutenção removendo todas as medidas primárias e secundárias de segurança. Em consequência, a pressão do ar dentro da cúpula aumentou 1.400 vezes em quatro segundos, e a cúpula explodiu. Os soviéticos esperaram duas semanas para noticiar o acidente, impedindo que as precauções necessárias contra a radiatividade não fossem tomadas, nem na União Soviética nem em outros países. A radiatividade se espalhou por boa parte da Europa, afetando a água e os animais de criação. O episódio causou uma reação contra a energia nuclear que teve consequências

■ AR CONDICIONADO

Com grande efeito sobre a facilidade da vida nas regiões quentes do mundo, o ar condicionado aumentou o consumo de eletricidade. O aparelho passou a fazer parte de prédios e carros, refletindo a extensão em que as restrições da geografia física podiam ser alteradas. Ele ajudou a tornar habitáveis durante o ano inteiro áreas como o Golfo Pérsico e o sul dos Estados Unidos e também a deixá-las mais atraentes para migrantes de climas mais frios, como o nordeste americano. Em vez de abrir a janela ou ligar o ventilador, o ar condicionado virou a norma. A necessidade de fornecimento confiável de energia aumentou muito.

ACIMA
A refinaria de petróleo saudita de Aramco. O setor petrolífero saudita foi um aspecto importante da economia mundial, ligado intimamente aos interesses americanos.

prejudiciais para o meio ambiente, porque a ênfase retornou aos combustíveis fósseis, como o carvão, para alimentar as usinas geradoras de eletricidade. O uso de carvão para gerar eletricidade aumentou na China e na Índia, e isso afetou o comércio, notadamente o movimento de carvão da Austrália para a China.

O papel do petróleo

A política do Oriente Médio ficou mais importante em escala global devido ao seu papel de principal fonte de petróleo do mundo. Os estados da OPEP no Oriente Médio detinham dois terços das reservas mundiais conhecidas em 2000, e a Arábia Saudita controlava sozinha um quarto delas. Antes do grande desenvolvimento posterior do setor de fraturamento (*fracking*), a necessidade de petróleo dos Estados Unidos fez o país importar mais da metade do seu consumo até o fim do século, quando os EUA utilizavam um quarto da produção global. Essa dependência aumentou a preocupação do país com o Oriente Médio.

Na escala global, o aumento da necessidade energética refletiu o crescimento do consumo de energia, tanto *per capita* quanto agregado, em resposta às mudanças da atividade econômica, dos processos sociais e arranjos de vida e também da variedade crescente de usos da eletricidade. Assim, os agroquímicos baseados no petróleo se tornaram importantes na agricultura. Além disso, a disseminação das máquinas agrícolas aumentou a demanda de petróleo, pois a mão de obra foi substituída pela mecanização.

A falta de investimento americano na economia de combustível, inclusive em transporte público, causou grave impacto no meio ambiente. A maior emissão *per capita* de gases do efeito estufa ocorria nos EUA, em grande parte causada pela força da cultura do carro. A combinação de automóveis e indústria petroquímica fez a conurbação de Houston, nos Estados Unidos, lançar sozinha na atmosfera 200.000 toneladas anuais de óxidos de nitrogênio até o fim da década de 1990. Ao mesmo tempo, a industrialização da China e da Índia aumentou muito a demanda internacional de petróleo, principalmente porque lhes faltavam fontes domésticas. Os dois países se tornaram grandes consumidores do petróleo do Oriente Médio.

OS ESTADOS UNIDOS COM REAGAN

A impopularidade de Jimmy Carter, presidente democrata a partir de 1977, ajudou Ronald Reagan, o candidato republicano, a obter a vitória em 1980. Facilmente reeleito em 1984, Reagan se

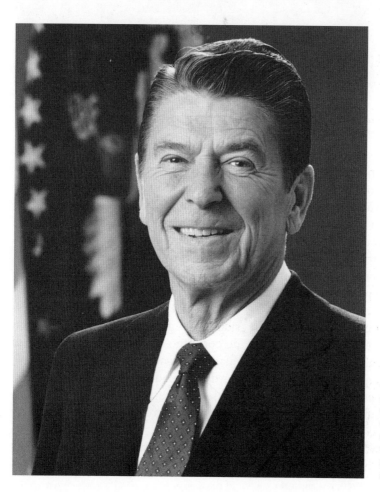

À ESQUERDA
Ronald Reagan. Presidente americano de 1981 a 1989, Reagan foi um expoente importante dos valores conservadores em termos domésticos e internacionais.

mostrou popular e divisivo. Foi um chefe de Estado bem-sucedido que ajudou a mudar o modelo de "não dá para fazer" para "dá para fazer" e ofereceu uma força de convicção que ajudou a superar a sensação de fracasso associada, nos Estados Unidos, à década de 1970.

No cargo, Reagan se tornou menos conservador do que fora na carreira, e se mostrou mais liberal social e menos conservador religioso do que a maioria dos republicanos na direita do partido. No entanto, foi um chefe do executivo muito mais questionável. Embora a redução tributária e a desregulamentação promovessem o crescimento econômico e assim contribuíssem para a derrota da União Soviética na Guerra Fria, a baixa tributação e o ataque às políticas públicas prejudicou os pobres. Reagan se justificou argumentando que a ação do governo fracassara:"'travamos uma guerra à pobreza, e a pobreza venceu".

A presidência de Reagan no exterior

A princípio, Reagan foi associado à intensificação marcante da Guerra Fria. As despesas militares aumentaram muito, notadamente na Marinha, e houve engajamento ativo contra o radicalismo na América Latina, sobretudo na Nicarágua e em Granada, e contra os estados pró-soviéticos da África, como Angola.

ABAIXO
Os Contras. A oposição ao regime nicaraguense de esquerda foi patrocinada ativamente pelos Estados Unidos, o que contribuiu para o alto nível de instabilidade da América Central na década de 1980, quando a Guerra Fria chegou à região em nível sem precedentes.

A ECONOMIA MUNDIAL, 1975-1989: O SISTEMA FINANCEIRO GLOBAL

As finanças públicas americanas exerceram pressão sobre boa parte do mundo. O fluxo de capital estrangeiro para os EUA foi incentivado com o fim, em 1984, da retenção tributária na fonte dos juros sobre a renda paga aos não residentes. Esse fluxo levou à compra em grande escala de títulos do Tesouro por estrangeiros, o que permitiu ao governo federal fazer prontamente grandes empréstimos para cobrir despesas, como o aumento importante dos gastos militares.

As atraentes taxas de juros americanas da década de 1980 mantiveram forte a demanda de dólares nos mercados de câmbio, e essa demanda ajudou a assegurar que o fluxo global de capital se concentrasse nos Estados Unidos. Os "petrodólares" da receita obtida com o petróleo do Oriente Médio foram investidos nos Estados Unidos. No entanto, esse foco causou enorme pressão nos estados que fizeram muitos empréstimos na década de 1970, notadamente na Europa oriental e na América Latina. A pressão resultante desafiou os sistemas existentes e tornou significativas as reações americanas. A Alemanha Oriental, por exemplo, efetivamente faliu em 1989. Em parte, essa pressão refletiu a não implantação de reformas econômicas estruturais para tornar-se competitiva e, em parte, a elevação do custo dos empréstimos externos para financiar a importação de bens de consumo nas décadas de 1970 e 1980.

O setor financeiro oferecia ao mundo um modo de operar como um sistema, num grau que ligava intimamente a economia interna à política de poder externa. Cada vez mais, comerciava-se mais dinheiro do que mercadorias. Os principais centros financeiros continuavam a ser Londres e Nova York, mas o destaque crescente da economia alemã e do leste da Ásia garantiu que Frankfurt, Tóquio, Hong Kong e Cingapura tivessem importância maior do que no passado. A desregulamentação dos centros financeiros, notadamente de Londres no "Big Bang", aumentou ainda mais a volatilidade. Práticas inovadoras como o desenvolvimento dos Eurobonds foram importantes para oferecer crédito e destravar ativos acumulados em fontes específicas.

No entanto, também houve vendas imprudentes, más práticas de crédito, má alocação de recursos e, às vezes, fraudes. O escândalo de poupança e empréstimos nos Estados Unidos foi um caso básico desses problemas: afetou a popularidade do governo do presidente George H. W. Bush e influenciou a derrota para os republicanos na eleição presidencial de 1992.

À ESQUERDA
Doca de contêineres em Cingapura, c. 1980. Centro importante de atividade econômica, Cingapura foi uma das cidades portuárias do Pacífico a crescer e se transformar, com Hong Kong como principal rival.

Faltavam aos soviéticos dinheiro e capacidade de crédito para competir. A proficiência americana nos armamentos refletia a vitalidade de sua tecnologia aplicada e levou a conversas sobre um sistema de defesa situado no espaço, apelidado de "Guerra nas Estrelas". As tensões entre os EUA e a União Soviética, que Reagan chamou de forma provocadora de "império do mal", chegou ao ponto máximo em 1983, com cada lado se preparando para um ataque do outro. No entanto, a guerra foi evitada.

De forma muito diferente, com os *mujahedins* no Afeganistão, a UNITA em Angola e o Solidariedade na Polônia, os EUA apoiaram movimentos para enfraquecer os adversários. Na Nicarágua, o movimento guerrilheiro sandinista de esquerda, que removeu do poder a ditadura de Somoza em 1979, enfrentou a pressão americana. Isso incluiu a instalação de minas em portos e o armamento secreto, a partir de 1981, dos Contras, um movimento contrarrevolucionário baseado na vizinha Honduras. Embora ajudassem a desestabilizar a Nicarágua e causassem danos consideráveis, os Contras não conseguiram derrubar os sandinistas e, em vez disso, aumentaram sua belicosidade.

▍THATCHER

Na Grã-Bretanha, a eleição em 1979 do Partido Conservador sob Margaret Thatcher significou uma derrota para a esquerda do Partido Trabalhista de James Callaghan, primeiro-ministro de 1976 a 1979. Confortavelmente reeleita em 1983 e 1987, Thatcher ofereceu incentivo constante a Reagan. As crises que enfrentou não foram todas ligadas à Guerra Fria, como a guerra com a Argentina de 1982, nascida da ocupação inesperada das ilhas Falkland ou Malvinas, uma colônia britânica no sul do Atlântico. Os britânicos recuperaram as ilhas rapidamente, numa demonstração de solução bem-sucedida que ajudou Thatcher a se reeleger. No entanto, houve dimensões da Guerra Fria nos ataques do IRA, os terroristas nacionalistas irlandeses armados pelo bloco comunista, que tentaram matá-la, e na greve dos mineiros de carvão de 1984-1985, projetada na verdade para derrubar o governo. Ela venceu esses desafios, mas acabou exaurindo a confiança dos colegas parlamentares e foi levada a renunciar em 1990. As divisões sobre as relações com a CEE (mais tarde, União Europeia) foram importantes nesse processo.

ABAIXO
Primeira-ministra britânica de 1979 a 1990, Margaret Thatcher se livrou de ameaças radicais e se mostrou uma aliada internacional importante de Ronald Reagan nos últimos estágios da Guerra Fria.

O FIM DA GUERRA FRIA

Os problemas econômicos inerentes ao sistema soviético ficaram escondidos durante o Long Boom, mas a crise econômica de meados da década de 1970 exacerbou a questão, e o governo de Leonid Brejnev não teve uma resposta eficaz. O investimento pesado em armamento era um grande problema, assim como o fracasso no desenvolvimento do setor de bens de consumo e, portanto, na conquista da popularidade adequada. Mesmo assim, a ideologia comunista convencional foi reforçada em 1977 com a nova constituição da União Soviética, que, em essência, confirmou a de 1936 produzida sob Stalin e afirmou sem revisão o papel do Partido, declarado tanto a força principal e condutora da sociedade soviética quanto a força que determinava o rumo da política nacional e internacional do país.

O Solidariedade

A Polônia se mostrou um para-raios da impopularidade do governo comunista, com os ingredientes a mais da hostilidade tradicional à Rússia/União Soviética e o forte compromisso cristão nacional. As grandes greves de 1980 foram provocadas pelo aumento do preço da carne, mas o estabelecimento de um sindicato não oficial, o *Solidarność* (Solidariedade), desafiou a autoridade do governo e espalhou a preocupação pelos outros regimes comunistas. O ministro da Defesa soviético apoiava a intervenção militar, mas os seus colegas relutaram, enquanto Reagan avisava à União Soviética que

ABAIXO
Grevistas poloneses em Gdansk, 1980. A insatisfação com o aumento do preço dos alimentos ajudou a promover greves em grande escala, que o governo polonês, sob pressão da União Soviética, acabou suprimindo com a imposição da lei marcial.

não a usasse. Também se temia que os poloneses combatessem as forças soviéticas e o efeito que uma invasão teria sobre os soldados soviéticos.

Em vez disso, o estado polonês, comandado pelo general Wojciech Jaruzelski, primeiro-ministro e primeiro secretário do Partido Comunista polonês, impôs o controle. Com incentivo soviético, a lei marcial foi declarada em dezembro de 1981, e forças paramilitares foram usadas para prender os líderes do Solidariedade e milhares de outros.

A queda da União Soviética

A má liderança soviética no início da década de 1980 contribuiu muito para a sensação de paralisia política e fracasso econômico. No nível popular, o alcoolismo crescente refletia a atração limitada do comunismo, que, na verdade, combinava ineficiência e opressão.

Em 1985, a chegada de Mikhail Gorbachov, um líder mais jovem comprometido com a reforma interna e as boas relações no exterior, ao posto de secretário geral do Partido Comunista indicou um novo rumo. Sem dúvida, houve uma redução marcante das tensões da Guerra Fria, graças às negociações bem-sucedidas com os americanos sobre o controle dos armamentos. Isso levou ao Tratado de Forças Nucleares de Alcance Intermediário de 1987, que permaneceu em vigor até 2019, além da retirada, em 1989, das tropas soviéticas do Afeganistão, onde à invasão de 1979 se seguiu uma luta insolúvel com guerrilheiros adversários.

A política doméstica de Gorbachov teria mais impacto. Ela visava fortalecer a União Soviética e interligar a reforma e a renovação econômica e política ao controle contínuo do Partido Comunista. Mas isso foi impossível. Sem que tivesse a intenção, a política de Gorbachov deslegitimou o Partido Comunista e revelou a precária base doméstica do controle do governo na União Soviética, enquanto seu incentivo à reforma na Europa oriental causava um efeito mais perturbador e imediato. Essa confusão e as críticas podem ser consideradas a consequência inevitável de qualquer afrouxamento do sistema soviético, ineficiente e impopular.

Os governos da Europa oriental resistiam às pressões por reformas, notadamente na Polônia. No entanto, em 1989 os governos da Europa oriental se viram sem apoio político ou militar soviético

À DIREITA
Gorbatchov e Reagan assinam o Tratado de Forças Nucleares de Alcance Intermediário e reduzem a gravidade do confronto da guerra fria na Europa.

OS ÚLTIMOS ESTÁGIOS DA GUERRA FRIA

ACIMA
A queda do Muro de Berlim em 1989. Momento prático e simbólico importante do fim da Guerra Fria, ela foi a derrubada do epicentro desse conflito e do marco do controle comunista.

e, diante dos protestos populares, notadamente contra o sistema esclerosado, todos desmoronaram. Em geral, foi um processo pacífico que refletiu a impopularidade dos regimes comunistas. O episódio mais dramático foi a derrubada do Muro de Berlim na noite de 9 de novembro, em que uma multidão de manifestantes de Berlim Oriental aproveitou a nova fraqueza do regime alemão oriental, tanto diante de um grande movimento de protesto quanto do movimento em grande escala dos cidadãos para o oeste. Ainda assim, na Romênia a polícia secreta resistiu à mudança até ser derrotada pelo exército.

UMA NOVA DIREÇÃO NA CHINA

Na China, o Partido Comunista foi em direção bem diferente e usou a força militar para superar a pressão por reformas, notadamente na Praça Tiananmen, em Pequim, em 1989.

A morte de Mao Tsé-Tung em 1976 foi seguida pela derrubada dos comunistas linha-dura (a radical "Gangue dos Quatro", que incluía Jiang Qing, viúva de Mao) por Hua Guofeng, o premiê, que

À ESQUERDA
Deng Xiaoping é recebido pelo presidente Jimmy Carter em sua visita aos EUA em 1979, importante momento simbólico do realinhamento internacional.

se tornou presidente do Comitê Central. Por sua vez, ele ficou menos poderoso, enquanto seu rival Deng Xiaoping, mais pragmático, subia. A liderança de Deng foi confirmada em 1978, quando uma nova constituição exigiu "planejamento por orientação". Ele ficou no poder até 1997. Em 1980-1981, suspeitos de contrarrevolução, inclusive Jiang Qing, foram julgados como parte da tentativa de Deng de criticar a Revolução Cultural e reviver o legalismo socialista.

Além do alinhamento com os Estados Unidos, Deng também favorecia uma reavaliação em termos de liberalização econômica, em vez de uma revolução concentrada na pureza marxista. O desenvolvimento de Taiwan, Coreia do Sul e Cingapura convenceu Deng de que a modernização capitalista daria certo. Em 1979, estabeleceram-se relações diplomáticas formais com os Estados Unidos, e Deng visitou o país, o primeiro líder comunista chinês a fazer isso. Ele foi à sede da NASA e à fábrica da Boeing. O tratado de paz entre Japão e China em 1978 ajudou a consolidar a nova posição chinesa.

Deng favorecia o controle do partido ao lado de certa liberalização econômica, uma concessão questionada pelos manifestantes de 1989. Eles receberam algum apoio dentro do partido, notadamente de Zhao Ziyang, que foi afastado, e, com o uso do exército, o governo recuperou o controle de Pequim e de outras cidades. Depois, a liberalização econômica, sob a forma de reformas de livre-mercado, e a abertura ao mundo exterior avançaram, mas o controle do partido se manteve. As reformas questionaram a viabilidade da indústria pesada controlada pelo Estado e, com a introdução da tecnologia e dos métodos administrativos ocidentais, começou a reestruturação econômica. Em Cuba, os comunistas mantiveram o controle, mas sem essa liberalização.

AS TENSÕES INDIANAS

Depois da China, a Índia foi o país mais populoso do período. Alinhada com a União Soviética, não agia como grande potência mundial, em parte por não ter a tradição de projeção do poder a distância. Além disso, tinha de ficar atenta à oposição entre China e Paquistão. A primeira derrotou a Índia numa guerra curta em 1962, mas o Paquistão foi vencido em outras guerras maiores em 1948, 1965 e 1971. Esta última fez o Paquistão Oriental se tornar um estado independente, como Bangladesh.

A economia indiana cambaleava, em parte devido ao excesso de burocracia. A partir da década de 1960, a autoridade maior do governo central não refletia a resposta aos desafios externos, mas a mudança, também vista em outros países, da política e do governo considerados uma acomodação de vários interesses e centros de poder a uma noção mais centralizada e menos pluralista de autoridade. Isso deveu muito à convicção do valor da intervenção e do planejamento governamentais como meio de modernização e crescimento, mas refletia também a dificuldade de assegurar este último. Na Índia, o padrão de vida era afetado pelo crescimento populacional e pela força de trabalho, em sua maioria pouco instruída.

As tensões sectárias eram um grande problema, notadamente no Punjabe,

ACIMA
Indira Gandhi. Descendente da dinastia Nehru que governou a Índia sob a bandeira do Partido do Congresso, ela foi mal orientada e avançou rumo aos poderes ditatoriais. Foi assassinada depois da eliminação violenta de ativistas siques em 1984.

À ESQUERDA
Voluntários são treinados por soldados da infantaria do Paquistão Oriental, dentro do quartel de Chuadanga, em 13 de abril de 1971, como preparativo para a luta na Guerra de Libertação de Bangladesh.

ACIMA
A Revolução Iraniana. A impopularidade do xá assegurou que seu regime tivesse poucos recursos quando enfrentou a dissensão em grande escala em 1979-1980. No entanto, os reformistas foram rapidamente derrubados por fundamentalistas islâmicos.

onde o governo usou a força contra os separatistas siques em 1984, o que, por sua vez, levou ao assassinato da primeira-ministra Indira Gandhi pelos guarda-costas siques e depois à matança pela multidão de cerca de oito mil siques. Também havia separatistas no nordeste e na Caxemira, cuja maior parte foi ocupada pelos indianos em 1948. No centro-leste do país, os naxalitas iniciaram uma rebelião maoísta contra a selvagem desigualdade econômica. Embora o Partido do Congresso defendesse o multiculturalismo, o sectarismo hinduísta do BJP se concentrava na antipatia aos muçulmanos, que, na Índia, eram a maior minoria muçulmana do mundo.

A REVOLUÇÃO IRANIANA

A impopularidade do xá provocou sua derrubada em 1979. O aiatolá Khomeini, líder da Revolução Islâmica e guardião da República Islâmica, via os Estados Unidos, que tinham apoiado o xá, como "o grande Satã". Ele instigou a ocupação da embaixada americana em 1979 e criou a crise dos reféns, que durou até 1981. Quando lhe disseram que a lei internacional estava sendo violada, o aiatolá afirmou que a obediência a esses princípios deveria ser sempre secundária ao Islã e perguntou o que a lei internacional já fizera pelo povo iraniano. Além disso, o destino dos 52 reféns se tornou importante na política interna americana, e o fracasso da tentativa do presidente Carter de resgatá-los em 1980 serviu de símbolo de sua fraqueza, o que contribuiu para a derrota na tentativa de reeleição. O ataque à embaixada foi, ao mesmo tempo, um símbolo e uma iniciativa de fechar o suposto ponto de encontro dos adversários da Revolução Islâmica. O aiatolá disse ao enviado soviético que não poderia haver entendimento mútuo entre uma nação muçulmana e um governo não muçulmano.

Na esperança de aproveitar a derrubada do xá, Saddam Hussein, ditador do Iraque, invadiu o Irã em 1980, mas se envolveu numa guerra que não conseguiria vencer. Até 1988, essa foi a guerra mais letal da década e ajudou a Revolução Islâmica a consolidar o seu controle autoritário da sociedade iraniana.

O CONFLITO ÁRABE-ISRAELENSE

A preocupação israelense com os ataques terroristas palestinos levaram a uma guerra disfarçada contra o terrorismo no mundo inteiro, além da intervenção israelense no Líbano, notadamente em 1982. Esta última, contudo, não teve sucesso, pois era impossível sustentar um resultado que satisfizesse a necessidade de segurança de Israel.

No entanto, a passagem do Egito para a esfera de influência americana deu uma segurança fundamental a Israel. A Jordânia também estava nessa esfera. A situação foi acentuada pelo impacto da Guerra Irã-Iraque. Em consequência, Israel só precisou de temer ataques pela fronteira norte, que era relativamente pequena.

No entanto, em 1987 surgiu um novo desafio sob a forma da Intifada, uma rebelião contra o domínio israelense nos territórios árabes ocupados, especificamente contra o ritmo de colonização israelense da Cisjordânia. Iniciada com multidões que lançavam pedras para questionar a autoridade israelense, a Intifada demonstrou a fragilidade da colonização política imposta no Oriente Médio, que fazia o grosso da população se sentir alienada. Como o Alto Comando israelense achou difícil lidar com o que, para eles, era um novo tipo de guerra, a Intifada também expôs as limitações dos soldados regulares diante da resistência popular.

A ÁFRICA

O rápido aumento populacional da África refletiu a continuação da alta taxa de natalidade ao lado da queda da taxa de mortalidade. Isso foi desafiado pela fome periódica, notadamente na Etiópia em 1983-1985, em que 200.000 a 1.200.000 de pessoas morreram. Além disso, a pressão sobre os recursos contribuiu para as tensões tribais que interagiam com as guerras civis, como em Angola e no Sudão. As ditaduras eram comuns. Portanto, Ahmed Sékou Touré, presidente da Guiné desde a independência da França, em 1958, até 1984, dominava um estado autoritário com expurgos frequentes, no chamado "Gulag tropical".

A falta generalizada de processos democráticos fez com que, em boa parte da África, mas não nela toda, a força fosse o principal meio de fazer política, e a situação tornou importante a atitude

ACIMA
O sucesso do MPLA em Angola se seguiu a quinze anos de insurreição contra o domínio português.

do exército. Como na América Latina, a estabilidade foi mais erodida ainda pelo fardo pesado da dívida externa. A violência era muito frequente.

Em Angola, o Movimento Popular pela Libertação de Angola (MPLA), movimento insurrecional marxista apoiado por Cuba e pela União Soviética que conquistou o poder em 1975, era combatido pela União Nacional pela Independência Total de Angola (UNITA), com apoio americano e sul-africano, mas também enfrentava a oposição de dissidentes dentro do MPLA, contrários ao governo ditatorial de seu líder Agostinho Neto. Em 1977, o regime esmagou a tentativa de golpe dos "faccionalistas" comandados pelo ministro do Interior Nito Alves. Entre 2.000 e 70.000 angolanos foram massacrados quando Neto consolidou seu controle, com tropas cubanas participando da carnificina. A resultante cultura do silêncio foi vinculada a esse massacre, lembrado pelos angolanos mas sem nenhuma atenção pública. Como os comentaristas estrangeiros criticavam a UNITA e davam apoio principalmente ao MPLA, havia pouquíssima atenção externa. Essas omissões são bastante comuns na história do século XX.

A AMÉRICA LATINA

Embora muitos latino-americanos se horrorizem com a comparação, havia muitas semelhanças com os problemas da África, principalmente na degradação ambiental, nos governos militares e no fardo da dívida. Na América Latina, havia o acréscimo de seu papel básico no comércio internacional de drogas, notadamente de cocaína. Ainda assim, houve um movimento rumo à democracia na

ACIMA
Manifestação pró-democracia no Brasil, onde o governo militar enfrentou pressões finalmente bem-sucedidas para voltar à prática democrática.

década de 1980, principalmente no Brasil, na Bolívia, no Peru e no Paraguai.

A junta militar argentina que tomou o poder em 1976 usou o terror e os assassinatos para reprimir os sinais de dissensão numa "guerra suja" na qual pelo menos 8.900 pessoas foram mortas, enquanto crianças eram raptadas e postas para adoção. Em 1982, a junta iniciou uma guerra malsucedida com a Grã--Bretanha pela posse das ilhas Malvinas/Falkland, e seu fracasso fez a Argentina se tornar uma democracia no ano seguinte. No Brasil, o regime militar terminou em 1985; uma eleição produziu um presidente de oposição e, em 1988, foi aprovada uma constituição democrática. Desde então, o Brasil tem permanecido como democracia, com um elemento de corporativismo estatista.

■ CAMINHO LUMINOSO

A insurreição iniciada em 1980 no Peru com o movimento Sendero Luminoso aproveitou as antigas tradições de ativismo camponês, mas também se abriu às ideias maoístas de revolução social e redistribuição. A princípio, o Sendero Luminoso conseguiu agitar as regiões indígenas mais pobres dos Andes, negligenciadas pela capital, Lima, mas, com o tempo, perdeu apoio, pois os atos terroristas afastaram os partidários. A captura em 1992 do líder do movimento contribuiu para seu declínio.

ACIMA
Buenos Aires. As grandes cidades da América do Sul foram o foco do crescimento populacional e econômico.

Metrópoles

Na América Latina, como em outras regiões, a população urbana cresceu e se tornou proporcionalmente mais importante. Assim, a população de São Paulo, no Brasil, subiu de 1 milhão de habitantes em 1930 para 17, 1 milhões em 1990; a de Buenos Aires, na Argentina, de 2 para 12, 6 milhões; e a do Rio de Janeiro, no Brasil, de 1, 5 para 11, 2 milhões. Os fatores de rejeição e atração, a falta de oportunidade nas áreas rurais e as vantagens e oportunidades aparentes da vida urbana representaram seu papel. No entanto, a infraestrutura urbana teve dificuldade de aguentar aqui e ali, mais notadamente na habitação e no oferecimento de água tratada. Em consequência, a partir de 1940 o Rio de Janeiro se encheu de favelas, nas quais a autoridade do estado e o poder da polícia eram limitadíssimos. Também se formaram favelas em torno de muitas outras cidades em crescimento, como a Cidade do Cabo.

O COMÉRCIO DE DROGAS

O consumismo assumiu muitas formas. Apesar da ação policial doméstica e internacional, o consumo e o tráfico de drogas cresceram muito na segunda metade do século. A maior riqueza contribuiu para o tráfico, além da prática de seu uso no lazer e na saúde. Na verdade, esta última caracterizou boa parte da vida, inclusive na terapia e na religião. O uso de drogas também foi um aspecto do consumo de estimulantes, que se tornou um fator do caráter acelerado da sociedade, além de exprimir a inovação tão importante em toda a economia e na cultura em geral. As novas descobertas incluíram o crack da cocaína, barato, fumável e muito viciante, inventado no início da década de 1980.

Até o ano 2000, a venda de drogas no varejo representava cerca de 150 bilhões de dólares anuais (sem impostos, pois o setor era ilícito e baseado em dinheiro vivo), 40% dos quais nos EUA. Portanto, uma porção apreciável da população se familiarizou com o desrespeito à lei, enquanto a incapacidade do governo de suprimir o tráfico foi uma demonstração vigorosa da dificuldade de policiar a sociedade e influenciar hábitos culturais. O comércio e o consumo de drogas contribuiu para a ilicitude em muitos estados, como a Colômbia e o México, e para a taxa de 23, 7 homicídios por 100.000 habitantes no Brasil em 2000.

As rotas do comércio de drogas eram importantes. A principal fonte se tornou a América Latina, notadamente de cocaína, boa parte dela produzida na Colômbia, e o maior mercado foram os Estados Unidos. Na década de 1970, pequenos aviões eram usados para transportar as drogas, seguidos, na década de 1980, por embarcações velocíssimas. Também havia fornecedores do sul da Ásia para a Europa, principalmente de heroína.

ABAIXO
Tráfico de drogas na Colômbia. A polícia queima a cocaína confiscada em 1985. A escala do comércio de drogas e sua capacidade de financiar grupos insurretos ameaçou a estabilidade de países como Colômbia e México.

QUESTÕES E VOZES CULTURAIS

A rejeição dos cânones existentes foi vista em todas as artes. Assim, na pintura a Pop Art buscou unir o caráter da cultura popular dos quadrinhos aos métodos estabelecidos. Do mesmo modo, os expressionistas abstratos, como os americanos Jackson Pollock e Mark Rothko, romperam com os métodos convencionais, não só de representação como do modo de pintar. John Adams, outro americano, fez o mesmo na ópera, como em *Nixon na China* (1987) e *A morte de Klinghoffer* (1991). Ao rejeitar as normas ocidentais, os artistas do Terceiro Mundo obtiveram mais destaque.

Os romancistas do *Brat Pack* da década de 1980, como o britânico Martin Amis, com *Money* (1984) e *Campos de Londres* (1989), e os americanos Jay McInerney (*Brilho da noite, cidade grande*, 1983; *Story of My Life*, 1988), Tama Janowitz (*Slaves of New York*, 1986; *A Cannibal in Manhattan*, 1987) e Bret Easton Ellis (*O psicopata americano*, 1991), se preocupavam com uma sociedade aparentemente sem valores e imersa no consumismo egoísta. A sátira ao sucesso em *O psicopata americano* mostrava um banqueiro de Wall Street apaixonado pelas boas coisas da vida e pelos homicídios em série. Tom Wolfe deu voz a preocupações semelhantes em seu *A fogueira das vaidades* (1987), que apresentava uma visão distópica de Nova York mais aguçada do que os populares filmes de *Batman*.

Escritores e cineastas encontraram um bom tema na AIDS. Reconhecida como infecção em 1981, a AIDS era o resultado do vírus HIV da imunodefi-

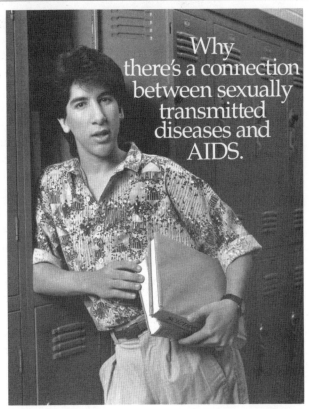

À DIREITA
A publicidade informativa teve papel fundamental na reação à AIDS, como nesse cartaz do início da década de 1990.

OS ÚLTIMOS ESTÁGIOS DA GUERRA FRIA

À ESQUERDA
A análise computadorizada de "aparições" de OVNIs, nesse caso na Austrália, em 1978, não as tornou mais dignas de crédito, mas sua popularidade revelou a fusão de teorias da conspiração, interesse pela paranormalidade e fascínio pelo lado sombrio da tecnologia.

ciência. É provável que a AIDS tenha derivado do consumo de primatas, quando a povoação humana se expandiu em partes da África. As razões da disseminação da AIDS provocaram controvérsia, principalmente devido à relação com as práticas sexuais, notadamente a homossexualidade, e com o consumo de drogas injetáveis.

A reação à AIDS refletiu as normas sociais, as pressões políticas e a prosperidade. Por exemplo, nos EUA e na Europa havia uma abertura maior à educação do público sobre a saúde sexual, inclusive sobre a homossexualidade, do que na Ásia, o que levou ao uso muito maior de preservativos, inclusive entre as prostitutas. Estratégias antivirais caras estavam disponíveis nos EUA e na Europa, mas não na África. Os escritores tenderam a se concentrar na dimensão homossexual, em parte porque o engajamento declarado com a homossexualidade era um aspecto novo da escrita que ia além dos nichos do mercado.

Enquanto isso, como indicativo da variedade da vida, inclusive da declaração de experiências, os objetos voadores não identificados (OVNIs) continuaram a ser regularmente relatados. Longe do papel imaginoso dos alienígenas que recuavam com a exploração humana, na verdade eles ficaram mais pronunciados. Incentivado pelo cinema, esse processo indicou a força das descrições alternativas às baseadas na ciência, além do desejo de tornar o desconhecido prontamente explicável.

O papa João Paulo II (papado de 1978 a 2005) também lidou relativamente com o desconhecido. Numa rejeição marcante da crítica ao milagroso, canonizou 482 novos santos, o quádruplo dos canonizados entre 1000 e 1500, e também beatificou mais 1.341 indivíduos, metade do número total de beatificações papais desde o início do processo na década de 1630. Olhado por outro ângulo, pode-se dizer que, na prática, a santidade se afastou do milagroso.

ACIMA
Os atrasos causados pela segurança nos aeroportos se tornaram uma reclamação constante dos viajantes e refletiram o terrorismo concentrado nas viagens aéreas que começou com os terroristas palestinos no fim da década de 1960.

Viagens no tempo

Embora as viagens espaciais tripuladas de longa distância não avançassem tanto quanto a de veículos não tripulados, o interesse pelas viagens no tempo aumentou, em parte devido ao entendimento crescente da origem do universo e da natureza dos buracos negros. Isso interagiu com o antigo engajamento popular com as viagens no tempo, como no romance *A máquina do tempo* (1895), de H. G. Wells, e o imenso sucesso do seriado da TV britânica *Doctor Who* (1963-1989; 2005 até hoje). Embora nem todos os textos sobre viagens no tempo afirmem isso, também houve interesse na ideia de que, ao voltar no tempo, seria possível mudar o futuro, como nos filmes *De volta para o futuro* (1985), *Peggy Sue, seu passado a espera* (1986) e *Os doze macacos* (1995).

A cultura das armas

As armas de fogo, um meio de matar mais tradicional e frequente do que a AIDS, estavam facilmente disponíveis nos EUA, mas a sua posse se reduziu na Europa, principalmente em áreas urbanas, e foi baixíssima na China, no Japão e na Índia. A propriedade americana de armas registrou uma mudança social, principalmente no crescimento marcante de mulheres armadas. A propriedade de armas, em boa parte da Europa e da Ásia oriental, era considerada uma patologia social, notadamente na vida urbana, onde não se associava à caça nem ao controle de predadores. Nos Estados Unidos, por outro lado, a propriedade era apresentada como afirmação dos direitos individuais e da autossuficiência. Na verdade, com base nisso ela era defendida com clamor e referências à Constituição.

No entanto, a propriedade de armas também facilitava a criminalidade, e os distúrbios em Los Angeles de 1992 destacaram os riscos causados à estabilidade social e à ordem política. A morte dos outros, inclusive de famosos como John Lennon em Nova York em 1980, causada por pessoas capacitadas pela propriedade de armas a encenar as suas fantasias, foi um aspecto da democratização da violência característica da sociedade americana, que interagia com o individualismo.

As armas e os tiros também tiveram papel poderoso, fulcral e frequentemente icônico nas artes, como no assassinato, em 1980, do personagem J. R. Ewing do seriado de TV *Dallas*, e, em 1994, no filme *Pulp Fiction*, de Quentin Tarantino. Na prática, o detalhe sangrento das feridas foi escondido dos espectadores. O mesmo aconteceu com as mortes acidentais nos Estados Unidos devidas à propriedade generalizada de armas de fogo, e também sua responsabilidade pela taxa mais alta de morte por suicídio, notadamente entre os rapazes, mas também entre as mulheres.

A arquitetura do controle

Quando o terrorismo e outras ameaças políticas se tornaram maiores no mundo inteiro, houve uma ênfase no controle. Isso foi visto especialmente nos aeroportos, que tinham se tornado um grande alvo da atividade terrorista. O sequestro de aviões, em destaque desde a década de 1970, incentivou outra linha de defesa nos aeroportos contra o porte por passageiros dentro do avião de material que pudesse propiciar um sequestro

ou explosão. As máquinas de raios X e outras formas de detecção se tornaram elementos fundamentais dos sistemas de proteção resultantes.

Nos prédios, o padrão mais comum de proteção foram as características à prova de explosões, janelas estreitas como fendas com vidro blindado, arame farpado sobre as paredes, obstáculos externos para prevenir qualquer abordagem direta ou próxima por veículos e complexos protegidos. Instalaram-se câmeras em toda parte. Os sistemas de alarme, inclusive os detetores noturnos de movimento, foram um aspecto da defesa.

UMA DÉCADA CONSERVADORA?

Com os Estados Unidos governados por Reagan (1981-1989) e depois por George H. W. Bush (1989-1993), a Grã-Bretanha por Thatcher (1979-1990), a Alemanha por Helmut Kohl e o comunismo em crise, a década de 1980 parece conservadora. Foi assim também na situação da Itália e do Japão. Na Coreia do Sul, os sindicatos foram reprimidos. O regime do *apartheid* continuou a dominar a África do Sul. Mas, refletindo sobre circunstâncias e ideologias contrastantes, a virada conservadora significou coisas diferentes, como revela qualquer comparação entre os governos de Reagan e Kohl. Além disso, François Mitterrand, presidente da França de 1981 a 1995, foi o primeiro socialista a ocupar o cargo na Quinta República. Além disso, continuaram a existir governos de esquerda em partes do Terceiro Mundo, embora não nos estados populosos da Indonésia e da Índia.

No entanto, a ideia de geração é útil, principalmente por registrar a combinação de tempo e espaço. Há muitos grupos geracionais possíveis, geralmente definidos em termos de décadas. Assim, temos a década de 1950, de tentativa de estabilidade em reação à Segunda Guerra Mundial e à Guerra Fria, a de 1960 e a de 1980, mas não, em geral, a de 1940 e a de 1970. Ao mesmo tempo, como já indicado nos anos 60 e, especificamente, o pessoal de 1968, esse conceito enfrenta dificuldades.

A natureza do conservadorismo, assim como a das reformas, é repetidamente questionada. No bloco comunista, isso podia significar tanto a defesa de sistemas estabelecidos quanto, inversamente, a tentativa de questioná-los usando os valores encontrados no Ocidente. Essa é uma questão fundamental, porque o ano mais significativo, 1989, viu trajetórias muito diferentes na China e na Europa oriental, e a importância mais ampla dessas diferenças precisa ser examinada com cuidado. Em particular, o peso a ser dado à contingência é um fator em ambos os casos. O mesmo se aplica às considerações de até que ponto as evoluções contrastantes refletiram culturas políticas diferentes, argumento também empregado na discussão do populismo da Revolução Islâmica do Irã.

ABAIXO
O regime sul-africano do Apartheid se baseava em práticas separadas de desenvolvimento que, na realidade, eram duríssimas com a maioria africana negra.

CAPÍTULO 9

A APOTÊNCIA ÚNICA

1990-99

O fim da Guerra Fria foi seguido pelo colapso da União Soviética em 1991. Os Estados Unidos dominaram a década subsequente, tanto em termos políticos quanto econômicos. Eles enfrentaram críticas e oposição, mas o poder americano era tal que cada vez mais o país foi chamado de potência única e não de superpotência, como durante a Guerra Fria, título que dividia com a União Soviética.

O DESTINO DA UNIÃO SOVIÉTICA

Enquanto o nacionalismo separatista se desenvolvia, não houve tentativa prolongada de usar os extensos recursos militares do estado central para impedir o colapso da União Soviética, que Gorbatchov buscou preservar, se necessário apenas como uma confederação frouxa. Quando as repúblicas declararam sua independência, Gorbachov apoiou a tentativa de manter a autoridade da União Soviética. Enquanto isso, o nacionalismo se desenvolvia em nova direção, e Bóris Ieltsin lançou, em 1990, um movimento nacionalista russo contra as estruturas soviéticas remanescentes. Os comunistas linha-dura montaram um golpe malsucedido em Moscou, em agosto de 1991, e, com isso, revelaram sua falta de popularidade e a inabilidade de atuar como tinham feito em Praga em 1968. O fracasso do golpe foi seguido pela rápida decomposição da União Soviética, pois as repúblicas declararam independência e Gorbatchov foi incapaz de agir. Em dezembro de 1991, a União Soviética foi declarada extinta.

O fracasso do totalitarismo

Fatores de curto prazo foram importantes nas crises de 1989 a 1991, mas os fatores de longo prazo também foram fundamentais para o destino do comunismo soviético. Esses fatores prementes variavam da péssima gestão econômica aos gastos militares absurdos. Os regimes totalitários eram sistemas de comando inerentemente propensos a impor processos ineficientes. Além disso, a União Soviética foi outro caso da queda dos impérios que se mostrou um tema importante da história do século XX, da década de 1910 em diante. Ainda assim, o colapso rápido do bloco soviético sem pressão externa direta surpreenderia a maioria dos comentaristas de meados da década de 1980. Muitos sovietólogos não conseguiram entender a situação, em parte por não avaliar a limitação dos sistemas controlados pelo estado.

Esse colapso foi um exemplo do caráter inesperado da história. Outros impérios não desmoronaram e esmagaram a oposição nas décadas de 1980 e 1990: a Índia no Punjabe e na Caxemira, a China em Pequim e no Tibete. Numa crise iniciada em 1999 que culminou com a independência em 2002, a Indonésia saiu do Timor Leste, diante da grande escala da oposição local e da pressão internacional, notadamente da Austrália, mas manteve o controle de Sumatra e da Nova Guiné Ocidental.

À ESQUERDA
Bóris Ieltsin. Comunista e reformador nacionalista russo, ele resistiu à tentativa de preservar o poder comunista e se tornou um ator importante do colapso da União Soviética.

À ESQUERDA
A Guerra da Bósnia. A natureza destrutiva do nacionalismo sérvio e croata destruiu o tecido da Bósnia multiétnica. Em 1995, a intervenção da OTAN pôs fim ao conflito.

O ex-bloco comunista

A Iugoslávia, uma república federativa, não sobreviveu às pressões do separatismo. A Eslovênia se libertou com facilidade em 1991 e se tornou um país independente, mas depois a situação ficou bem mais difícil. O expansionismo e a agressão étnica dos sérvios e croatas ajudaram a criar o caos. O catalisador foi a declaração de independência da Croácia, uma das repúblicas, em 1991, e uma insurreição sérvia nas regiões de Krajina e Eslavônia, na Croácia, que causou um massacre cruel e a expulsão de grande número de croatas. Em 1992, a um acordo de curto prazo se seguiu a ampliação do conflito, que envolveu a Bósnia, onde se formou um exército sérvio que matou grande nú-

▎NOVAS HISTÓRIAS

A derrubada dos governos comunistas levou à apresentação de uma nova história. Os locais de prisão e tortura pelo governo se tornaram pontos de homenagem e visitação, como o Museu do Terror de Budapeste, a sede e a prisão da Stasi em Rostock, na Alemanha Oriental, e a prisão da rua Lonsky, em Lviv, na Ucrânia ocidental.

À DIREITA
A Casa do Terror em Budapeste. A homenagem às vítimas da perseguição comunista se tornou uma característica importante da história pública da Europa oriental.

A POTÊNCIA ÚNICA 247

mero de civis croatas e muçulmanos. Lá e em outros lugares, a "limpeza étnica" em grande escala foi amplamente usada como parte da guerra. Finalmente, acordos ocidentais foram impostos às custas da Sérvia, na Bósnia em 1995 e no Kosovo em 1999. O poder aéreo americano teve papel fundamental nas duas crises. Sem sucesso, os sérvios pediram apoio russo, e essa falta de resposta de se contrapor à OTAN refletiu a redução do intervencionismo russo na década de 1990.

Na Ásia central ex-soviética, as ditaduras substituíram as repúblicas comunistas. Enquanto isso, no Cáucaso, em 1992-1994, a Armênia recém-independente lutou com o recém-independente Azerbaijão num conflito acirrado que tende a ser desdenhado.

No Afeganistão, o governo estabelecido pelos soviéticos não sobreviveu muito tempo à partida de suas tropas. Foi derrubado por chefes guerreiros concorrentes que, por sua vez, perderam o controle de boa parte do país para o Talibã, um movimento islâmico fundamentalista.

▌O FIM DA HISTÓRIA?

O sucesso da Guerra do Golfo levou, no início de 1990, à discussão cada vez maior da "nova ordem mundial" e do "fim da história". Esses conceitos se baseavam na crença de que a crise terminal da União Soviética em 1989-1991 representava o triunfo do capitalismo democrático liderado pelos americanos e que, com o domínio dos Estados Unidos, não haveria choque de ideologias futuro para desestabilizar o mundo. A ancoragem da Ásia oriental, notadamente da China, à dinâmica economia americana e o grande aumento do comércio exterior americano de 1993 a 2002 parecia confirmar essa visão.

"O fim da história", artigo de Francis Fukuyama, vice-diretor de planejamento político do presidente George H. W. Bush (governou de 1989 a 1993) publicado em 1989 na The *National Interest,* destacada revista neoconservadora americana, referia-se à "universalização da democracia liberal ocidental como forma final de governo humano". No entanto, Fukuyama também escreveu que, "claramente, o grosso do Terceiro Mundo continua muito atolado na história e será um terreno de conflito ainda por muitos anos [...] O terrorismo e as guerras de libertação nacional continuarão a ser um item importante." Realmente, houve, por exemplo, embora sem sucesso, uma insurreição islamita contra o governo militar na Argélia, além de conflitos sectários no Cáucaso e na antiga Iugoslávia.

Fukuyama publicou seu trabalho no livro *O fim da história e o último homem* (1992), em que seu argumento parecia muito presciente, além de levar comentaristas dos EUA a defender a importância das normas americanas e a necessidade de ação do país para impô-las. Realmente, os comentaristas americanos tiveram destaque na discussão das relações internacionais na década de 1990, um reflexo de até que ponto o uso do poder americano dominava a política mundial.

▌A ÁFRICA

A confiança na nova ordem mundial logo se dissipou, notadamente em consequência de conflitos na África e na ex-Iugoslávia. A mal sucedida intervenção da ONU na Somália em 1992-1994, na qual os americanos tiveram papel importante, foi uma imensa humilhação.

À ESQUERDA
Nelson Mandela vota em 1994: uma confirmação poderosa dos valores democráticos na África do Sul pós--apartheid.

Isso dissuadiu os americanos a agir para impedir o genocídio de Ruanda, em 1994.

As manchetes na África foram o fim do *Apartheid* no estado mais populoso, a África do Sul. Sem apoio americano, notadamente em consequência da Lei Anti--*Apartheid* de 1986, o governo de minoria branca percebeu que a mudança era a única maneira de evitar a desordem. Em 1994, houve eleições democráticas. Nelson Mandela, que ficou preso de 1962 a 1990, se tornou o primeiro presidente negro da África do Sul, de 1994 a 1999, e ajudou a aliviar o impacto da

■ CHOQUE DE CIVILIZAÇÕES?

Um artigo publicado em 1993 por Samuel Huntington se tornou a base de *O choque de civilizações e a recomposição da ordem mundial*, livro muito citado de 1996. Huntington, também americano, refutou Fukuyama e previu não o triunfo dos valores ocidentais, mas a ascensão de "civilizações desafiadoras", principalmente a China e o Islã, que, argumentou, seriam um aspecto do declínio relativo do Ocidente. Huntington afirmava que o conceito estabelecido de uma comunidade global de estados-nações que aceitavam um conjunto de pressupostos e o domínio comum da legislação internacional funcionava mais. Essa abordagem deixava em posição difícil a construção de estados favorecida pela opinião liberal ocidental, mas foi a escolhida na década de 1990 por Bill Clinton nos EUA e Tony Blair, primeiro-ministro britânico de 1997 a 2007.

À ESQUERDA
Monumento em Kigali em memória do genocídio ruandense. O massacre de Ruanda em 1994 teve escala e intenção genocida e foi uma demonstração brutal das possíveis consequências da política étnica.

experiência do *Apartheid,*, enquanto seu tom e suas políticas conciliadoras foram importantes para prevenir a desordem.

No entanto, também em 1994, um grupo de hutus extremistas tomou o governo de Ruanda e massacrou provavelmente mais de um milhão de tutsis e de hutus moderados numa carnificina iniciada em abril de 1994 para evitar a divisão do poder entre os dois grupos. O genocídio revelou a força constante das divisões étnicas, como se veria mais tarde, de forma mais sustentada, no Congo e no Sudão. O regime genocida foi derrubado em julho de 1994 pela Frente Patriótica de Ruanda, comandada pelos tutsis. Em 1996, o governo atacou extremistas hutus que se refugiaram no Congo e depois, em 1997, quando a intervenção ganhou ritmo, para derrubar o governo ineficaz de Mobutu. Vinculada à derrubada de Mobutu, houve mais tarde no Congo uma combinação de guerra civil (1997-2003), intervenção de potências vizinhas, notadamente Ruanda, Angola, Tchade, Namíbia, Uganda e Zimbábue, e colapso social, no qual até 5, 4 milhões morreram, em geral devido a doenças e à fome. Um triste comentário da história recente é que muitos não sabem desse desastre nem de sua escala.

Alguns outros estados africanos tiveram estabilidade e democracia, notadamente Botsuana, Namíbia, Zâmbia, Tanzânia, Quênia e Senegal; mas houve ditadura em muitos outros, como em Camarões e no Egito, e guerra civil com ditadura em outros, como República Centro-Africana, Tchade, Serra Leoa, Libéria e Sudão. No entanto, o fim da Guerra Fria tornou limitada a intervenção internacional das grandes potências.

A SUPREMACIA AMERICANA

Nos filmes de sucesso do período, como *Independence Day* (1996), os alienígenas atacavam inevitavelmente os Estados Unidos. Esse fenômeno refletia o domínio do público americano, assim como a noção de que só os Estados Unidos mereciam tanta atenção e seriam capazes de expulsá-los. Esse ponto de vista não era defendido só no país e também estava presente, de forma explícita ou implícita, no mundo inteiro. A imagem dos Estados Unidos ajudou a garantir que o país fosse um foco de imigração, tanto que, entre 1991 e 2004, quatorze milhões de novos imigrantes chegaram legalmente, enquanto mais dez milhões viviam lá de forma ilegal. O fato de os Estados Unidos também serem o foco da inveja e do ódio seria demonstrado pelos ataques a Nova York e Washington lançados em setembro de 2001 por uma organização terrorista islâmica violentamente antiamericana, o movimento al-Qaeda de Osama bin Laden.

A Guerra do Golfo de 1991

O pesado custo financeiro da Guerra Irã-Iraque de 1980-1988 e seu próprio fervor pela ação levou o oportunista Saddam Hussein a invadir o Kwait, rico em petróleo mas militarmente vulnerável, em 1990. Ele ignorou a pressão diplomática internacional organizada pelos Estados Unidos para sair de lá e, em 1991, uma coalizão encabeçada pelos americanos derrotou rapidamente as forças iraquianas, com pesadas baixas do Iraque, e libertou o Kwait. A guerra exibiu a sofisticação do armamento americano e o profissionalismo habilidoso das forças armadas em sua aplicação. No entanto, Saddam se agarrou ao poder no Iraque e sufocou uma rebelião, enquanto a relativa fraqueza iraquiana deixou o vizinho Irã mais poderoso e incentivou sua ambição. Esses fatores acentuaram

À ESQUERDA
Tanque kwaitiano durante a invasão iraquiana de 1990.

ACIMA
Bill Clinton, presidente de 1993 a 2001, foi o único democrata a ocupar o cargo entre Jimmy Carter e Barack Obama.

ainda mais a instabilidade do Oriente Médio e causaram mais conflitos na década de 2000.

Os anos Clinton

Bill Clinton, presidente democrata de 1993 a 2001, era um populista impetuoso e ousado que se beneficiou do crescimento econômico dos Estados Unidos. Como Johnson, Carter e Al Gore (que obteve mais votos, mas não a presidência, contra George W. Bush em 2000), era um democrata sulista, grupo espremido pelo avanço republicano no Sul iniciado com Nixon. Os fundamentos fiscais e econômicos sólidos ajudaram a garantir o crescimento sustentado sem pressão inflacionária. Ao mesmo tempo, acumulavam-se problemas para o futuro, principalmente com o crédito facílimo que contribuiu para as bolhas de ativos, principalmente as hipotecas bancárias. Em 1994, diante do forte conservadorismo do sistema político, Clinton não conseguiu oferecer seguro de saúde universal. Mesmo assim, apesar de graves escândalos pessoais, ele se reelegeu em 1996.

A raça nos Estados Unidos

Nos Estados Unidos, como no Brasil, os pobres eram desproporcionalmente negros. A percentagem de negros abaixo da linha da pobreza nos EUA era de 35, 7% em 1983 e 22, 5% em 2000 (contra 8% a 9% dos brancos não hispânicos), e, no fim do século, as mães negras tinham o dobro da probabilidade das outras a dar à luz bebês com peso baixo; seus filhos tinham o dobro da probabilidade de morrer antes do primeiro aniversário, e os negros eram desproporcionalmente mais numerosos na população prisional.

Devido à imigração hispânica e asiática, houve mudanças populacionais significativas. Em 1960, os brancos eram 159 milhões na população de 179 milhões, mas em 2000 eram apenas 211 de 281 milhões. A imigração hispânica foi muito incentivada, não só pelas oportunidades dos Estados Unidos como pela criminalidade, corrupção e baixa mobilidade social da América Latina.

O desenvolvimento do neoconservadorismo

Ao lado do intervencionismo liberal, veio o desenvolvimento do chamado neoconservadorismo, tendência encabeçada pelos americanos. Em parte, foi a tentativa de reviver os elementos apresentados como essenciais no governo Reagan e, em parte, uma reação contra as políticas de Clinton. O "Projeto para um Novo Século Americano", lançado em 1997, enfatizava a necessidade de "configurar circunstâncias" e pressionar pela preservação e extensão de "uma ordem internacional favorável à nossa segurança, à nossa prosperidade e aos nossos princípios". Esse ponto de vista orientou as políticas do presidente George W. Bush (2001-2009) e muitos "neocons" serviram em seu governo.

A OPOSIÇÃO AOS ESTADOS UNIDOS

A implosão da União Soviética e sua sucessora russa economicamente fraca

ABAIXO
Hugo Chávez, general que chegou a ditador populista de esquerda da Venezuela, mas destruiu a economia e fez uma boa parte da população fugir para o exterior.

não desafiaram a hegemonia americana. Além disso, muitos estados dependiam dos EUA, como a Turquia de Turgat Ozäl, seu primeiro-ministro modernizador de 1983 a 1989 e presidente de 1989 a 1993.

No entanto, em boa parte do mundo identidade e conflito eram configurados e expressos em termos de etnicidade, prática que não oferecia oportunidade à liderança americana. Além disso, o internacionalismo de maior impacto era o da religião, principalmente o islamismo, mas também o cristianismo que, como o islamismo, se espalhou pela África subsaariana.

Em muitos países, a hostilidade à globalização significava oposição ao modernismo e à modernização, e assim podia se aproveitar de interesses poderosos e medos profundos. O foco hostil recaía com frequência sobre os supostos promotores da globalização, principalmente os Estados Unidos e as empresas multinacionais, tanto financeiras quanto econômicas.

Também houve mais oposição tradicional de esquerda aos Estados Unidos, como a de Hugo Chávez, personagem militar populista pró-cubano que chegou ao poder na Venezuela em 1999. Hostil ao capitalismo, Chávez afirmava que, imediatamente antes de sua chegada ao poder, a Venezuela fora enfraquecida pelo "neoliberalismo", que ele atribuía aos EUA.

Também houve oposição nacionalista tradicional. Assim, em 1994, a França, na época sob um governo de direita, aprovou a Lei Toubon, que impunha o uso do francês no sistema educacional e nos contratos. Essa medida foi tomada contra a cultura globalizada considerada anglo-saxã. Houve oposição nacionalista de direita e de esquerda em países específicos, o que mostrava o caráter limitado da base popular da globalização e, na verdade, do cosmopolitismo.

ÁSIA: CONFLITO E DESENVOLVIMENTO

Com a maioria da população do mundo vivendo na Ásia, seu desenvolvimento econômico, embora em ritmos diferentes, ajudou a liberar um potencial considerável. Isso foi especialmente verdadeiro na China, embora o desempenho *per capita* fosse menos impressionante do que o crescimento agregado. O mesmo ocorreu na Índia, que não obteve o mesmo capital social produzido na China pelas políticas mais igualitárias. Em contraste, a assistência médica e o resultado educacional insuficientes continuaram a ser o destino de muitos milhões de indianos, e o analfabetismo era um problema específico. As práticas discriminatórias de casta foram um fator contributivo. O potencial das economias

MUDANÇAS POPULACIONAIS

Percentual da população mundial vivendo em:

	Ásia	EUA e Canadá	Europa
1950	55	6, 7	23, 2
1980	58, 9	5, 7	16, 5
1996	59, 7	5, 1	13, 9

asiáticas aumentou com a política de livre-mercado em boa parte do Primeiro Mundo, notadamente nos Estados Unidos. Na prática, este último usou a mão de obra asiática barata e a flexibilidade das economias asiáticas para manter seu padrão de vida. Além disso, o crescimento regional não deixou de ter seus pontos fracos, vistos em 1997-1998 na crise dos mercados emergentes que começou na Tailândia e se espalhou depressa, principalmente na Indonésia. Embora em boa parte os países da Orla do Pacífico se tornassem consumidores e fornecedores uns dos outros, numa sinergia de atividade econômica, a Coreia do Norte ficou fora desse processo pela sua política isolacionista, enquanto o Laos e o Camboja não conseguiram igualar o desenvolvimento do Vietnã.

China

O desenvolvimento econômico da China ocorreu à sombra do poder americano e se beneficiou do mercado de exportação oferecido pelo crescimento econômico dos EUA. O Partido Comunista manteve o controle, mas a liberalização econômica continuou. A extensão e o alcance dos recursos, principalmente populacionais, também foi importante, assim como a combinação de empreendedorismo e controle social que a União Soviética não conseguiu igualar, mas assim se assegurou um baixo padrão de vida que manteve reduzido o custo da mão de obra. Na década de 1990, o PIB chinês cresceu mais de sete vezes, aumentando a renda e tirando da pobreza grande número de chineses. No entanto, como antes na União Soviética, a confiabilidade das

ACIMA
Devolvida à China em 1997, Hong Kong continuou a ser um grande centro financeiro, mas sua tradição de liberdade criou problemas para as autoridades chinesas.

estatísticas do governo chinês é alvo de debates.

Enquanto a reforma do mercado, ou pelo menos a reforma parcial do mercado, era cada vez mais incentivada, a China se tornou, em 2000, o segundo maior destinatário de investimentos internacionais, atrás dos EUA. Os Estados Unidos também foram uma fonte importante de tecnologia, como parte do processo pelo qual as empresas americanas terceirizavam a fabricação no exterior. Os vínculos econômicos da China com os EUA aumentaram de importância, complexidade e sensibilidade política. A busca de recursos pela China, notadamente para sustentar a indústria, tornou-a cada vez mais importante em boa parte do mundo. A China não se empenhou contra a liderança americana, como faria na década de 2010. Hong Kong e Macau, antigos enclaves imperiais, foram recuperados de forma pacífica, respectivamente da Grã-Bretanha e de Portugal em 1997 e 1999. A China também não participou de conflitos distantes nem guerras com novos vizinhos. Em parte como resultado, o potencial da China como grande potência foi muito subestimado. Na década de 1990, ela não mostrava o crescimento naval que se veria a partir dos anos 2000.

Japão

Em contraste com o crescimento rápido da China, houve declínio do crescimento no Japão. Não mais uma economia de baixos salários, a rigidez estrutural da economia era um problema, pois houve erros graves da gestão fiscal. A intervenção do governo não se mostrou favorável. Além disso, o declínio populacional aumentou o fardo de sustentar uma sociedade envelhecida. No fim da década de 1990, a conversa sobre dominação asiática não se concentrava mais no Japão, que fora o tema do livro *EUA × Japão: guerra à vista*, de 1991. Na prática, o Japão era cauteloso em termos internacionais, confiava nos Estados Unidos para lhe dar proteção contra a China e a União Soviética e não se tornou uma grande potência militar.

Os conflitos asiáticos

A década de 1990 viu conflitos novos e continuados. Ao se retirar do Afeganistão, os soviéticos deixaram no poder Mohammad Najibullah, mas a queda do regime soviético fez com que não houvesse mais dinheiro para pagar o exército, e em 1992 ele foi derrubado pelos *mujahedins* que entraram em Cabul. No entanto, as tensões regionais aumentaram, notadamente entre os nortistas não pastós e os pastós do sul. Estes últimos estavam mais propensos a adotar políticas islâmicas radicais, principalmente as do movimento Talibã, com apoio paquistanês, que, em 1996, dominou boa parte do país, apresentando-se como um movimento nacional pastó que oferecia justiça islâmica e se beneficiava das fraquezas e das divisões dos chefes militares.

O Afeganistão foi arrasado pela guerra civil e pela má administração. No fim de 1996, mais de um quinto da população, mais de 3, 5 milhões de pessoas, se refugiara no Paquistão, e mais da metade da população estava desempregada. O fornecimento de água e eletricidade na capital Cabul entrou em colapso, e a inflação chegou a quase 400%. Incapaz de gerir a economia, o Talibã era socialmente conservador e, por exemplo, proibiu as mulheres de trabalhar.

Também em 1996, o maoísta Exército de Libertação Popular do Nepal lan-

ACIMA
Combatentes talibãs conquistaram o controle de boa parte do Afeganistão na década de 1990, tomando o poder dos chefes militares, mas o auxílio à rede terrorista al-Qaeda foi a fonte da destrutiva intervenção americana a partir de 2001.

çou a *Janayuddha* (a Guerra do Povo). Os revoltosos tinham muitas mulheres e crianças entre eles, mas com desvantagem numérica perante o exército e a polícia. No entanto, auxiliados pelo terreno de floresta e montanha, pela ajuda chinesa pela fronteira tibetana e por sua própria violência, os maoístas conseguiram se manter em operação. Eles se beneficiaram do apoio de grupos das castas inferiores e outros que se sentiam excluídos das oportunidades. Em parte, os chineses intervieram para enfraquecer a influência indiana, que era um aspecto da Guerra Fria asiática.

EUROPA

Dois processos separados ocorreram na década de 1990. Na Europa ocidental, em resposta ao ambicioso Acordo de Maastricht de 1992, a maioria dos membros da Comunidade Econômica Europeia, que se tornou União Europeia em 1993, escolheu adotar uma nova moeda, o euro, como aspecto de um grau de convergência federal e para auxiliar a integração econômica. A moeda foi lançada em 1999, embora fosse complicado lidar com os diversos destinos econômicos em nível nacional e, especificamente, o grau em que as economias do sul da Europa — Grécia, Itália, Portugal e Espanha— tiveram dificuldade em satisfazer as restrições de um sistema comandado pelas circunstâncias e exigências financeiras das economias do norte da Europa, notadamente da Alemanha.

Em contraste, na Europa oriental houve o desmantelamento dos sistemas comunistas e a tentativa de criar outro sistema capitalista e democrático. Isso foi mais fácil para a Alemanha Oriental, reunida em 1990 à Alemanha Ocidental, que suportou o fardo fiscal do novo estado, inclusive com transferências em grande escala para investir no capital so-

À ESQUERDA
O euro. A nova moeda, adotada por grande parte, mas não toda a União Europeia, deixou mais claras as pressões de convergência fiscal.

ABAIXO
Os vales-privatização foram um novo papel na Rússia e refletiram a grande mudança da economia política do país a partir da década de 1990.

cial na antiga metade oriental. Em outras regiões, a situação foi mais difícil, sendo a corrupção um problema importante, notadamente na alienação do patrimônio do estado. Isso foi especialmente verdadeiro na União Soviética, mas também ocorreu na Europa oriental, principalmente na Bulgária e na Romênia. Uma nova elite se criou dessa forma.

Além disso, a exposição das economias da era comunista à competição internacional se mostrou dificílima. Muitas fábricas faliram, e o desemprego aumentou. Isso foi mais grave porque o desmantelamento do sistema de bem-estar social contribuiu para o aumento da pobreza e para a polarização social.

A União Soviética foi uma economia importante, mas os estados que a sucederam se mostraram menos do que a soma anterior. Em particular, ficou difícil estabelecer mecanismos fiscais e monetários eficazes, e o recurso a ideias ocidentais sobre políticas econômicas e financeiras contribuiu para uma crise mais geral da autoconfiança russa. Foram necessários empréstimos ocidentais para prevenir o colapso total da Rússia na década de 1990, mas em 1998 os pagamentos da dívida provocaram uma crise grave que levou ao calote e à desvalorização. A corrupção era generalizada.

No mundo ex-comunista, os problemas e a desorganização econômica afetaram a estabilidade política, embora também houvesse o problema de es-

tabelecer e implantar novos sistemas e práticas políticas e jurídicas. Os investimentos ocidentais eram buscados com sofreguidão. Em nível individual, houve emigração considerável, notadamente da ex-Alemanha Oriental para a ex-Alemanha Ocidental, embora a maior parte seguisse a entrada dos estados europeus orientais na União Europeia. Além disso, houve mudanças abruptas dos gastos e da aparência. O "faça você mesmo" se tornou popular, as casas foram repintadas em cores vivas e adotou-se uma abordagem menos funcional da aparência pessoal. Em vez do Trabant, os alemães orientais gastaram seu dinheiro com carros da Alemanha ocidental.

TENDÊNCIAS SOCIAIS

Ligada intimamente ao desenvolvimento econômico, a desigualdade de renda aumentou de forma marcante no mundo inteiro nas décadas de 1980 e 1990. Os contrastes sociais, muito visíveis na alimentação e na expectativa de vida, foram ainda mais acentuados pelas redes institucionais enfraquecidas disponíveis aos pobres: menos ou nenhuma instituição bancária, escolas piores, menos assistência médica na maioria dos países, menos possibilidade de trabalho, isolamento social e discriminação. Os pobres tinham menos oportunidade de entrar na universidade e muito menos nas boas escolas do que os seus conterrâneos mais ricos; isso numa época em que o sucesso educacional se tornava cada vez mais importante para obter emprego e renda. Em consequência, a possibilidade de ascender socialmente pela hierarquia empresarial ou governamental declinou — embora, em boa parte do mundo, as forças armadas continuassem a ser um caminho. Isso foi especialmente verdadeiro na América Latina e na África, mas os militares também se mostraram uma força política e econômica fundamental em outros estados, como a Indonésia e o Paquistão.

A desigualdade de renda não era só uma questão de salário, mas também de capital, poupança, dividendos, juros e aluguéis, que geraram um retorno elevado nas décadas de 1980 e 1990. A compra da casa própria e o preço dos imóveis foram agentes importantes de diferenciação social, ambos a refleti-la e mantê-la.

A diferenciação social prenunciou a pressão populista posterior, tanto na oposição ao impacto da globalização sobre o desenvolvimento econômico quanto nas consequências da desindustrialização em grande escala de partes da América do Norte

À ESQUERDA
A causa do nacionalismo econômico foi defendida na década de 1990 por Ross Perot, candidato presidencial independente derrotado.

A ECONOMIA MUNDIAL, 1990-1999:
TENDÊNCIAS ECONÔMICAS E FINANCEIRAS

O papel central dos Estados Unidos no sistema financeiro internacional foi demonstrado com a gestão de riscos bem-sucedida da década de 1990, principalmente na administração da crise financeira mexicana de 1994-1995, na crise asiática de liquidez de 1997-1998 e no calote da dívida russa em 1998. Essas crises indicaram as tensões, sob a forma de volatilidade financeira em grande escala, criadas pelo investimento extenso e pelo grande aumento de liquidez, mas também revelaram que a arquitetura financeira do mundo pós-1944 era mais forte do que a antecessora do entreguerras. Essa força devia muito às instituições criadas e mantidas desde 1944, ao crescimento da economia mundial e à liderança americana na década de 1990.

Os benefícios do crescimento econômico se dividiram de forma irregular entre os países e dentro deles, mas foram generalizados. Houve a contribuição do aumento da produtividade a longo prazo, provocado pela inovação e pela criação de novas áreas de demanda. Ao mesmo tempo, o equilíbrio das economias mudou, com grande ênfase nos serviços, da assistência médica ao varejo, notadamente na Europa e na América do Norte. Como uma percentagem menor da população global podia produzir itens básicos como comida e roupa, mais força de trabalho ficou disponível para outras tarefas, como os setores de assistência médica e lazer. Além disso, o aumento da riqueza média levou a gastos maiores com serviços.

Também houve grande mudança na distribuição industrial. Com base em desdobramentos anteriores no Japão e na Coreia do Sul, uma parte maior da Ásia oriental se tornou fundamental na produção industrial, como o litoral da China e o Vietnã. Em contraste, em termos relativos os produtores europeus com altos salários se reduziram, a não ser em nichos como máquinas-ferramentas e produtos farmacêuticos. Mas, com os recursos, habilidade e riqueza acumulados, a Europa continuou a ser uma zona econômica importante.

Na América do Norte, a indústria tradicional declinou, em parte porque a redução das tarifas facilitou a importação, notadamente da China. Sob outra luz, essa foi uma terceirização dos empregos industriais americanos, processo que deveu muito à busca de mão de obra barata, incentivada pelo investimento ocidental em partes do Terceiro Mundo, como o México e o Vietnã. A produção de móveis se mudou para o México.

Como um aspecto dessa terceirização, os empregos já tinham passado dos estados norte-americanos onde a regulamentação do trabalho e os sindicatos eram mais fortes e os salários, mais altos, para os estados do Sul, onde não havia nada disso. Portanto, a produção de carros se reduziu perto de Detroit, mas se expandiu em estados do Sul como o Alabama. Em 2000, os modelos japoneses, coreanos e alemães representavam quase metade dos carros vendidos nos EUA. Na Europa, a fabricação de carros se desenvolveu em sociedades com salários mais baixos, como a Eslováquia e a Espanha.

À ESQUERDA

A mão de obra barata e flexível do modelo chinês fez o Vietnã se tornar uma parte importante da economia mundial, produzindo mercadorias para o mercado ocidental.

e da Europa e na hostilidade à imigração. Nos EUA, Ross Perot, candidato presidencial independente malsucedido em 1992 e 1996, afirmou que, em consequência do Acordo de Livre Comércio da América do Norte, de 1994, havia "um som gigantesco de sucção" dos empregos que iam para o México. Embora fosse importante na década de 2010, a potência desse argumento se reduziu com o crescimento econômico da década de 1990 nos Estados Unidos e em boa parte do mundo. Ainda assim, o efeito corrosivo do dinheiro foi apresentado nas artes, como no filme americano *Proposta indecente* de 1993, em que um *playboy* de Las Vegas oferece um milhão de dólares para fazer sexo com uma moça casada e feliz cujo marido devotado quer o dinheiro.

Estrutura familiar

A coabitação e o divórcio se tornaram cada vez mais comuns em muitas sociedades, embora não nas islâmicas. A coabitação antes do casamento ou em vez dele causou o nascimento de mais filhos fora dos laços conjugais. O divórcio ficou mais comum a partir da década de1960, de modo que o percentual de filhos morando sem os dois pais aumentou. O divórcio também levou a um nível mais alto de segundos e terceiros casamentos, substituindo em grande medida a morte das mulheres no parto como razão desses matrimônios.

Em parte como consequência do divórcio, o percentual de moradias ocupadas pela "família nuclear" — pai, mãe e filhos — caiu, notadamente na América do Norte e na Europa. Essa foi uma mudança social fundamental, principalmente devido às mudanças dos pressupostos resultantes do que constituía um comportamento normal ou o desencontro entre pressupostos convencionais e a realidade atual.

O aumento dos divórcios pôs em questão as convenções estabelecidas, notadamente as normas masculinas de estrutura familiar, e levou a um número crescente de famílias encabeçadas por mulheres que não eram viúvas. Isso ajudou a assegurar que a posição dessas mulheres tivesse um papel maior em debates sobre questões sociais e aparecesse na literatura e nos meios de comunicação, como o retrato positivo da Sra. Gump no filme de sucesso *Forrest Gump* (1994). Essas mulheres não podiam mais ser tratadas como acessórios dos maridos.

Um tratamento muito diferente das mulheres foi visto no crescente desequilíbrio em grande escala entre filhos e filhas no leste e no sul da Ásia, devido ao aborto e ao infanticídio seletivos, notadamente na Índia e no Paquistão, e o abandono de bebês, em geral para adoção fora da Ásia, principalmente meninas chinesas por americanos. Por sua vez, na China as meninas pobres do meio rural eram sequestradas como esposas, enquanto também se buscavam mulheres no vizinho Laos, uma sociedade muito mais pobre.

Tendências religiosas

A mudança da atitude relativa ao divórcio foi um aspecto da pressão mais geral sobre as normas estabelecidas baseadas em sanções religiosas. A própria religião é um dos aspectos do século que tende a receber reconhecimento inadequado da história geral. Na prática, o aumento da população mundial assegurou que nunca houvesse tanta gente religiosa quanto no século XX, assim como muitas pessoas sem religião. Nenhuma grande religião ou seita teve mais destaque no século XX. A cientologia, a nova seita mais famosa, conseguiu relativamente poucos seguidores. No entanto, houve muita tensão entre as religiões e dentro delas na luta por controle e conversão. O cristianismo se tornou um tema menos óbvio da vida europeia, mas continuou forte nas Américas, na África subsaariana e no Pacífico. Embora com divisões sangrentas, o islamismo também continuou poderoso. No entanto, na China o estado conseguiu suprimir quase toda a atividade religiosa.

A religião se sobrepôs a outras tentativas de encontrar significado na vida. Na canção *I Feel Lucky*, do disco *Come On Come On* (1992), a cantora americana Mary Chapin Carpenter fala de recorrer ao jornal para "a minha dose diária de destino", o horóscopo.

Mudança da moda

O desenvolvimento de imagens e papéis de gênero criou escolhas de estilo de vida em questões como vestimenta, estilo de cabelo e comida. O vegetarianismo ficou mais comum no Ocidente, principalmente entre as mulheres, e foi seguido pelo veganismo. Houve mudanças relativas em outros bens de consumo, com o aumento dos produtos de higiene e cosmética e dos ligados à aromaterapia, enquanto as bebidas quentes descafeinadas se tornaram mais populares, e a variedade de chás, cafés, refrigerantes e água engarrafada também cresceu. Houve também mudanças na popularidade de bebidas alcoólicas, com as mulheres e os mais jovens se tornando os principais consumidores. A popularidade relativa de uísque, *brandy*, vinho do Porto e *sherry* se reduziu, enquanto a de gim e vodca aumentou. A venda de vinho tinto e de cerveja *stout* caiu, enquanto a de vinho branco e cerveja *lager* aumentou.

Animais de estimação

Um grupo importante do mundo dominado pelos seres humanos, nas primeiras décadas do século os animais de estimação eram, em essência, aspectos de um mundo utilitário principalmente rural no qual os cães ajudavam a caçar e os gatos combatiam ratos e camundongos e, assim, preservavam o estoque de alimentos. Nesses termos, os animais de estimação se tornaram menos importantes conforme a população mundial se urbanizava cada vez mais.

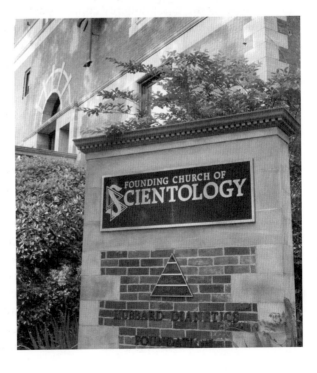

À DIREITA
Os novos movimentos religiosos, como a Igreja da Cientologia, indicaram até que ponto as pessoas se dispunham a procurar fora das religiões existentes.

DESIGN INTELIGENTE

Nos Estados Unidos, foi difícil manter política e religião separadas. O ensino do criacionismo (a descrição bíblica da criação) foi tema de debates, e a Suprema Corte decidiu, em 1987, que ensinar criacionismo nas aulas de ciências das escolas estatais era uma erosão inconstitucional das fronteiras entre igreja e estado. Essa decisão incentivou a formulação da tese do design inteligente, que defendia que um ser inteligente configurou a origem da vida. Era uma forma de criacionismo que não mencionava Deus, considerada mais propensa a sobreviver ao desafio jurídico. A briga foi de lá para cá, com o debate público e o mandato democrático tendo seu papel ao lado da decisão judicial. Em 1999, por exemplo, a Secretaria de Educação do Kansas decidiu que o criacionismo deveria ser ensinado ao lado da evolução, embora essa diretriz fosse derrubada em 2001.

Por sua vez, o setor dos animais de estimação ficou mais visível nas áreas ricas, notadamente nos Estados Unidos. A tendência de preferir gatos a cães refletiu o percentual crescente de americanos que moram em residências pequenas, além da capacidade ou disposição reduzidas de levar os cães para passear, o que, em parte, foi consequência de outras opções de lazer, como o culto da academia e a pressão sobre o tempo ocioso. O papel mais independente das mulheres como consumidoras também teve seu papel na escolha dos animais de estimação.

A era da obesidade

Até muitos animais de estimação do Ocidente enfrentaram o desafio da obesidade, mais visível nos seres humanos em quase todo o mundo, apesar do problema constante da fome. Reflexo de vários fatores, como a alimentação, notadamente o aumento do consumo de gorduras saturadas e colesterol, a falta de exercício e a pobreza (os pobres urbanos têm menos oportunidade de se exercitar), a obesidade foi ligada ao aumento marcante do diabete e a problemas de mobilidade e anormalidade das articulações. Os bens de consumo, como os carros, foram alterados para acomo-

dar o tamanho médio maior. Os assentos dos ônibus de Chicago foram alterados de 42, 5 cm para 43, 1 cm de largura em 1975 e 44, 5 cm em 2005. Outros países seguiram o exemplo.

Mudança do padrão de mortes

Embora uma causa importante de mortes, as infecções foram cada vez mais suplantadas por doenças de surgimento mais tardio, como os cânceres e cardiopatias. Em 1999, a doença circulatória, que inclui a cardíaca, foi responsável por 30% das mortes de americanos, e o câncer por 23%. Esse padrão se tornou cada vez mais comum no mundo inteiro.

O aumento dos aposentados

No mundo inteiro, o aumento da expectativa de vida resultou num percentual maior de idosos na população. Houve menos aumento da razão de dependência do que seria de esperar porque a vida produtiva se estendeu, graças ao aumento do emprego no setor de serviços e aos avanços da medicina. No Terceiro Mundo e em algumas sociedades prósperas, como o Japão, a família extensa continuou importante para cuidar dos idosos.

Em outras, como nos Estados Unidos, as comunidades de aposentados foram uma consequência prática da decomposição das famílias extensas, que refletiu a mobilidade geográfica de velhos e jovens. Essa tendência acentuou o papel dos enclaves de estilo de vida, em que pessoas da mesma classe tendem a morar em bairros semelhantes, fazer compras nas mesmas lojas e comer nos mesmos restaurantes.

O aumento da expectativa de vida e a necessidade resultante de apoio contribuíram para a expansão do emprego no setor de serviços e da pressão pela oferta pública de bem-estar social, notadamente de assistência médica. Em contraste, houve menos disposição de aumentar os gastos com a educação.

Condomínios fechados

Em meados da década de 1990, cerca de 2, 5 milhões de famílias americanas moravam em condomínios fechados. A princípio, eles eram ruas particulares e complexos murados para os ricos, notadamente na costa leste e em Hollywood. A partir do fim da década de 1960, a prática se espalhou, primeiro em empreendimentos para idosos, depois para veraneio e, finalmente, em terrenos no subúrbio. Viram-se padrões semelhantes em outros países, como a África do Sul. Os condomínios fechados foram outro aspecto da propriedade crescente de armas de fogo nos Estados Unidos, e a preocupação com a segurança era mencionada em anúncios de venda e aluguel desses imóveis.

Continuação da escravatura

Quase um milhão de trabalhadores servis em 4.000 fornos de tijolos em todo o país [...] As agressões físicas e sexuais, principalmente de crianças, eram comuns.

Comissão de direitos humanos do Paquistão, 2006.

A escravidão continuou, e o "tráfico de seres humanos" assumiu novas formas, notadamente na prostituição e como mão de obra barata. As estimativas modernas são de 20 a 30 milhões de escravos no mundo inteiro, mas há discordâncias quanto à definição. O racismo continua a ser um fator, notadamente na Mauritânia e no Sudão, com negros escravizados por muçulmanos de pele mais clara. Na

À ESQUERDA
Os condomínios fechados, como esse de Los Angeles, na Califórnia, foram uma expressão do medo do crime.

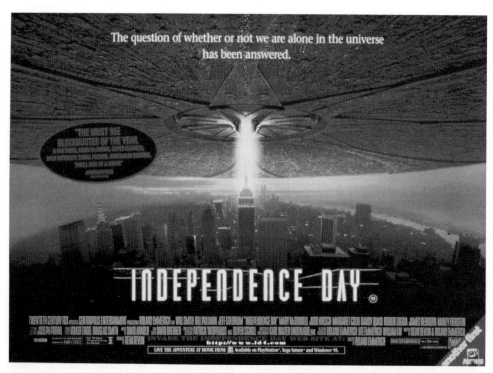

ACIMA
O caráter voyeurístico dos mundos em colisão de Independence Day foi, em parte, uma reação ao fim da Guerra Fria.

Mauritânia, a prática continua, apesar de a escravidão ter sido abolida pelos governantes coloniais franceses e, novamente, pela constituição da independência em 1960, 1980 e 2008.

Cinema

Em *Independence Day* (1996), os poderosos alienígenas destroem tudo o que podem, começando em Los Angeles com os que se reuniram para recebê-los, e só param quando são destruídos. O principal centro global do cinema continuou a ser Hollywood, porque o concorrente indiano, a Bollywood de Mumbai, teve dificuldade de conquistar o mercado externo, e o mesmo aconteceu com o crescente setor cinematográfico chinês. *Marte ataca!* (1997), uma sátira brilhante de *Independence Day*, também foi um filme americano.

A participação de Hollywood no mercado mundial continuou forte. Na verdade, como exemplo do *soft power*, a produção mundial e a distribuição do setor cinematográfico americano se tornou mais importante na década de 1990, embora fizesse parte de um setor global em que, como aspecto do fluxo de capital, ícones americanos importantíssimos foram comprados por empresas estrangeiras. Em 1985, o australiano Rupert Murdoch adquiriu a Twentieth Century Fox; em 1989-1990, os conglomerados eletrônicos japoneses Sony e Matsushita assumiram, respectivamente, a Columbia Pictures e a MCA/Universal.

O impacto de Hollywood aumentou quando os filmes chegaram mais facilmente à tela da TV, primeiro com os videocassetes e, a partir de 1997, com os DVDs. Uma forma diferente de impacto

À ESQUERDA
A Disneyland Paris foi um produto do alcance universal dos modelos americanos de vida e lazer.

foi criado pelos popularíssimos parques temáticos Disney: Anaheim (1955) e Orlando (1971), nos EUA, e Tóquio (1983), Paris (1992) e Hong Kong (2005).

Ao contrário dos países autoritários em que a mídia era atentamente controlada, em outras regiões o cinema oferecia tons variados. Ao lado das comédias, com o seu tema geral de uma ordem agradável atrapalhada por mal-entendidos, houve desafios ao sistema, como no feminista *Thelma e Louise* (1991) e nos filmes de aventura em que o herói enfrenta hierarquias ou colegas desonestos, como no grande sucesso de *Missão impossível* (1996) e suas continuações. A animação por computador transformou o cinema, principalmente os desenhos animados, com a empresa americana Pixar no centro.

PREOCUPAÇÕES AMBIENTAIS

O ritmo da mudança climática se acelerou perto do fim do século. A taxa de recuo do gelo do Oceano Ártico é drástica. Em 1980, ele cobria 7,9 milhões de km² no nível mínimo durante o verão, mas em 2000 eram só 6,4 milhões de km², com gelo mais fino. A mudança da temperatura global foi maior no Ártico do que no resto do mundo. Enquanto em 1900-1930 a temperatura média era mais baixa do que a média de 1850-1900, mas com diferença de menos de 0,25°C, a de 1940 a 1980 foi em média 0,25°C maior; daí para a frente, a tendência foi de crescimento.

A queima de combustíveis fósseis foi o elemento principal. Em 1900, ela produziu cerca de dois bilhões de toneladas de dióxido de carbono; em 1950, cerca de cinco bilhões; em 2000, uns 24 bilhões. O nível de dióxido de carbono, em partes por milhão, subiu de 320 em 1965 para 360 em 1995. Houve também profundas variações regionais. As emissões europeias de CO_2 baixaram na década de 1990, em resposta às medidas de controle da poluição e da desindustrialização, enquanto as da África continuavam muito modestas, mas as dos Estados Unidos e, mais tarde, da China cresceram muito no decorrer do século.

A preocupação com o aquecimento

global resultou, em 1992, na Cúpula da Terra do Rio de Janeiro, que aceitou a Convenção-Quadro das Nações Unidas sobre a Mudança do Clima. Esta, por sua vez, levou em 1997 ao protocolo de Quioto, pelo qual os principais países industrializados concordaram em reduzir, até 2008-2012, as emissões dos gases do efeito estufa responsabilizados pelo aquecimento global, em média até 5% abaixo do nível de 1990.

No entanto, houve grande diferença na maneira de distribuir as reduções. Entre os principais poluidores, estavam os países de industrialização recente, que queimavam mais combustível fóssil do que no passado, principalmente a China e a Índia, que achavam que deveriam receber um fardo muito mais leve do que os países da Europa e da América do Norte que já eram industrializados.

Conforme o gelo do Ártico recuava, surgiu a possibilidade de passagem marítima entre o norte do Canadá e a Rússia. A mudança climática também foi especialmente visível em áreas de desertificação, como o cinturão do Sahel ao sul do deserto do Saara, ao sul do deserto de Gobi na China e, no Cazaquistão e no Uzbequistão, em torno do Mar de Aral, cada vez menor e mais poluído, que em 1991 tinha 10% do tamanho original. O movimento das zonas climáticas foi um aspecto da crise ambiental, com grandes consequências em termos de conflito e violência social, notadamente entre pastores e agricultores, como no norte da Nigéria e no Sudão.

A pressão sobre o suprimento de água foi uma questão importante em boa parte do mundo, com o aumento da extração da água de rios como Colorado, Eufrates, Mekong, Nilo e Tigre provocando

À ESQUERDA
O vale do Mekong foi afetado por poluição, salinização e lutas por recursos hídricos entre os países da bacia do rio.

PÁGINA AO LADO
A imensa expansão das usinas elétricas chinesas a carvão pressionou as normas ambientais, enquanto o carvão, boa parte dele vinda da Austrália, indicou a importância do fluxo comercial centrado na China.

disputas. Além disso, o consumo maior de água também levou ao esgotamento de aquíferos naturais e ao movimento do sal para a superfície, o que afetou muito a qualidade do solo, como, por exemplo, na Califórnia. O relatório Panorama Ambiental Global de 1999 do programa ambiental da ONU discutiu a possibilidade de "guerras da água" na Ásia nos primeiros 25 anos do próximo século. A escassez de água também pode acelerar os grandes movimentos populacionais. Outros casos da interação de crises ocorreram na produção do arroz, como no delta do Mekong, centro de produção e exportação vietnamita. A construção de represas a montante interagiu com a invasão de água salgada no delta e o aquecimento global prejudicou a produção.

A crise hídrica foi em parte atacada com soluções pelo lado da oferta, notadamente a construção de represas e esquemas relacionados de transferência de água, mas tudo isso criou problemas. Los Angeles, cidade construída no meio de um deserto, com 100.000 habitantes em 1900 e 3, 7 milhões em 2000, simbolizou a determinação de instalar a atividade humana em qualquer lugar desejado e deslocar recursos para que isso acontecesse. O papel importante da água na cultura política local e as lutas acirradas para controlar seu suprimento se refletiram nas artes, mais intensamente no filme *Chinatown*, de 1974, de Roman Polanski, que tratava do papel do crime no desenvolvimento do sistema de abastecimento de água de Los Angeles.

■ OS RISCOS DO DESENVOLVIMENTO

No romance *A forma da água* (1994), o romancista siciliano Andrea Camilleri fez uma descrição desoladora das "ruínas de uma grande usina química inaugurada [...] quando parecia que o vento magnífico do progresso soprava forte [...] deixando uma carnificina de indenizações e desemprego".

CAPÍTULO 10
CONCLUSÕES

Do ponto de vista do presente, muita coisa da década de 1990 parece muito conhecida, mas também há grandes diferenças. Em termos do que é conhecido, há a ansiedade e a degradação ambiental. Os temores levantados desde a década de 1960 agora parecem cada vez mais prescientes. Em 1999, a chegada do vírus do oeste do Nilo perto dos maiores aeroportos internacionais de Nova York levou à pulverização aérea da cidade, uma cena distópica que faz lembrar filmes de desastres e que foi uma demonstração clara de vulnerabilidade, mas também de disposição de agir. Ainda assim, embora a preocupação aumentasse cada vez mais, o ritmo da mudança até 2020 surpreenderia a maioria dos comentaristas de 1990, principalmente no que diz respeito ao recuo do gelo do Ártico.

UM SÉCULO AMERICANO?

Grandes diferenças políticas também são visíveis entre 1999 e o presente. Enquanto o século XX foi, claramente, o século americano, num processo que culminou com o fim da Guerra Fria e com os Estados Unidos como potência única na década de 1990, depois essa posição foi questionada pelo crescimento chinês, pelo alinhamento sino-russo e pelos problemas graves dos Estados Unidos no mundo islâmico. O lema "Make America Great Again" ("torne os Estados Unidos grandes outra vez") de Donald Trump nas eleições de 2016 era enganoso em alguns aspectos, mas também registrou a sensação de relativo declínio, para não dizer fracasso, de muitos americanos em comparação com a situação na segunda metade do século XX.

Essa sensação recordava uma era de grandeza americana que, na realidade, sempre foi mais condicional do que se avalia em retrospecto. Na década de 1950, essa grandeza foi obscurecida pelo medo do comunismo; na de 1960, pela tensão étnica, pela divisão social e pelo fracasso no Vietnã; na de 1970, pelas dificuldades econômicas graves; na de 1980, pelo outro lado do crescimento reaganista; e, na de 1990, pela divisão política e pelos problemas sociais aguçados pela questão da assistência médica. Ao mesmo tempo, a posição relativa dos Estados Unidos era, sem dúvida, mais forte na década de 1990 do que hoje. Além disso, embora a Guerra Fria tenha lançado sombra sobre a posição dos Estados Unidos de 1945 a 1990, havia pouca dúvida no período de que o país era o líder do mundo não comunista e de que a China era uma potência eco-

PÁGINAS ANTERIORES
Nova York, a cidade mundial do século XX, viu sua posição ser desafiada por Xangai no início do século XXI, mas continuou a ditar as tendências cosmopolitas.

À DIREITA
Donald Trump, presidente americano a partir de 2017, foi um desafio populista à política americana existente.

nômica muito mais fraca do que os EUA. A Guerra Fria também foi percebida, nos Estados Unidos, como uma vitória americana, veredito reforçado pelo resultado da Guerra do Iraque de 1991.

Além disso, a influência americana parecia dominante na esfera cultural, com Hollywood se unindo aos aspectos escrito, visual e verbal da internet. Mais ainda, a influência americana ajudou a assegurar que o inglês continuasse a ser o principal idioma do mundo e, na verdade, ficasse ainda mais importante.

UMA ÉPOCA IMPREVISÍVEL

Portanto, recordar o século XX é uma questão de registrar uma época que teve semelhanças e diferenças, e a tentação é traçar linhas de tendência claras, tanto durante o século quanto para o presente. Mas essa sensação parece muito menos sensata se a perspectiva é aguardar a incerteza, seja em 1914, 1919, 1930, 1945, 1975 ou mesmo 1983. Realmente, em reação à confiança que sua época depositava na previsão, Henri Poincaré (1854-1912), famoso matemático francês, enfatizou o papel nas "não linearidades", os pequenos eventos ou efeitos que tinham consequências significativas, e argumentou que elas impõem importantes limites às previsões. Poincaré argumentava que a taxa de erros da previsão cresce muito rapidamente com o tempo, e que isso significa que a quase precisão não é possível, pois essa taxa de erros exige que se entenda o passado com precisão infinita.

DOENÇAS E POPULAÇÃO

O aumento populacional foi um furacão no meio ambiente mundial, consumindo notadamente muito mais energia, mas, sem dúvida, a causa foi mais do que o adejar das asas de uma borboleta.

ABAIXO
Membros da Comissão de Malária da Liga das Nações coletam larvas de mosquito no delta do Danúbio em 1929, um caso de internacionalismo na saúde pública.

Um elemento fundamental do crescimento da população foi a redução do impacto de muitas doenças, notadamente cólera, febre amarela e peste bubônica, a batalha bem-sucedida contra a tuberculose e a poliomielite e a capacidade de tornar antigos matadores, como a diarreia e a malária, passíveis de sobrevivência. Com grandes variações por doenças, tempo e lugar, esse processo se deveu aos avanços científicos do entendimento, ao sucesso farmacêutico dos remédios, aos triunfos da saúde pública, notadamente no abastecimento de água, à difusão de melhores práticas e, à resistência adquirida e até à imunidade, no que diz respeito aos seres humanos e animais hospedeiros.

Ao mesmo tempo, como lembrete das variações do mundo, no decorrer do século houve grandes contrastes na taxa de mortalidade entre os países e dentro deles. Esses contrastes refletiram as circunstâncias sociais, como a nutrição e a densidade residencial, e a infraestrutura, sobretudo o acesso a água tratada e sistema de esgoto. A África se saiu pior durante o século, mas a situação dos numerosos pobres da Índia continuou péssima.

As variações dos programas de planejamento familiar tiveram efeito semelhante. Realmente, aimportância do crescimento populacional foi tal que a política chinesa de um só filho foi um dos episódios mais marcantes da história do século. Criada em 1979 para dar fim à política de dois filhos de 1970, a política de um só filho durou até 2015, embora fosse adaptada na década de 1980 para permitir que os pais rurais, um grupo muito numeroso, tivessem dois filhos caso o primogênito fosse mulher, uma concessão às opiniões e necessidades dos camponeses. Incentivos, restrições e punições, inclusive esterilização em grande escala, foram aplicados de acordo. A afirmação do governo chinês de que 400 milhões de nascimentos foram impedidos em consequência dessa política foi questionada, mas o número pode ter sido ainda maior. Seja qual for a estimativa, o declínio marcante da taxa de natalidade afetou a estrutura etária da China, o equilíbrio entre os gêneros (nasceram mais meninos) e a população em geral e levou à subida da Índia na escala do crescimento populacional.

À ESQUERDA
Atentativa da China de limitar o crescimento populacional com a política de um só filho reduziu a pressão sobre os recursos, mas levou à relativa escassez de jovens.

PÁGINA AO LADO
O lançamentoda Apollo 14, em 31 de janeiro de 1971, terceira missão espacial a pousar na Lua e primeira a pousar nas terras altas lunares.

PRINCIPAIS MUDANÇAS

Sem surpresa e com frequência, os futurólogos se mostraram irregulares em suas previsões, conforme o ritmo da mudança se acelerava e a sua natureza se expandia. É mais fácil, ao avaliar a futurologia, comentar a mudança técnica e suas consequências, que fascinaram os contemporâneos, notadamente com o voo tripulado com motor e, mais tarde, o voo tripulado à Lua. Ainda assim, para muitos a mudança das relações entre homens e mulheres ou entre as gerações pareceu ainda mais notável. O declínio da deferência, o aumento da escolha e o individualismo das normas sociais foram todos diferentíssimos das atitudes anteriores, e nenhum se limitou apenas aos grupos de elite.

Mas também houve grande variação entre as sociedades, principalmente em termos de escolha e individualismo, porque os estados e práticas autoritários se mostraram mais resilientes do que seria de prever. Embora a década de 1970 visse a queda de autocracias na Grécia, em Portugal e na Espanha, outras tomaram o poder no Chile e no Irã. O Partido Comunista perdeu o controle do bloco soviético em 1989-1991, mas continuou dominante na China. Na verdade, como revelado neste livro, esse foi um século de múltiplas incertezas e muitos caminhos possíveis. Isso destaca a importância e o fascínio do século XX, que recompensa ricamente a atenção como pano de fundo do século atual e suas diversas identidades e ideologias.

ÍNDICE REMISSIVO

Ader, Clément 42
Afeganistão 24, 71, 74, 217, 227, 229, 256
África do Sul 20, 58, 108, 123, 181, 242, 249
AIDS 239
Albânia 74, 123, 150, 188
Alemanha
    ascensão de Hitler ao poder 93-100
    e a teoria do "heartland" eurasiano 13
    e o Tratado de Versalhes 57-8
    economia em 1900-1914 38
    entre 1945 e 1956 144-6, 147, 148, 149
    entre 1956 e 1974 173-4
    expansão imperial 17, 18, 20, 23, 24
    expansãomilitar antes da Primeira Guerra Mundial 29
    na Segunda Guerra Mundial 120-5, 128-30, 130, 132, 134, 136, 139
    na década de 1920 78-9
    na década de 1930 115
    na Primeira Guerra Mundial 28-29
    na Primeira Guerra Mundial 46-8, 49, 50-2
    reunificação na década de 1990 257, 258
    sufrágio feminino 54
    ver também Alemanha Oriental e Alemanha Ocidental
Alemanha Ocidental 148, 171, 197, 201, 242-3, 257
Alemanha Oriental 148, 153, 171, 186-7, 230, 258
Allende, Salvador 183
Amanulá, rei 74
América Latina 33, 35, 38, 68-9, 108-9, 156, 181-7, 201, 226, 227, 235-7, 238
Amery, Leo 13-5
Angola 23, 176, 177, 188, 218, 225, 235, 250
Arábia Saudita 74-5, 188, 223
Arbenz, Jacobo 156
Ardenas, segunda batalha das 134
Argélia 19, 124, 176
Argentina 23, 37, 54, 182, 183, 227, 236
Armênia 248
Atatürk, Mustafa Kemal 72
Austrália 22, 37, 49, 57, 107, 108, 123, 159, 177

Áustria 40, 46, 48, 49, 54, 56, 97, 115, 136
aviões 42, 52, 108, 116, 117, 165

Bagdá, pacto de 159
Balaguer, Joaquín 183
Bálcãs 28, 48-9, 134
Banco Mundial 144, 146
Bangladesh 232
Batista, Fulgencio 183
Beatles 203
Begin, Menachem 218
Bélgica 46, 47, 52, 53, 57, 58, 122, 134, 175
Benavides, Oscar 108
Blache, Paul Vidal de la 14
Blair, Tony 249
Blériot, Louis 42
Bolívia 69, 109, 235
Bond, filmes206-7
Bósnia28, 247-8
Botsuana 250
Brasil 23, 108-9, 182, 183, 235
Brejnev, Leonid 191, 199
Brest-Litovsk, Tratado de 48
Bretton Woods, Acordos de 144
Bulgária 28, 48-9, 211, 258
Buñuel, Luis 112
Burkina Faso 178
Birmânia 107, 127, 131, 151
Bush, George H. W. 226, 242, 248, 252
Bush, George W. 253

Callaghan, James 227
Camboja 152, 196, 197
Camarões 58, 250
Cambon, Jules 82
Camp David, Acordos de 216, 217
Canadá 23, 50, 54, 147
Canal do Panamá 30, 32-3
Canal de Suez 31
Caporetto, batalha de 49
carros 114, 163
Carter, Jimmy 216, 217, 224, 234
Caso Watergate 191, 199
Castro, Fidel 183
Chaplin, Charlie 81-2
Chávez, Hugo 253
Chile 23, 182, 184, 275

China
    expansão imperial 20
    migração da 37
    Movimento Quatro de Maio 57
    na década de 1920 68-71
    na Segunda Guerra Mundial 121, 129, 130, 133, 134
    política de um só filho274
    na década de 1930 104-6
    entre 1945 e 1956 144, 152, 155, 156-9
    entre 1956 e 1974 173-4, 191, 196, 199, 200
    entre 1975 e 1989 216-8, 231
    na década de 1990 255, 256, 259, 260-1
    Guerra Russo-Japonesa 24-6
    revolução de 1911 26-8
Churchill, Winston 139, 144
cinema 81, 82, 163, 206-7, 266-8
Cingapura 120, 127
Clinton, Bill 249, 252-3
Columbia 33
Comecon 149
computadores218

Comunidade Econômica Europeia149, 257
Congo 175, 179-80, 250
consumismo 170, 205
corrida espacial168-70
Coolidge, Calvin 66
Coreia 25, 37, 131, 136, 144, 148, 156, 157-9, 255
crescimento populacional 4-5, 170-1, 254, 273-4
Crise de Suez 174-5
Cristeros, Guerra dos 69
Croácia 57, 247-8
Cuba 30, 157, 183, 183-5, 188, 192
cultura jovem 204-6
Chipre 154, 175

Dalí, Salvador 112
Davis, Leslie 53
Deng Xiaoping 231
descolonização 144, 150-3, 173-80
Derrida, Jacques 207
Diaz, Porfírio33

Dinamarca 57, 120, 121
Dinar, Ali 50
Djibouti 175
Donald, Robert 42
drogas, uso de 207-8, 237-8
Dzerzhinsky, Felix 56

economia
   1900-1914 38-9
   durante a Primeira Guerra Mundial 60
   durante a Segunda Guerra Mundial 137-8
   entre 1945 e 1956 162
   entre 1956 e 1974 171, 201
   entre 1975 e 1989 226
   Grande Depressão 88-90, 115, 137
   na década de 1930 115
   na década de 1920 84-5
   na década de 1990 238-9
Egito20, 152, 160, 174, 188-9, 216, 234, 250
Eisenhower, Dwight 160, 161, 164, 171
El Alamein, batalha de 120, 122, 124
El Salvador 33, 109
Equador 33
Eritreia123, 150
Eslovênia 57, 247
Espanha109, 144, 176, 257, 275
Estados Unidos da América
   diplomacia do "big stick" 30
   e a Guerra Russo-Japonesa25
   e a Liga das Nações 58-9
   e o "século americano" 272
   entre 1945 e 1956 144-7, 147, 157-9, 159, 160, 162, 163
   entre 1956 e 1974 168-70, 170, 172, 174-6, 178-9, 180-2, 183-5, 188, 192-8, 198, 201, 202, 210
   entre 1975 e 1989 216, 223-4, 224-6, 226, 237, 240-2, 243
   expansão imperial 16-7, 18, 20, 23-5, 32
   na Segunda Guerra Mundial 120, 123, 126, 126-7, 128, 130, 131, 134, 136, 137-8, 139
   na década de 1920 65-8, 84-5
   na década de 1930 90-3, 93, 115
   na década de 1990 251-3, 259, 261, 263-4, 265
   na Primeira Guerra Mundial 48, 50-1, 60
   segregação nos 40, 41
Estatuto de Westminster (1931) 108
Estônia145
estrutura familiar 262

Etiópia 20, 65, 150, 218, 234
Exército do Bônus93

Falkland, ilhas (Malvinas) 107, 227, 236
Ferdinand, Franz 28, 41
Fidji 37, 177
Filipinas 18, 22, 33, 127, 135, 156
filmes *ver* cinema
Finlândia 22, 55, 120, 122, 146
Fleming, Alexander 114
Fleming, Ian 206
Fo, Dario 207
Foucault, Michel 207, 209
França
   e o Tratado de Versalhes 56, 57
   entre 1956 e 1974 173-4, 174-6, 201, 207
   entre 1975 e 1989 221, 242-3
   expansão imperial 18, 19, 20, 21, 22, 24, 25
   na Primeira Guerra Mundial 29-30, 46-8, 49, 51, 52
   na Segunda Guerra Mundial 120, 121, 133, 134
   sufrágio feminino 54
Franco, Francesco 111, 176
Fukuyama, Francis 248, 250
Fundo Monetário Internacional144, 147

Gagarin, Yuri 168
Galsworthy, John 112
Gandhi, Indira 232
Gandhi, Mohandas 75
GATT, Acordo144, 146
Gana 23
Gaulle, Charles de 134
Geração Beat 202
Ginsburg, Allen 202
Goebbels, Josef 98
Goldwater, Barry 194
Golfo de Leyte, batalha do 120, 134
Gorbachov, Mikhail 229, 246
Gore, Al 252
Göring, Hermann 96, 129
Grã-Bretanha
   e a teoria do "heartland" eurasiano 13
   migração para a 37, 177
   economia 1900-14 38
   na Primeira Guerra Mundial 46-8, 49, 50, 51, 52, 60
   sufrágio feminino 52, 54
   e o Tratado de Versalhes58
   relações com a União Soviética71
   na década de 1920 84
   na década de 1930 115

na Segunda Guerra Mundial 120, 122-4, 126, 127, 129, 131, 132, 133-4, 135, 139
entre 1945 e 1956 144, 159
entre 1975 e 1989 227, 242
entre 1956 e 1974 171, 174-6, 177, 201
e a Guerra Russo-Japonesa 25-6
expansão militar antes da Primeira Guerra Mundial 28-9
expansão imperial 17, 18, 19, 20, 21, 22, 24-5
Granada 183, 225
Grande Depressão 88-90, 108, 115, 137
Grécia 29, 69, 114, 123, 144, 138, 150, 210, 257, 275
gripe espanhola 58
Guadalcanal 127
Guatemala 33, 156
Guerra dos Bôeres 22, 25
Guerra do Chaco 109
Guerra Fria 145-150, 154, 165, 173, 180-89, 225, 228-9
Guerra do Golfo (1991) 251
Guerra Russo-Japonesa 24-6, 43
Guerra dos Seis Dias 189
Guevara, Che 183, 185
Guilherme II, kaiser29
Guiné175, 234

Haia, conferências de 30
Haiti 68
Harding, Warren 66
Haushofer, Karl 100
Heath, Edward 197
Helsinque, Tratado de 216
Himmler, Heinrich 96
Hindenburg, presidente 94
Hitler, Adolf 65, 79, 96, 97, 98-9, 100, 116, 124, 126, 129, 136, 139
Ho Chi Minh 152, 153
Holocausto129
Honduras 33, 109, 157, 227
Hong Kong 108, 127, 256
Hoover, Herbert 66
Hoxha, Enver150, 188
Hua Guofeng 231
Hülsmeyer, Christian 114
Hungria64, 97, 187
Hunt, Jack 23
Huntington, Samuel 249
Hussein, Saddam 234, 251

Ialta, conferência de 139-41, 144
Ieltsin, Bóris246

ÍNDICE REMISSIVO   277

Iêmen 75, 174, 189

Índia 19-20, 37, 39, 49, 75, 107-8, 123, 127, 132-4, 135, 151, 160, 232

Indonésia 17, 152, 160, 168, 177-80, 197, 242

Irã 17, 24, 53, 159, 181, 207, 275

Iraque 50, 58, 71, 75, 112, 123, 159, 251

Irlanda 22, 50

Isonzo, batalhas de 49

Israel 58, 152, 174, 189, 217, 234

Itália 19, 24, 31, 49, 57, 77, 97, 111, 116, 123, 129, 132, 150, 242

Iugoslávia 58, 65, 97, 121, 133, 148, 150, 180, 247-8

Japão
e a revolução chinesa de 1911 26, 27
e a teoria do "heartland" eurasiano 13
e o Tratado de Versalhes 58
entre 1945 e 1956 148, 156, 157, 158
entre 1956 e 1974 201
Guerra Russo-Japonesa 24-65
nacionalismo no 35
na década de 1930 105-6
na década de 1990 254-6, 261, 264
na Primeira Guerra Mundial 60
na Segunda Guerra Mundial 120, 123, 127, 127, 129, 130, 132, 132-4, 137, 136, 137

Jaruzelski, Wojciech 229

Jiang Jieshi 70-1

Jiang Qing 230

Jinnah, Muhammad 151

João Pauloll, papa 240

Johnson, Lyndon 168, 194, 194

Johnston, Eric 163

Jordânia 58, 150-1, 175, 189, 234

Jutlândia, batalha da 51

Kadafi, coronel 188

Kennedy, John F. 191, 194, 194, 195, 206

Kennedy, Robert 191

Keynes, John Maynard 90

Khomeini, aiatolá 217, 233

Khruschov, Nikita 171, 183, 191

King, Martin Luther 192, 195

Kissinger, Henry 191, 198

Kjellén, Rudolf 14

Knudsen, William 137

Kohl, Helmut 242

Kristallnacht 99

Ku Klux Klan 68

Kursk, batalha de 120, 129

Kwait 163, 230

Lagos Masúrios, batalha dos 48

Laos 152, 197, 262

Lasser, David 116

Lausanne, tratado de 72

Lenin, Vladimir 63, 71, 102

Leonov, Alexei 169

Letônia 145

Levante dos Boxers 20, 25, 26

Li Lisan 104

Liang Qichao 26-7

Líbano 58, 123, 151

Libéria 250

Líbia 16, 52, 124, 150, 174, 188

Liga das Nações 58, 59, 65, 97, 100, 144

Lituânia 56, 57-8, 144

Locarno, acordo de 65

Londres, tratado de 49-50

Long, Huey 93

Lorca, Federico García 111

Lorenz, Edward 210

Lumumba, Patrice 179

Luxemburgo 121

Maastricht, Acordo de 257

MacArthur, Douglas 93

Mackinder, Halford 13

Macmillan, Harold 175

Macau 256

Madagascar 20, 123

Madero, Francisco 33

Malásia 19-20, 127, 136, 153, 177, 178

Malaui 178

Malcolm X 192, 195

Malenkov, Gueorgui 160

Malta 107

Manchúria 25, 70, 71, 136, 156

Mandela, Nelson 249

Mao Tsé-Tung 104-5, 156, 157-8, 185, 191, 200, 230

Marianas, batalha das 134

Marne, batalha do 49

Marrocos 16, 20, 24, 25, 29, 124, 175

Mauritânia 266

McCarthy, Joseph 161

meioambiente, questões do 170-2, 208, 219-22, 267-9

Menelik II, imperador 23

Mengistu, Haile 217

Menzies, Robert 177

México 34, 66, 238

Midway, batalha de 120, 127, 129

Mitterrand, François 242

Mobutu, Joseph 179

Moçambique 167

Mongólia 16, 23

Mossadegh, Mohammad 159

Movimento 24 de Maio 57

mudança climática 267-8

mulheres 52, 54, 202-3, 262

Munique, acordo de 100

Mussolini, Benito 76-8, 132

Nações Unidas, Organização das 144

Najibullah, Mohammad 256

Namíbia 22, 58, 250

Nanquim, batalha de 27

Não Alinhados, movimento dos 159, 174

NASA 169

Nasser, coronel 174, 188-9

Nepal 256

Neto, Agostinho 235

New Deal 90-3

Ngo Dinh Diem 195

Nicarágua 33, 68, 183, 185, 225

Nicolau II, tsar 25

Nigéria 16, 17, 21, 180

Nixon, Richard 169, 171, 191, 196, 198, 199

Noite das Facas Longas 95

Noruega 121, 122, 126, 131

Nova Política Econômica 101-2

Nova Zelândia 49, 57, 123, 160

Omã 189

Organização dos Países Exportadores de Petróleo (OPEP) 201, 223

Organização do Tratado do Sudeste da Ásia 159

Orwell, George 104

OTAN 144, 147, 148, 248

Ozäl, Turgat 245

Pacto de Varsóvia 144, 149

Pahlavi, Mohammed Reza 159, 217

Países Baixos 18, 54, 121, 131

Palestina 107

Paraguai 33, 111, 182, 183, 236

Paquistão 151, 160, 232, 256

Pearl Harbor 119, 127

Perón, Juan 181, 183

Perot, Ross 259

Pérsia ver Irã

Peru 37, 108, 236

Peter, Arno 209

Peters, projeção de 13, 209

Pinochet, Augusto 182, 183

Plano Marshall 144, 145-6, 162

Poincaré, Henri 273

Polônia 55, 57, 120, 121, 133, 134, 145, 148, 227, 228, 229

278 ÍNDICE REMISSIVO

Pompidou, Georges 197, 207
ponte aérea de Berlim147
Portugal 26, 154, 173, 176-7, 256, 275
Potsdam, declaração de 136
Primeira Guerra Mundial 28-9, 46-54, 60
Puyi, imperador28

Quênia 37, 153, 154, 177, 250

Rabihaz-Zubayr 18
rádio42, 79-80, 98
Rama V, rei 23
Ratanov, Anatolii 218
Reagan, Ronald 163, 191, 224-7, 229, 242
Relatório Brandt 209
República Centro-Africana 250
República Dominicana 68, 108, 183, 185
Revolução Cultural 200
Reza, xá73
Roberto, Holden 177
Robinson, projeção de 13
Röhm, Ernst 95
Romênia 28, 65, 145, 150, 230, 258
Roosevelt, Franklin Delano 90, 91, 140-1, 144, 160
Roosevelt, Theodore 30
Rússia
    antissemitismona 37, 41
    e a teoria do "heartland" eurasiano 13
    expansão imperial 17-8
    Guerra Russo-Japonesa 24-5
    na década de 1990 246, 258
    na Primeira Guerra Mundial 28-9
    na Primeira Guerra Mundial 46, 48, 49-50, 52
    revoluções de 1917 54-5
    ver também UniãoSoviética
Ruanda 248, 250

Sadat, Anwar 218
Sakharov, Andrei 160
Saud, Ibn 74
Schlieffen, plano 46
Scopes, John 76
Segunda Guerra Mundial 61, 120-38
Sendero Luminoso, movimento236
Senegal 250
Sérvia 29, 46, 48, 57, 247-8
Sèvres, tratado de 72

Serra Leoa250
Sikorsky, Igor 116
Síria 50, 58, 108, 123, 188, 189
Socoto, califado de 14-5, 16
Solidariedade (sindicato) 227, 228
Somália 23, 123, 150
Somme, batalhas do 47
Sudão do Sul 180
Sri Lanka 39, 151, 178
Stalin, Josef 56, 70, 71-2, 101-3, 116, 139, 158, 191
Stalingrado, batalha de 120, 125, 129
Stevenson, Adlai 161
Stresemann, Gustav 65
Stroessner, Alfredo 182, 183
Sudão 50, 114, 174, 180, 188, 234, 250, 265
Sudetos, crise dos 97-8
Sun Yat-sen 27

Tannenberg, batalha de 48
Tanzânia20, 50, 58, 250
Tailândia23, 26, 178
Tchade 18, 20, 250
Tchecoslováquia 22, 52, 57, 58, 65, 97, 145, 148, 168, 184, 207
Tcheka56
Tchernobyl222
teoria cultural 207
Teoria geral do emprego, do juro e da moeda, A (Keynes) 90
Terra, Gabriel 108
Thatcher, Margaret 227, 242
Tiananmen, praça230
Tibete 17, 24, 156
Timor Leste246
Tirpitz, Alfred von 29
Tito, Josip 150
Togo 58
Tonga 16
Touré, Ahmed Sékou 234
Transiberiana, ferrovia12, 13
Trinidad 177
Trotski, Leon71, 72, 102
Trujillo, Rafael 108
Truman, doutrina144
Truman, Harry 160-1, 101
Trump, Donald 272
Tsiolkovsky, Konstantin 116
Tsuyoshi, Inukai 106

Tsushima, batalha de 25
Tunísia 24, 124, 175
turismo 210-1
Turquia 26, 49, 53, 58, 71, 73, 144, 148, 151, 159, 183

Ucrânia 102
Uganda 14, 37, 177
União Europeia 257
União Soviética
    decomposição na década de 1990 246, 247
    entre 1945 e 1956 144, 146, 160, 165
    entre 1956 e 1974 168-70, 171, 174, 179, 181, 183-5, 186-9, 189, 191, 189
    entre 1975 e 1989 217, 218, 222-3, 227, 227-9
    na Segunda Guerra Mundial 120, 122, 124-5, 126, 129, 130, 132, 133, 134, 136, 137, 139
    na década de 1920 71, 82
    revoluções de 1917 55-6
    sob Stalin 101-3, 115
    ver também Rússia
Uruguai 33, 108, 183, 183

Vargas, Getúlio108-9
Venezuela 31, 33, 254
Verdun, batalha de 47
Versalhes, tratado de 56-7, 64-5, 97
Vietnã 152, 153, 177, 190, 194, 194-7, 199, 207, 216-8, 220
voo de foguetes 116, 168-70

Wall Street, queda de 85, 88
Wallace, George 192
Wilson, Woodrow 56, 58, 60
Witbooi, Hendrik 21
Woolf, Virginia 112
Wright, irmãos 41
Wright, Frank Lloyd 82, 83

Yom Kippur, guerra do 189, 201
Yuan Shikai 27, 28

Zâmbia 178, 250
Zhao Ziyang 231
Zimbábue 178
Zog, rei 74

CRÉDITOS DAS FOTOS

a = alto, p = pé

Alamy:47a, 145, 149, 203, 206, 214, 266

Bridgeman Images: 18 (Look and Learn), 55 (Universal história Archive/UIG), 57b (Pictures from History), 60 (Archives Charmet), 106 (Pictures from History), 171 (Allan Gamborg), 230 (Jose Giribas/SZ photo)

David Woodroffe: 22, 70, 97, 124, 173, 181

Getty Images:10 (ullstein bild), 12 (Hulton Archive), 16 (Royal Geographical Society), 19 (Photo 12), 39 (George Rinhart), 43 (Hulton Archive), 47p (General Photographic Agency/Stringer), 49 (Hulton Deutsch), 51 (Hulton Fine Art Collection), 66 (Chicago History Museum), 69 (ullstein bild), 73 (Topical Press Agency/Stringer), 75 (Hulton Deutsch), 76 (Stefano Bianchetti), 84 (New York Historical Society), 86 (Hugo Jaeger), 96 (Hugo Jaeger), 99 (Bettmann), 100 (London Express/Stringer), 103 (Laski Diffusion), 104 (Bettmann), 105 (Fototeca Storica Nazionale), 109 (Keystone-France), 110 (DeA Picture Library), 112 (Hulton Archive), 117 (Bettmann), 120 (UIG), 123 (ullstein bild), 125a (Haynes Archive/Popperfoto), 127 (Bettmann), 129 (Sovfoto), 130 (Universal History Archive), 132 (Photo 12), 146 (Walter Sanders), 150 (Dinodia Photos), 154 (Bert Hardy/Stringer), 155 (Keystone/ Stringer), 157 (Howard Sochurek/The LIFE picture Collection), 159 (Bettmann), 163 (hank Walker/the LIFe picture Collection), 166 (Sovfoto), 175 (Popperfoto), 176 (Reporters Associés), 179 (Universal History Archive), 180p (Terry Fincher/ Stringer), 184 (Horacio Villalobos), 188 (Sovfoto), 189 (Mondadori Portfolio), 195 (Larry Burrows/The LIFE Picture Collection), 196 (Roland Neveu), 198 (Régis Bossu), 200p (Heritage Images/Hulton Archive), 204 (Michael Putland/ Hulton Archive), 208 (Loomis Dean/ the LIFE Picture Collection), 209 (Santi Visalli), 201p (Photo 12), 221p (Anchorage Daily News), 222 (SHONE), 223 (Barry Iverson/ The LIFE Picture Collection), 225 (Claude Urraca), 226 (Dean Conger), 232p (Rolls Press/Popperfoto), 235 (Michael Nicholson), 238 (Matthew Naythons/The LIFE Picture Collection), 240 (Fairfax Media Archives), 244 (Allan Tannenbaum), 246 (Ted Thai/The LIFE Picture Collection), 247a (Malcolm Linton/Hulton Archive), 249 (Louise Gubb), 260 (Peter Charlesworth/Lightrocket), 274 (Forrest Anderson)

Library of Congress: 29, 30, 31, 32, 38, 53, 54, 56, 67, 72, 137, 232a

NASA: 169, 170, 216, 275

New York Public Library: 15

State Library of New South Wales: 44

Shutterstock: 4, 5, 6, 90, 94, 111, 115, 118, 125p, 126, 128, 138, 142, 147, 153, 161, 182, 212, 218a, 237, 243, 247p, 252, 253, 259, 265, 267, 268, 269, 270, 272

Shutterstock Editorial: 257 (Sipa), 258p (Alexey Ostrovsky/epA)

Wellcome Collection: 26, 239, 274

13, 21, 24, 27, 34, 35, 36, 40, 42, 46, 48, 50, 57, 59, 60, 64, 68, 74, 78, 80, 81, 83, 85, 89, 91, 92a, 92p, 95, 98, 101, 102, 107, 122, 131, 133, 134, 135, 140, 151, 152, 158, 162, 164, 165, 168, 172, 178, 179, 185, 186, 190, 192, 193, 194, 199, 200a, 201, 202, 211, 217a, 218p, 219, 220, 224, 227, 228, 229, 231, 233, 236, 241, 250, 251, 255, 258a, 263